Frommer's

GUIA DE BOLSO

Londres

por Darwin Porter & Danforth Prince

O que os críticos falam sobre Frommer's:

"Surpreendentemente fácil de usar. Bem compacto, muito completo".

- Booklist

"Informações detalhadas, precisas e fáceis de ler, para todas as faixas de preço".

- Glamour Magazine

Produção Editorial : Starlin Alta Con. Com. Ltda **Coordenação Editorial**: Marcelo Utrine
Coordenação Administrativa : Anderson Câmara **Tradução:** Eduardo Furtado
Revisão Gramatical: Elton Nunes **Diagramação**: Lúcia Quaresma
Revisão Técnica: Paula Queiroz **Colaborou na Revisão Final dos Capítulos 01 e 02**: Paulo Roberto Cesaro: **Fechamento**: Andréa Alves

ALTA BOOKS
EDITORA

Rua Viúva Cláudio, 291 - Bairro Industrial do Jacaré
CEP: 20970-031 - Rio de Janeiro – Tel: 21 3278-8069/8419
Fax: 21 3277-1253
www.altabooks.com.br – e-mail: altabooks@altabooks.com.br

Índice

Lista de Mapas

SOBRE OS AUTORES

Como uma dupla de veteranos escritores de viagens, Darwin Porter e Danforth Prince produziram dezenas de livros anteriormente para a Frommer's, incluindo muitos dos guias para a Europa, Caribe, Bermuda, Bahamas e partes do Extremo Sul dos Estados Unidos. Crítico de cinema, colunista e apresentador de rádio, Porter também é um conhecido biógrafo das celebridades de Hollywood, obtendo aclamação dos críticos por resumos da vida e dos tempos de Marlon Brando, Katharine Hepburn, Humphrey Bogart, Howard Hughes e Michael Jackson, entre outros. Prince trabalhou na redação do *New York Times* em Paris, e hoje é o presidente da ***www.BloodMoonProductions.com***, e outras empresas de mídia. Em 2008, Porter e Prince colaboraram no lançamento do mais novo livro da dupla sobre Hollywood, sexualidade e pecado, filtrados por 85 anos de excessos das celebridades, *Hollywood Babylon – It's Back!*

UM CONVITE AOS LEITORES

Ao pesquisar para este livro, descobrimos muitos lugares maravilhosos – hotéis, restaurantes, lojas e mais. Temos certeza de que você descobrirá outros. Por favor, conte-nos sobre eles, para que possamos compartilhar as informações com os demais viajantes nas próximas edições. Se você ficar decepcionado com uma indicação, também gostaríamos de saber. Escreva para:

Guia de Bolso Frommer's Londres 2009
Wiley Publishing, Inc. * 111 River St. * Hoboken, NJ 07030-5774

NOTA ADICIONAL

Por favor, tenha em mente que as informações sobre viagens podem mudar a qualquer momento – especialmente aquelas sobre preços. Portanto, sugerimos que você escreva ou ligue antecipadamente para obter confirmações ao planejar sua viagem. Os autores, os editores e a editora não podem ser responsáveis pelas experiências dos leitores enquanto viajam. Sua segurança é importante para nós, porém, incentivamos que você fique alerta e observe os arredores. Fique atento a câmeras, bolsas e carteiras, alvos prediletos de ladrões.

AVALIAÇÕES DE ESTRELAS DA FROMMER'S, ÍCONES E ABREVIAÇÕES

Cada hotel, restaurante e atração listada neste guia foram avaliados em termos de qualidade, valor, atendimento, conforto e recursos especiais, usando um sistema de avaliação por estrelas. Em guias nacionais, estaduais e regionais, também avaliamos cidades e regiões para lhe ajudar a estreitar suas opções e seu orçamento convenientemente. Os hotéis e restaurantes foram avaliados em uma escala de zero (recomendado) a três (excepcional). Atrações, compras, vida noturna, cidades e regiões foram avaliados de acordo com a seguinte escala: zero estrelas (recomendado), uma estrela (altamente recomendado), duas estrelas (extremamente recomendado) e três estrelas (obrigatório).

Além do sistema de avaliação por estrelas, também usamos sete ícones de apresentação que lhe indicam os grandes negócios, conselhos obrigatórios e experiências únicas que distinguem os viajantes dos turistas. Procure pelos sinais abaixo em todo o livro:

Descobertas	Descobertas especiais – aqueles lugares que apenas os nativos conhecem
Dado Engraçado	Dados Engraçados – detalhes que deixam os viajantes mais informados e suas viagens mais divertidas
Crianças	Melhores apostas para crianças e conselhos para toda a família
Momentos	Momentos especiais – aquelas experiências que constroem nossa memória
Superestimado	Lugares ou experiências que não valem seu tempo e seu dinheiro
Dicas	Dicas nativas – ótimas para poupar tempo e dinheiro
Valor	Grandes valores – onde conseguir os melhores negócios

As seguintes abreviações são usadas para cartões de crédito:

AE American Express	DISC DiscoverDC	V Visa
Diners Club	MC MasterCard	

1 Planejando Sua Viagem a Londres

Se seus documentos estão em ordem, voar para Londres é uma das opções mais fáceis em termos de viagens internacionais. Não é necessário tomar vacinas, nem adotar precauções de segurança em particular, e não há nenhum aspecto fora do comum ao planejar a viagem. Com seu passaporte, passagem aérea e dinheiro suficiente, basta ir. Em geral, se você não estiver levando nenhum artigo ilegal às Ilhas Britânicas, os oficiais da alfândega são corteses e apressarão a sua entrada no país.

Claro, antes de deixar o solo de seu país nativo, você pode antecipar algumas medidas, como será detalhado neste capítulo e no apêndice. Isso significa verificar a validade de seu passaporte (ou obter um, caso você não tenha), ou tomar alguns cuidados com sua saúde antes de partir, inclusive com medicamentos. No caso de Londres, você precisa fazer reservas nos restaurantes mais elogiados, ou mesmo comprar ingressos com antecedência para assistir as peças no West End.

Nas páginas que seguem, você encontrará tudo o que precisa saber para preparar sua viagem com antecedência.

1. Informação ao Visitante

Antes de partir, você pode obter informações gerais no site Visit Britain (www.visitbritain.com). Nos Estados Unidos: 551 Fifth Ave., 7th Floor, Nova York, NY 10176-0799 (© **0800/462-2748** ou 212/986-2266).

Outro bom guia para brasileiros em Londres, é o site do Oi Londres, www.oilondres.com.br.

Para obter um pacote completo de informações sobre Londres, escreva para **Visit London**, 2 More London Riverside, 6th Floor, Bermondsey SE1 2RR (© **020/7234-5800**; www.visitlondon.co.uk).

O **London Visitor Centre**, 1 Lower Regent St., London SW1Y4XT (© **8701/566-366**; www.visitlondon.com; Metrô: Piccadilly Circus), mantido pelo London Tourist Board, pode lhe ajudar com quase tudo, desde o mais superficial até o mais sério. A 10 minutos a pé de Piccadilly Circus, o órgão lida principalmente com a procura de acomodações em todas as categorias de preço por meio de uma agência de viagem no local (www.lastminute.com), e você também pode agendar locomoção pelo British Rail ou com empresas de ônibus em todo o Reino Unido. Há um quiosque para procurar ingressos para teatros ou vagas em excursões, uma livraria com títulos sobre viagens nas Ilhas Britânicas, uma loja de souvenir e uma equipe agradável, útil e amigável. Aberto durante o ano, às segundas-feiras das 9h30 às 18h30, terças às sextas-feiras, das 9h00 às 18h30 e aos domingos, das 9h00 às 18h30. Entre outubro e maio, o horário aos sábados é das 10h00 às 16h00, e entre junho e setembro, das 9h00 às 17h00.

Um órgão quase equivalente ao que foi concebido para ajudar turistas estrangeiros com suas perguntas e dúvidas sobre Londres é o **London Information Centre**, em Leicester Square, W1 (✆ **020/7292-2333**; www.londoninformationcentre.com; Metrô: Leicester Sq.). O London Information Centre é uma organização privada, com tendências comerciais, que pode ter um interesse oculto em lhe direcionar a um lugar determinado.

Uma opção que pode lhe ajudar a navegar pela logística de uma das maiores cidades do mundo é ligar para ✆ **0800/LONDON** (566-366), para obter informações sobre a cidade e obter tarifas, às vezes com desconto, para hotéis, teatros, excursões pela cidade e condução ao aeroporto. Uma equipe de vendas está disponível diariamente, das 8 da manhã até a meia noite.

O QUE HÁ NA INTERNET? O site mais útil foi criado por uma fonte fidedigna, a própria British Tourist Authority, tendo como alvo os turistas norte-americanos. Uma riqueza de informações pode ser obtida em **www.visitbritain.com**, que permite pedir folhetos online, dá dicas de como preparar sua viagem e permite ainda enviar perguntas por email para obter respostas imediatas. Há informações sobre toda a Grã-Bretanha.

Acesse **www.baa.com** para obter um guia e mapas dos terminais dos aeroportos de Heathrow, Gatwick e Stansted, incluindo horários de chegada de voos, lojas duty-free, restaurantes nos aeroportos e informações sobre como ir dos aeroportos de Londres até o centro da cidade. Chegar em Londres pode ser confuso, portanto pode ser bom visistar **www.tfl.gov.uk** para obter informações atualizadas. Para saber as últimas notícias sobre a cena teatral londrina, consulte **www.officiallondontheatre.co.uk**. Para saber como chegar a lugares específicos em Londres, consulte **www.streetmap.co.uk**.

MAPAS Em **www.multimap.com**, você pode acessar mapas detalhados das ruas de todo o Reino Unido – apenas digite o endereço ou apenas o código postal, e um mapa da área com o endereço indicado aparecerá. Para saber como chegar a lugares específicos em Londres, consulte **www.streetmap.co.uk**.

2. Exigências para a Entrada

PASSAPORTES

Para entrar no Reino Unido, todos os cidadãos brasileiros norte-americanos, canadenses, e sul-africanos devem ter um passaporte válido por toda a duração de sua estadia. Não é necessário ter visto. Um passaporte permitirá que você fique no país por até 6 meses. O agente de imigração também pedirá por uma prova de sua intenção de voltar ao seu ponto de origem (geralmente, uma passagem de volta) e meios financeiros visíveis para se manter enquanto estiver na Grã-Bretanha. Se estiver planejando voar dos Estados Unidos ou do Canadá para o Reino Unido, ou então para um país que exige visto (Índia, por exemplo), você deve obter este visto antes de chegar na Grã-Bretanha.

São necessários uma carteira de motorista válida e pelo menos 1 ano de experiência como motorista para dirigir carros pessoais ou alugados.

Para informações sobre como obter um passaporte, veja "Passaportes" na seção "Dados Rápidos: Londres" do apêndice (página 195). Os websites informados fornecem formulários de solicitação que podem ser baixados para o seu computador, assim como as taxas atuais para processar os pedidos. Para uma lista atualizada, por país, de exigências de passaporte em todo o mundo, vá para a página Web "Foreign Entry Requirement", do Departamento de Estado dos EUA em www.travel.state.gov.

ALFÂNDEGA

O QUE VOCÊ PODE LEVAR À GRÃ-BRETANHA

Os Cidadãos que não são da União Europeia, com mais de 18 anos, podem levar sem pagamento de impostos, 200 cigarros, ou 100 cigarrilhas, ou 50 charutos ou 250 gramas de tabaco. Esta quantidade é dobrada se você vive fora da Europa. Você também pode trazer 2 litros de vinho e 1 litro de álcool com mais de 22% ou 2 litros de vinho com menos de 22%. Além disso, você pode trazer 60 cc (2oz.) de perfume, um quarto de litro (250 ml) de eau de toilette. Os visitantes com 15 anos de idade ou mais podem também trazer outras mercadorias totalizando £145 (US$ 290); a permissão para quem tem 14 anos de idade mais ou menos é de £73 (US$ 146). (Os agentes de imigração tendem a ser tolerantes em relação às mercadorias em geral, pois compreendem que os limites são irreais de tão baixos).

Você não pode levar seu animal de estimação para a Grã-Bretanha. Uma quarentena de seis meses é exigida antes que o animal tenha permissão para entrar. Um animal que entre ilegalmente no país pode ser sacrificado.

O QUE VOCÊ PODE LEVAR DA GRÃ-BRETANHA

Cidadãos Brasileiros

Brasileiros podem trazer até 500 dólares em bens para uso pessoal, mas trazendo ou não bens, devem entregar um formulário declarando se compraram ou não acima dos 500 dólares. Valores acima de 500 dólares, devem ser declarados. A alfândega cobrará 50% sobre o valor que ultrapassar a cota. Caso o fiscal federal encontre bens não declarados, o sonegador terá que pagar 100% de multa no período de até 90 dias à Receita Federal, senão os produtos ficarão retidos.

É obrigatório declarar a compra de celular no exterior. Caso contrário a operadora telefônica não habilita o equipamento. Brasileiros também podem comprar até 500 dólares nas lojas "Duty Free" ao Brasil, este valor não interfere na cota de compra no exterior.

Cidadãos Norte-Americanos

Para detalhes específicos sobre o que você pode levar para casa e as taxas correspondentes, faça o download do valioso panfleto gratuito *Know Before You Go* em www.cbp.gov. Ou entre em contato com **US Customs & Border Protection** (**CBP**), 1300 Pennsylvania Ave. NW, Washington, DC 20229 (© **703/526-4200**) e solicte o panfleto.

Cidadãos Canadenses

Para um resumo claro das regras canadenses, solicite por escrito o panfleto *Declare*, publicado pelo **Canada Border Services Agency** (©**800/461-9999** no Canadá, ou 204/983-3500; www.cbsa-asfc.gc.ca).

Cidadãos Britânicos

Para mais informações, entre em contato com **HM Revenue & Customs** pelo ©**0845/010-9000** (de fora do Reino Unido, 02920/501-261), ou visite o website www.hmrc.gov.uk.

3. Quando Ir

O CLIMA

Sim, chove, mas raramente você verá um temporal. Chove mais em novembro (2 ½ polegadas, em média). As temperaturas no país podem variar de 30° a 110° F (-1° a 43°C), mas raramente ficam abaixo de 35° (2°C) ou acima de 78°F (26°C). As noites são frias, mesmo no verão. Veja que os britânicos, que consideram o frio saudável, gostam de manter o termostato cerca de 10°F abaixo do nível de conforto norte-americano.

Os hotéis têm sistemas centrais de aquecimento, que são geralmente mantidos pouco acima da margem do arrepio.

CALENDÁRIO DE EVENTOS DE LONDRES

Para uma lista completa de eventos, além dos citados aqui, consulte http://events.frommers.com, onde você encontrará uma lista atualizada e navegável do que está acontecendo nas cidades em todo o mundo.

Janeiro

Promoções de Janeiro. A maioria das lojas oferece bons descontos nesta época. Muitas liquidações começam cedo, como no fim de dezembro, para compensar a queda pós-Natal.

London Parade. Bandas, carros alegóricos e carruagens contribuem para a alegria durante o percurso da Parliament Square até Berkeley Squar, em Mayfair. 1 de janeiro. O desfile começa quase ao meio-dia.

Março

Oranges and Lemons Service, em St. Clement Danes, the Strand, WC2. Como um lembrete da canção de ninar "Bells of St. Clements", as crianças recebem frutas durante a missa, e os sinos da igreja tocam a canção (parte da qual é "Oranges and Lemons, Say the Bells of St. Clements") às 9 da manhã, ao meio-dia e às 18h; ligue para ✆ **020/7242-8282**; www.st-clement-danes.co.uk para mais informações. Terceira semana de março.

Abril

Easter Parade. Carros alegóricos, fanfarras e um Domingo de Páscoa repleto de atividades dão vida a Battersea Park. Grátis. Domingo de Páscoa.

Flora London Marathon. Trinta mil competidores correm de Greenwich Park até o Palácio de Buckingham. Ligue para ✆ **020/7902-0200** ou acesse www.london-marathon.co.uk para saber mais ou para se inscrever na maratona. Segunda quinzena de Abril.

Aniversário da Rainha. O aniversário da Rainha é celebrado com salvas de 21 tiros no Hyde Park e por um desfile de tropas fardadas em Tower Hill, ao meio dia. 21 de abril.

National Gardens Scheme. Mais de 3.000 jardins particulares em Londres ficam abertos para visitação pública em dias determinados, e alguns servem chá. Pegue o guia NGS em muitas livrarias ou entre em contato com o National Gardens Scheme Charitable Trust, Hatchlands Park, East Clandon, Guildford, Surrey GU4 7RT (✆ **014/8321-1535**; fax 014/8321-1537; www.ngs.org.uk). Do fim de abril ao começo de maio.

Maio

Royal Windsor Horse Show, Home Park, Windsor Castle, arredores de Londres. Você pode ver um membro da família real neste evento de vários dias, com corridas e exibição de cavalos. Ligue para ✆ **01753/860-633** ou acesse www.royal-windsor-horse-show.co.uk para saber mais. Meio de maio.

Chelsea Flower Show, Chelsea Royal Hospital. Esta apresentação mostra o melhor da jardinagem britânica, com exibições de plantas e flores de todas as estações. A apresentação vai das 8h às 20h. Os ingressos devem ser comprados antecipadamente na Royal Horticultural Society (www.rhs.org.uk). Ligue para ✆ **0845/260-5000** para saber mais. Quatro dias em maio.

Junho

Trooping the Colour. Este é o desfile do aniversário oficial da Rainha, um evento fundamentalmente britânico, com sofisticada elegância e pompa, enquanto ela inspeciona seus regimentos e recebe suas saudações, e as tropas desfilam suas cores diante dela no Horse Guards Parade, Whitehall. Os ingressos para o desfile e duas inspeções, que ocorrem nos sábados posteriores, são alocados por votação. Os candidatos devem escrever entre 1 de janeiro e o fim de fevereiro, adicionando um envelope endereçado a si mesmo ou um Cupom Internacional de Resposta, para o Ticket Office, HQ Household Division, Horse Guards, Whitehall, London, SW1X 6AA. Os ingressos são gratuitos. A votação é realizada no meio de março, e apenas os candidatos vitoriosos são informados em abril. Ligue para ✆ **020/7414-2479**; www.trooping-the-colour.co.uk para mais informações. Realizado em um dia escolhido de junho (não necessariamente o aniversário verdadeiro da Rainha).

Lawn Tennis Championships, Wimbledon, Londres. Desde que os primeiros jogadores pisaram nas quadras de grama de Wimbledon, em 1877, este torneio atraiu multidões, e há ainda agitação e uma certa emoção em Centre Court. Saboreie os morangos com creme, que são parte da experiência. Recomenda-se fortemente fazer reservas antecipadas para o torneio de tênis mais famoso do mundo. Pode ser difícil conseguir, sozinho, ingressos e acomodações para a noite, durante as competições anuais em Wimbledon. Dois lugares que reservam quartos de hotel e ingressos para o evento são **Steve Frugal's International Tennis Tours**, 11305 Rancho Bernardo Rd., Ste. 108 San Diego, CA 92127 (✆ **800/258-3664** ou 858/675-3555; www.tours4tennis.com) e **Championship Tennis Tours**, 13951 N. Scottdale Rd., Ste. 133, Scottdale, AZ 85254 (✆ **800/468-3664** ou 480/429-7700; www.tennistours.com). Os ingressos para as quadras Central e Número 1 são obtidos por meio de sorteio. Escreva, de agosto a dezembro, para **All England Lawn Tennis Club**, P.O.

Box 98, Church Road, Wimbledon, London SW19 5AE (✆ **020/8944-1066**; www.wimbledon.org). Os ingressos para as quadras externas estão disponíveis diariamente, mas esteja preparado para pegar fila. Do fim de junho até o começo de julho.

Shakespeare Under the Stars, Open Air Theatre, Inner Circle, Regent's Park, NW1 4NU. Se quiser ver *Macbeth, Hamlet* ou *Romeu e Julieta* (ou qualquer outra peça de Shakespeare), nosso conselho é levar um lençol e uma garrafa de vinho para assistir às peças do Bardo, interpretadas no Open Air Theatre. As sessões vão de segunda-feira ao sábado, às 20h, e quartas, quintas e sábados às 14h30. Ligue para ✆ **0844/826-4242** ou acesse www.openairtheatre.org.uk para obter mais informações e para comprar os ingressos. Há uma bilheteria no local, mas é melhor comprar os ingressos com antecedência. Os ensaios começam no fim de junho e a temporada vai até o começo de setembro.

Julho

Kenwood Lakeside Concerts, norte de Hampstead Heath. Fogos de artifício e shows de laser dão vida às excelentes interpretações neste concerto anual ao ar livre em Hampstead Heath. A música clássica sobrevoa o lago até os fãs, todos os sábados e domingos no verão, do começo de julho ao fim de agosto. Ligue para ✆ **020/7413-1443** para obter a programação e informações, além de comprar ingressos. Os ingressos são populares, portanto, compre o seu com antecedência. Do começo de julho até o fim de agosto.

Hampton Court Palace Flower Show, East Molesey, Surrey. Esta mostra internacional de flores, que dura 5 dias, está ofuscando sua mostra irmã em Chelsea; aqui, você pode comprar o que está em exibição no último dia. Ligue para ✆ **0845/260-5000** ou visite www.rhs.org.uk para os dias exatos e outros detalhes. Do começo ao meio de julho.

Proms, Royal Albert Hall. Os "Proms" – Henry Wood Promenade Concerts, realizados anualmente no Royal Albert Hall – atraem aficionados por música de todo o mundo. Com apresentações diárias, os concertos foram lançados em 1895 e são a principal casa de verão da BBC Symphony Orchestra. Banners, balões e bandeiras do Reino Unido em desfile contribuem para a atmosfera festiva de verão. Ligue para 020/7589-8212 ou visite www.bbc.co.uk/proms para obter mais informações e ingressos, que devem ser comprados antecipadamente. Do meio de julho até o meio de setembro.

Agosto

Carnaval em Notting Hill, Ladbroke Grove, London. Notting Hill é o cenário de um dos maiores festivais de rua anuais da Europa, atraindo mais de meio milhão de pessoas. Há reggae ao vivo e soul music, além de ótima comida caribenha. Ligue para 020/7727-0072, ou acesse www.nottinghillcarnival.biz para mais informações. Dois dias ao fim de agosto.

Setembro

Subida da Barragem do Rio Tâmisa, Unity Way, SE18. Uma vez ao ano, em setembro, um teste completo é feito na barragem contra enchentes. Os 10 portões de aço maciço são levantados do rio para inspeção, e você pode ver de perto este milagre da engenharia moderna. Ligue para © **020/8854-8888** para saber o dia e o horário exato (geralmente, um domingo próximo ao final do mês).

Ascot Festival, Ascot, Berkshire, SL5 7JN. Este é o principal fim de semana de corrida de cavalos da Grã-Bretanha, fechando em grande estilo a temporada de verão em Ascot. O "encontro" de três dias combina algumas das mais valiosas corridas do ano, com outras diversões. Um destaque do festival é a corrida Watership Down Stud Sales, com prêmio de £250.000 (US$ 500.000), restrita a potros de 2 anos. Outra corrida de destaque inclui a Queen Elizabeth II Stakes, com o cavalo vencedor sendo coroado o campeão de milha na Europa. Para reservar ingressos, ligue para © **0870/727-1234** ou acesse www.ascot.co.uk. Último final de semana em setembro.

Novembro

Guy Fawkes Night. No aniversário da Trama da Pólvora, uma tentativa de explodir o Rei Jaime I e seu Parlamento, enormes fogueiras são acesas em toda a cidade e são queimadas imagens de Guy Fawkes, o mais famoso conspirador. Grátis. Consulte a revista *Time Out* para saber onde. 5 de novembro.

Lord Mayor's Procession and Show, de Guildhall até Royal Courts of Justice, na City of London. Este evento anual marca a posse do novo lord prefeito da City of London. A Rainha tem de pedir permissão para entrar na City – um direito zelosamente guardado pelos mercadores de Londres durante o século 17. Você pode observar a procissão na rua; o show é apenas para convidados. Ligue para © **020/7222-4345** ou visite www.lordmayorshow.org para saber mais. Segundo sábado em novembro.

4. Dinheiro e Custos

Londres está se tornando uma das cidades mais caras do mundo, bem mais cara do que Nova York (os ingleses agora veem a Big Apple como uma fonte de ofertas). Londres não é tão cara quanto Tóquio ou Oslo, mas mesmo a tarifa de um hotel médio pode custar £100 (US$ 200) ou mais – em muitos casos, muito, muito mais.

Você evitará filas nos caixas automáticos dos aeroportos ao trocar algum dinheiro – o suficiente para pagar alguma despesa no aeroporto e de transporte ao seu hotel – antes de sair de casa (porém, não espere que a taxa de câmbio seja a ideal). Você pode trocar dinheiro em uma agência local da American Express ou da Thomas Cook ou em seu banco. A American Express também fornece traveler checks e moedas estrangeiras via www.americanexpress.com ou 0800/673-3782, mas cobrará uma taxa de US$ 15 e custos adicionais de envio.

POUNDS & PENCE

O sistema monetário decimal da Grã-Bretanha é baseado no Pound (£), que é composto de 100 pence (escritos como "p"). *Pounds* também são chamados de quid pelos ingleses. Há moedas de £1 e £2, assim como moedas de 50p, 20p, 10p, 5p, 2p e 1p. As cédulas têm denominação de £5, £10, £20 e £50.

Como orientação geral, as conversões de preço neste livro foram feitas a uma taxa de £1=US$2. Tenha em mente, porém, que as taxas de câmbio flutuam diariamente.

CAIXAS ELETRÔNICOS E CASHPOINTS

Caixas eletrônicos são facilmente encontrados em Londres. O melhor modo, e o mais fácil, de obter dinheiro longe de casa é por um caixa eletrônico, às vezes chamado de "cash machine" ou "cashpoint". As redes **Cirrus** (**© 800/424-7787**; www.mastercard.com) e **PLUS** (**© 800/843-7587**; www.visa.com) estão em todo o mundo; olhe no verso de seu cartão bancário para ver a qual rede ele pertence, ou então ligue ou procure online por caixas eletrônicos em seu destino. Assegure-se de saber seu número pessoal de identificação (PIN) e o limite de saque diário antes de partir.

Há problemas com o uso de caixas eletrônicos. Por exemplo, se você errar e digitar sua senha equivocadamente por três vezes, a máquina deterá seu cartão, supondo que está sendo usado fraudulentamente.

Usuários com PINS alfabéticos ao invés de numéricos podem ficar surpresos com a falta de letras nos caixas eletrônicos de Londres. Se seu PIN tiver mais do que quatro dígitos, verifique com seu banco se é possível usar os quatro primeiros ou se você terá de obter um novo número para uso na Grã-Bretanha.

Para sacar dinheiro de seu cartão de crédito em um caixa eletrônico, peça por um PIN em sua administradora antes de deixar seu país.

Nota: Lembre-se que muitos bancos cobram uma tarifa a cada vez que usar seu cartão em um caixa eletrônico de outro banco, e esta tarifa pode ser mais alta para transações internacionais (até US$ 5, ou mais) do que para transações locais (onde raramente são mais do que US$ 2). Além do mais, o banco de onde você saca dinheiro pode cobrar sua própria tarifa. Para tarifas de saques internacionais, consulte seu banco.

CARTÕES DE CRÉDITO

Cartões de crédito são outro modo seguro de levar dinheiro, porém seu uso se tornou mais difícil, especialmente em Londres (veja abaixo). Eles também fornecem um relatório conveniente de todos os seus gastos, e geralmente oferecem taxas de câmbio relativamente boas. Você pode, em geral, sacar adiantamento em dinheiro pelo cartão de crédito nos bancos ou em caixas eletrônicos, desde que você saiba seu PIN. Lembre-se que você pagará juros a partir do momento de seu saque, mesmo se pagar sua conta em dia. Também note que muitos bancos agora cobram uma "taxa de transação" de 1% a 3% em **todas** as contas que você fizer no exterior (seja usando a moeda local ou a de seu país).

Não há praticamente diferença alguma na aceitação de cartões de débito ou de crédito.

Chip e PIN representam uma mudança no modo como cartões de crédito e de débito são usados. O programa é planejado para eliminar o uso fraudulento de cartões de crédito. Mais e mais bancos estão emitindo versões de Chip e PIN para seus clientes, para os cartões de crédito e de débito. No futuro, mais e mais lojas estarão pedindo a identificação pessoal de quatro dígitos, ou PIN, que será digitado em um teclado próximo à caixa registradora. Em alguns casos, um garçom levará um modelo de mão à sua mesa para verificar seu cartão de crédito.

Aviso: Alguns estabelecimentos em Londres podem não aceitar seu cartão de crédito, a menos que você tenha um chip de computador embutido nele. O motivo? Eliminar fraudes com cartão de crédito.

Mais e mais lugares em Londres estão deixando de usar o cartão de crédito com tarja magnética e usando o novo sistema de Chip e PIN. Na transição de tecnologia, alguns lojistas falsamente concluíram que não podem mais aceitar cartões com tarja magnética ou com assinatura, que não tenham PINs.

No momento, tanto os cartões velhos quanto os novos são usados em lojas, hotéis e restaurantes, independentemente de terem máquinas de crédito e de débito velhas ou as novas máquinas Chip e PIN instaladas. Espere por muita confusão quando chegar à Inglaterra, ou a qualquer outro lugar.

Principais Mudanças nos Cartões de Crédito

Na transição entre os cartões de crédito tradicionais e aqueles com um chip de computador embutido, eis o que você pode fazer para se proteger:

- Obtenha um PIN de quatro dígitos do banco que emitiu seu cartão de crédito antes de sair de casa. Ou ligue para o número no verso de cada cartão e peça por um PIN de quatro dígitos.
- Procure pelo logo correto na vitrine das lojas. Você precisa de Visa ou MasterCard, não Maestro, Visa Electron ou Carte Bleue.
- Saiba que seu cartão AmEx será aceito onde houver um logo AmEx exibido (mas o cartão não é tão aceito como Visa e MasterCard).
- Como último recurso, assegure-se de ter dinheiro suficiente para pagar sua compra.

TRAVELER'S CHECKS

Você pode comprar traveler's checks na maioria dos bancos, e eles são amplamente aceitos em Londres, embora os mercadores francamente prefiram dinheiro. Por causa das dificuldades com os cartões de crédito (veja acima) ou caixas eletrônicos, que podem recusar seu cartão sem motivo aparente, os viajantes novamente estão comprando traveler's checks pela segurança, caso algo dê errado com seu dinheiro . Eles são oferecidos em denominações de US$ 20, US$ 50, US$ 100, US$ 500 e, às vezes, US$ 1000. Geralmente, você pagará uma taxa de serviço, que varia de 1% a 4%.

Os traveler's checks mais populares são oferecidos pela **American Express** (© **800/528-4800**, ou 800/221-7282 para associados – este número aceita chamada a cobrar, oferece serviço em idiomas estrangeiros e livra associados AmEx gold e platinum da taxa de 1%); **Visa** (© **800/732-1322**) – membros AAA podem obter cheques Visa por uma taxa de US$ 9,95 (para cheques até US$ 1.500) na maioria dos escritórios AAA ou ligando © **866/339-3378**; e **MasterCard** (© **800/223-9920**).

American Express, Thomas Cook, Visa e MasterCard oferecem **traveler's checks em moeda estrangeira**, que são úteis se estiver viajando para um país ou para a zona do euro; eles são aceitos em localidades onde os cheques em dólares podem não ser.

Se estiver portando traveler's checks, tenha um controle dos seus números de série separados dos cheques, caso sejam roubados ou perdidos – você obterá reembolso mais rápido.

5. Recursos Especializados de Viagem

VIAJANTES COM DEFICIÊNCIA FÍSICA

Muitos hotéis, museus, restaurantes e atrações turísticas de Londres têm rampas para cadeiras de rodas, menos no interior da Inglaterra. As pessoas com deficiências geralmente recebem descontos especiais nas atrações, chamadas de "concessions" na Grã-Bretanha, e em alguns casos, em danceterias. Informações e conselhos grátis estão disponíveis em **Holiday Care Service**, The Hawkins Suite, Enham Place, Andover SP11 6JS (© **0845/124-9971**; fax 0845/124-9972; www.holidaycare.org.uk).

Muitas livrarias em Londres oferecem ***Access in London*** (www.accessinlondon.org; £12/US$ 24), uma publicação que lista instalações para pessoas com deficiência, entre outras coisas.

O sistema de transporte, cinemas e teatros ainda são muito desconfortáveis, mas **Transport for London** publica um panfleto chamado *Access to the Unnderground*, que dá detalhes de elevadores e rampas em cada estação do metrô; ligue para © **020/7222-1234** ou visite www.tfl.gov.uuk. E **London Black Cab** (© **0845/108-3000**; www.londonblackcab.com) é perfeitamente adequado para aqueles em cadeiras de rodas; os interiores espaçosos oferecem muito espaço para manobras.

A organização mais conhecida de Londres para fornecer informações sobre acesso a teatros, cinemas, galerias, museus e restaurantes é **Artsline**, 54 Chalton St., London NW1 1HS (© **020/7388-2227**; fax 020/7383-2653; www.artsline.org.uk). A organização oferece informações grátis sobre acesso com cadeiras de rodas, teatros com audiodescição, atrações para turistas e cinemas. A Artsline envia informações para a América do Norte, mas é mais útil entrar em contato com a Artsline quando chegar a Londres; a linha funciona de segunda à sexta, das 9h30 às 17h30.

Muitas agências de viagem oferecem excursões personalizadas e itinerários para os viajantes com necessidades especiais. **Flying Wheel Travel** (© **507/451-5005**; www.flyingwheeltravel.com) oferece excursões e cruzeiros acompanhados com guia que enfatizam excursões particulares ou em grupo, em minivans com elevadores. A **Acess-Able Travel Source** (© **303/232-2979**; www.access-able.com) oferece grande quantidade de informações sobre acessos e conselhos para viajar pelo mundo com necessidades especiais. **Accessible Journeys** (© **800/846-4537** ou 610/521-0339; www.disabilitytravel.com) destina-se especificamente a pessoas com dificuldade de locomoção ou em cadeira de rodas, com suas famílias e amigos.

Organizações que oferecem ajuda a viajantes com deficiência incluem **MossRehab** (© **0800/CALL-MOSS** [2255-6677]; www.mossresourcenet.org), que fornece uma biblioteca de recursos online de acessibilidade para viagens; a **American Foundation for the Blind** (AFB; © **0800/232-5463** ou 212/502-7600; www.afb.org), um recurso de referência para os cegos ou deficientes visuais que inclui informações sobre como viajar com cães-guia; e **SATH** (Society for Accessible Travel & Hospitality; © **212/447-7284**; www.sath.org), que oferece muitos recursos de viagem para todos os tipos de deficiência e recomendações fundamentadas sobre destinos, guias de acesso, agentes de viagem, operadores de excursões, aluguel de veículos e serviços de acompanhante. **AirAmbulanceCard.com** (© **877/424-7633**) permite que você pré-selecione os principais hospitais em caso de emergência.

O link "Accessible Travel" em **Mobility-Advisor.com** (www.mobility-advisor.com) oferece uma variedade de recursos de viagem para pessoas com necessidades especiais.

Verifique a revista quinzenal ***Emerging Horizons*** (www.emerginghorizons.com), publicado pela SATH.

VIAJANTES GAYS E LÉSBICAS

Londres tem uma das cenas gay e lésbica mais ativas do mundo. São inúmeros os bares, restaurantes e centros gays.

Lesbian and Gay Switchboard (© **020/7837-7324**; www.llgs.org.uk) fica aberto 24 horas, fornecendo informações sobre atividades relacionadas a gays em Londres, ou conselhos em geral. A melhor livraria orientada para gays é a **Gay's the Word**, 66 Marchmont St., WC1N 1AB (© **020/7278-7654**; www.gaystheword.co.uk; Metrô: Russell Sq.), a maior livraria do gênero na Grã-Bretanha. Os funcionários são amigáveis e prestativos, e dão conselhos sobre a cena em Londres, sempre em constante mudança. Fica aberta de segunda à sábado, das 10h às 18h30, e aos domingos, das 14h às 18h. Em Gay's the Word e em outros locais gays, você pode encontrar muitas publicações, algumas grátis, incluindo a popular ***Boyz***. Outra publicação grátis é ***Pink Paper*** (com uma boa seção para lésbicas). Consulte também a ***9X***, recheada de dados sobre novos clubes e o que mais for novidade na cena.

A **International Gay and Lesbian Travel Association (IGLTA;** © **954/630-1637**; www.iglta.org) é a associação de comércio para as empresas de turismo para gays e lésbicas, e oferece um diretório online de empresas de viagens simpáticos a gays e lésbicas.

Muitas agências oferecem excursões e itinerários de viagem específicos para viajantes gays e lésbicas. **Above and Beyond Tours** (© **800/397-2681**; www.aboveandbeyondtours.com) é uma operadora de turismo para gays e lésbicas. A **Now, Voyager** (800/255-6951; www.nowvoyager.com) é uma agência de viagem bem conhecida em São Francisco, cujos donos e funcionários são gays. A **Gay.com Travel** (415/834-6500; www.gay.com/travel ou www.outandabout.com) é um excelente sucessor online para a popular revista ***Out & About***. Ela fornece informações atualizadas regularmente sobre hotéis, restaurantes, excursões, danceterias e lojas de donos gays, voltadas para gays e simpatizantes em cada destino importante em todo o mundo.

Os seguintes guias de viagem estão disponíveis em muitas livrarias, ou é possível solicitá-los em qualquer livraria online: ***Spartacus International Gay Guide*** (Bruno Gmünder Verlag; www.spartacusworld.com) e ***Odysseus: The International Gay Travel Planner*** (Odysseus Enterprises, Ltd.); e os guias ***Damron*** (www.damron.com), com livros específicos e anuais para gays e lésbicas.

Para obter mais recursos de viagens para gays e lésbicas, visite frommers.com

VIAJANTES IDOSOS

Muitos descontos estão disponíveis para idosos. Saiba que, na Grã-Bretanha, é preciso associar-se a uma organização para obter descontos. Descontos em transportes públicos, por exemplo, podem estar disponíveis apenas para titulares de contas British Pension. Porém, muitas atrações oferecem descontos a idosos (mulheres com 60 anos ou mais e homens, 65 anos ou mais). Mesmo se os descontos não forem postados, pergunte se estão disponíveis.

Se você tem 61 anos ou mais, você tem direito a descontos especiais de 10% na **British Airways** (**BA**) por meio do programa Privileged Traveler. Você também se qualifica para restrições reduzidas em cancelamentos APEX. Descontos são também concedidos para excursões da BA e para bilhetes aéreos dentro da Grã-Bretanha reservados na América do Norte. A **BritRail** oferece tarifas com descontos para idosos em bilhetes de trem em primeira classe no país.

Não seja tímido em pedir descontos, mas leve algum tipo de identificação que mostre sua data de nascimento. Mencione também que você é idoso ao fazer suas reservas. Muitos hotéis oferecem descontos a idosos. Na maioria das cidades, as pessoas com 61 anos ou mais podem comprar ingressos com preços reduzidos em teatros, museus e outras atrações, além de tarifas com desconto em transportes públicos.

Membros da **AARP**, 601 E St. NW, Washington DC 20049 (© **888/687-2277**; www.aarp.org) têm descontos em hotéis, bilhetes aéreos e aluguéis de carros. A AARP oferece aos membros uma ampla gama de benefícios, incluindo *AARP The Magazine* e uma newsletter mensal. Qualquer um com 51 anos ou mais pode se associar.

Muitas agências e organizações confiáveis atendem o mercado de clientes com 50 anos ou mais. Elderhostel (✆ 800/454-5768; www.elderhostel.org) organiza programas de estudo em todo o mundo (inclusive alguns em Nova York) para aqueles com 55 anos ou mais.

Publicações recomendadas oferecendo recursos de viagem e descontos para idosos incluem a revista trimestral ***Travel 50 & Beyond*** (www.travel50andbeyond.com); ***Unbelievably Good Deals and Great Adventures That You Absolutely Can't Get Unless You're Over 50*** (McGraw-Hill), por Jonathan Heilman.

O site Frommers.com oferece mais informações e recursos sobre viagens para idosos.

VIAJANTES AFRO-DESCENDESTES

Black Travel Online (www.blacktravelonline.com) publica notícias sobre eventos futuros e inclui links para artigos e sites de reserva de viagens. **Soul of America** (www.soulofamerica.com) é um site abrangente, com dicas de viagem, postagens sobre eventos e reuniões de família e seções sobre resorts de praia historicamente negros e férias ativas.

Agências e organizações que fornecem recursos para viajantes negros incluem **Rodgers Travel** (✆ **888/823-1775**; www.rodgerstravel.com). Para mais informações, verifique as seguintes compilações e guias: ***Go Girl: The Black Woman's Guide to Travel & Adventure*** (Eighth Mountain Press), uma compilação de ensaios sobre viagens; ***The African American Travel Guide***, por John Haggins; ***Steppin' Out***, por Carla Labat (Avalon); e ***Pathfinders Magazine*** (✆ **215/438-2140**; www.pathfinderstravel.com), que inclui artigos sobre todos os lugares, desde o Rio de Janeiro até Gana, assim como informações sobre as próximas viagens de ski, mergulho, golfe e tênis.

VIAJANDO SOZINHO

Muitas pessoas preferem viajar sozinhas, e para os viajantes independentes, jornadas solitárias oferecem infinitas oportunidades de fazer amigos e conhecer os nativos. Infelizmente, se você gosta de resorts, excursões ou cruzeiros, você provavelmente será atingido com um "suplemento de solteiro" ao preço base. Viajantes sozinhos podem evitar tais suplementos, claro, ao concordar em dividir um quarto com outros viajantes sozinhos na viagem. Uma ideia ainda melhor é encontrar uma companhia adequada antes de partir, em uma das muitas agências de encontro de companheiros.

Travel Buddies Singles Travel Club (© **800/9908-9099**; www.travelbuddiesworldwide.com), sediada no Canadá, oferece grupos de viagens pequenos e íntimos para solteiros e lhe arrumará um companheiro de quarto sem custo, o que economiza no custo de suplementos de solteiro. **TravelChums** (© **212/787-2621**; www.travelchums.com) é um serviço baseado na Internet para encontrar companheiros de viagem, com elementos de site de relacionamentos pessoais, gerenciado pelo respeitado serviço de viagem Shaw Guides, de Nova York.

Muitas companhias de viagem de boa reputação oferecem viagens apenas para solteiros. **Singles Travel International** (© **877/765-6874**; www.singlestravelintl.com) oferece viagens apenas para pessoas viajando sozinhas para Londres. **Backroads** (© **800/462-2848**; www.backroads.com) oferece mais de 160 viagens ativas para 30 destinos em todo o mundo, inclusive a Inglaterra.

Para mais informações sobre viajar sozinho, visite www.frommers.com.

6. Fique Conectado

TELEFONES

Para ligar para Londres da América do Norte, disque **011** (código internacional), **44** (código de país do Reino Unido), os códigos de área locais (geralmente três ou quatro dígitos, encontrados em cada número telefônico informado neste livro) e o número de telefone local. Todos os códigos de área locais encontrados por todo este livro começam com "0"; você não disca o "0" se estiver ligando de fora do Reino Unido, mas é preciso discá-lo junto com o código de área se estiver ligando de qualquer cidade dentro do país. Para chamadas dentro da mesma cidade, o número local é tudo o que você precisa.

Para consulta à **lista telefônica**, em Londres, disque © **142**; no restante do país, ligue para © **192**.

Há três tipos de **telefones públicos**: os que aceitam apenas moedas, os que aceitam apenas cartões telefônicos (chamados de Cardphones) e aqueles que aceitam cartões telefônicos e cartões de crédito. Em telefones que aceitam moedas, insira-as antes de ligar. A tarifa mínima é de 10p (US$ 0,20).

Cartões telefônicos estão disponíveis em quatro valores - £2 (US$ 4), £4 (US$ 8), £10 (US$ 20) e £20 (US$ 40) – e são reutilizáveis até que o valor total expire. Os cartões podem ser comprados em bancas de jornais e agências do correio. Finalmente, o cartão de crédito para telefone – Access (MasterCard), Visa, American Express e Diners Club – é mais fácil de ser encontrado em aeroportos e em grandes estações de trem.

Para fazer uma **chamada internacional** do Reino Unido, disque o código de acesso internacional (**00**), depois o código do país, depois o código de área e, finalmente, o número do telefone. Ou ligue por um dos seguintes códigos de acesso de longa distância: **AT&T USA Direct** (© 1800/CALL-ATT [2255-258]), **Canada Direct** (© 0800/890016), **Australia** (© 0800/890061), **New Zealand** (© 0800/890064). Códigos de país comuns são: Brasil, **55**, EUA e Canadá, **1**; Austrália, **61**; Nova Zelândia, **64**; e África do Sul, **27**.

Para ligações a **cobrar**, ou se precisar de um operador internacional, disque © **155**. Para ligar para o Brasil disque (© **0800 890 055** informando o nome e o código DDD da cidade brasileira que deseja falar e o número do telefone. Você será atendido em Português.

Atenção: Alguns hotéis rotineiramente acrescentam exorbitantes cobranças extras para ligações telefônicas feitas em seu quarto. Pergunte antes de ligar! Pode ser muito mais barato usar seu próprio número de cartão telefônico ou encontrar um telefone pago.

CELULARES

As três letras que definem muito da capacidade global dos celulares são GSM (Global System for Mobiles), uma grande rede integrada que facilita o uso de celulares internacionais na Inglaterra e em dezenas de países em todo o mundo. Em geral, a recepção é boa. Mas você pode precisar de um cartão SIM (Scriber Identity Module). O SIM é um pequeno chip específico para a Inglaterra que lhe conecta à uma rede regional. Nos EUA, a T-Mobile, AT&T Wireless e a Cingular já usam este sistema quase universal – apenas ligue para a sua operadora ou acesse o site para registrar seu telefone, e você poderá fazer ligações quando estiver no exterior. No Canadá, a Microcell e alguns clientes da Rogers são GSM, e todas as operadoras europeias, e AA maioria das australianas, usam GSM. Infelizmente, o custo do minuto pode ser alto – geralmente de US$ 1 a US$ 1,50 na Europa Ocidental e até US$ 5 em muitos destinos internacionais. Chamadas para os EUA custam, em média, 70p (US$ 1,40) por minuto.

Para muitos, **alugar** é uma boa ideia. Mesmo donos de celulares globais terão de alugar novos telefones se estiverem viajando para localidades sem GSM. Embora você possa alugar um telefone em várias empresas no exterior, inclusive de quiosques em aeroportos e em agências de aluguel de carros, sugerimos que você alugue um telefone antes de sair de casa. Os norte-americanos podem alugar um na **InTouch USA** (© **800/872-7626** ou 703/222-7161; www.intouuchglobal.com) ou na **RoadPost** (© **888/290-1616** ou 905/272-5665; www.roadpost.com). A InTouch, inclusive, lhe dirá se seu telefone atual funcionará no exterior, sem custos.

Comprar um telefone pode ser economicamente atraente, já que muitos países têm sistemas de telefonia celular pré-pagos de baixo custo. Ao chegar ao seu destino, pare em uma loja local de celulares e compre o pacote mais barato; você provavelmente pagará menos que US$ 100 por um aparelho e um cartão de ligação inicial. Chamadas locais podem ser tão baratas quanto US$ 0,10 por minuto, e em muitos países, chamadas a receber são gratuitas.

Os Aventureiros em lugares mais distantes podem considerar alugar um **telefone por satélite** (*satphone*). Ele é diferente de um celular, já que se conecta a satélites e funciona onde não há sinal para celulares. Você pode alugar telefones por satélites na RoadPost (veja acima). A InTouch USA (ver acima) oferece uma ampla gama de satphones, mas as tarifas são mais altas. O custo da ligação por minuto pode ser até mais barato do que as cobranças de roaming com um celular normal, mas o aparelho é bem mais caro. Satphones são incrivelmente caros para compra, portanto nem pense nisso.

INTERNET & E-MAIL

COM SEU PRÓPRIO COMPUTADOR

Cada vez mais hotéis, cafés e lojas estão se tornando "hot spots" de Wi-Fi (wireless fidelity). Os donos de Mac têm sua própria rede tecnológica: Apple AirPort. **T-Mobile Hotspot** (www.t-mobile.com/hotspot ou www.t-mobile.co.uk) fornece conexões sem fio em cafeterias em todo o país. **Boingo** (www.boingo.com) e **Wayport** (www.wayport.com) configuraram redes em aeroportos e em lobbies de hotéis sofisticados. Provedores de iPass (ver abaixo) também lhe dão acesso a algumas centenas de conexões sem fio disponíveis em lobbies de hotéis. Para localizar outros hot spots que fornecem **redes sem fio gratuitas** nas cidades da Inglaterra, visite **www.jiwire.com**.

Para acesso discado, a maioria dos hotéis de negócios oferece conexões para laptops com modem, e alguns milhares de hotéis na Inglaterra agora oferecem acesso gratuito à Internet de alta velocidade. Além disso, a maioria dos provedores de acesso à Internet (ISP – Internet Service Providers) tem **números locais de acesso** em todo o mundo, permitindo que você fique online ao fazer uma chamada local. A rede **iPass** também tem números para acesso discado em todo o mundo. Você terá de se associar a um provedor iPass, que lhe dirá então como configurar seu computador para o(s) seu(s) destino(s). Para obter uma lista dos provedores iPass, acesse www.ipass.com e clique em "Individuals Buy Now". Um provedor confiável é **i2roam** (**✆ 866/811-6209** ou 920/233-5863; www.i2roam.com).

Não importa para onde você for, leve sempre um **kit de conexão** contendo adaptadores de energia e de telefone, um cabo de telefone opcional e um cabo opcional de rede Ethernet – ou descubra se seu hotel fornece esses recursos aos hóspedes.

SEM SEU COMPUTADOR

Para encontrar cybercafés, acesse **www.cyberactive.com** e **www.cybercafe.com**. Cybercafés podem ser encontrados em todas as grandes cidades do Reino Unido, especialmente em Londres. Mas eles não tendem a se aglomerar em um bairro em particular, por causa da concorrência. Os cybercafés estão espalhados, mas podem ser encontrados em quase todas as ruas comerciais de Londres. **easyInternetcafes** (© **020/7241-9000**; www.easyeverything.com) possui várias localidades na Grã Bretanha.

Além de cybercafés formais, a maioria dos **albergues da juventude** e **bibliotecas públicas** tem acesso a Internet. Evite os **centros de negócios dos hotéis**, a menos que esteja disposto a pagar tarifas exorbitantes.

A maioria dos principais aeroportos tem agora **quiosques de Internet** espalhados pelos seus terminais. Eles oferecem acesso básico à Web por uma tarifa por minuto que é geralmente mais alta do que nos cybercafés.

7. Chegando Lá

DE AVIÃO

O principal aeroporto para chegadas da América do Sul é **Heathrown** (LHR), nos arredores de Londres, que hoje em em dia, é, o terceiro mais movimentado do mundo. O **Heathrown** é o centro da maioria das companhias aéreas, incluindo British Airways e companhias norte-americanas, e possui os melhores meios de transporte para Londres. **Gatwick** (LGW) é o segundo maior aeroporto nos arredores de Londres, mas é muito mais distante do coração da cidade, exigindo viagens mais longas e, frequentemente, mais caras, para a cidade.

Há muitas chances de que você não desembarque nos aeroportos menores de Londres, certamente não se você fizer uma viagem transatlântica; porém, você pode pousar em um dos seguintes aeroportos se estiver viajando do continente europeu. Você pode chegar em **Stansted** (STN), **London City** (LCY), **London Luton** (LTN) e **London Southend** (SEN).

AS COMPANHIAS AÉREAS

No Brasil, consulte a TAM (© **4002-5700**; www.tam.com.br) que oferece voos diários para **Heathrown** (LHR) de várias capitais brasileiras. A maioria dos voos tem escala na cidade de São Paulo, mas de algumas cidades podem sair voos diretos. Para maiores informações consulte o site da TAM.

Outras companhias aéreas com voos do Brasil para Londres são: Continental (Rio de Janeiro: © **0800-702-7500**, São Paulo: © **0800-702-7500**; www.continental.com), a Delta Air Lines (Brasil © **0800-881-2121**; www.delta.com), a American Air Lines (Rio de Janeiro: © **21-4502-5005**, São Paulo: © **11-4502-4000**; www.aa.com.br) e a United (Brasil © **0800/162323**; www.united.com.br).

A **British Airways** (© **800/761-0885**; www.britishairways.com) oferece voos de várias cidades brasileiras, com escala em São Paulo, para os aeroportos de Heathrow e Gatwick. Com mais opções de complemento do que qualquer outra companhia aérea, a British Airways pode fazer uma visita ao Reino Unido mais barata do que você poderia esperar. Peça por pacotes que incluam a passagem aérea e as acomodações com desconto nos hotéis no Reino Unido.

A **American Airlines** (© **800/433-7300**; www.aa.com) oferece voos diários para Heathrow de meia-dúzia de pontos de partida nos EUA – JFK em Nova York, Chicago, Boston, Miami, Los Angeles e Dallas.

Dependendo do dia e da temporada, a **Delta Air Lines** (© **800/221-1212**; www.delta.com) tem um ou dois voos diários sem escalas entre Atlanta e Gatwick. A Delta também oferece voos diários sem escalas de Cincinnati.

A **Continental Airlines** (© **800/231-0856**; www.continental.com) tem voos diários para Londres de Cleveland, Houston, Newark, Orlando e San Francisco.

A **United Airlines** (© **800/241-6522**; www.united.com) voa diretamente de JFK, em Nova York, e Chicago, para Heathrow duas ou três vezes diariamente, dependendo da temporada. A United também oferece voos diretos do aeroporto Dulles, próximo a Washington DC; Newark; Los Angeles; e San Francisco.

Para viajantes partindo do Canadá, a **Air Canada** (© **888/247-2262**; www.aircanada.com) voa diretamente para Heathrow em Londres, partindo de Vancouver, Montreal e Toronto. Há também voos diretos frequentes de Calgary, Ottawa e St. John. A **British Airways** (© **800/247-9297**) tem voos diretos de Toronto, Montreal e Vancouver.

Estão disponíveis voos de curta duração de Dublin até Londres pela **British Airways** (© **800/247-9297**), com quatro voos diários para Gatwick, e pela **Aer Lingus** (© **800/IRISH-AIR** [47474-247]; www.aerlingus.com), que voa para Heathrow. Voos curtos de Dublin para Londres também são oferecidos pela **Ryan Air** (© **35301/249-7791**; www.ryanair.com) e pela **British Midland** (© **0870/6070555**; www.flybmi.com).

8. Bairros em Resumo

Embora o **Centro de Londres** não seja formalmente definido, a maioria dos londrinos provavelmente aceitaria a Circle Line do metrô como um limite justo.

The City (o distrito financeiro) é onde Londres começou; é a milha quadrada original que os romanos chamavam de *Londinium*, e ela ainda existe como uma entidade com governo próprio. Rica em interesses históricos, arquitetônicos e sociais, the City é uma das grandes áreas financeiras do mundo. Embora the City seja coroada com atrações históricas, ela fica vazia à noite e nos finais de semana, e há muitos outros lugares melhores para ficar se você estiver procurando por uma vida noturna pulsante.

The West End, onde está a maioria das principais atrações de Londres, é informalmente limitada pelo Tâmisa ao sul, Farringdon Road/Street a leste, Marylebone Road/Euston Road ao norte e pelo Hyde Park e Victoria Station a oeste. A maioria dos visitantes passa seu tempo no The West End, seja no Palácio de Buckingham, seja no Museu Britânico ou nas lojas ou nos teatros do SoHo. Você encontra a maior concentração de hotéis e restaurantes no The West End. Apesar dos esforços para estender a vida noturna do centro de Londres para o lado sul do Tâmisa (principalmente o ambicioso South Bank Arts Centre), a energia de Londres desvanece quando cruza o rio. Porém, o novo desenvolvimento urbanístico de Docklands, a atração turística do novo Globe Theatre e alguns bairros residenciais emergentes estão injetando energia na área além do rio.

Mais para oeste, há os sofisticados bairros de Belgravia, Kensington, Knightsbridge, Chelsea, Paddington e Bayswater, Earl's Court e Notting Hill. Este último também é um território privilegiado para hotéis e restaurantes. Ao leste da the City está o East End, que forma o limite leste para Inner London (Notting Hill e Earl's Court formam, grosso modo, o limite a oeste). Inner London está cercada, como uma rosquinha, pela dispersa hinterlândia de Outer London.

The City & Arredores

The City Quando os londrinos falam "the City" (EC2, EC3), querem dizer a milha quadrada original que é agora a versão britânica de Wall Street. Os edifícios deste distrito são bem conhecidos em todo o mundo: o Bank of England (Banco da Inglaterra), o London Stock Exchange (Bolsa de Valores de Londres) e a famosa seguradora Lloyd's of London. The City era o lugar original de *Londinium*, a primeira ocupação dos conquistadores romanos. Apesar de sua idade, the City não revela facilmente seu passado. Embora

Bairros do Centro de Londres

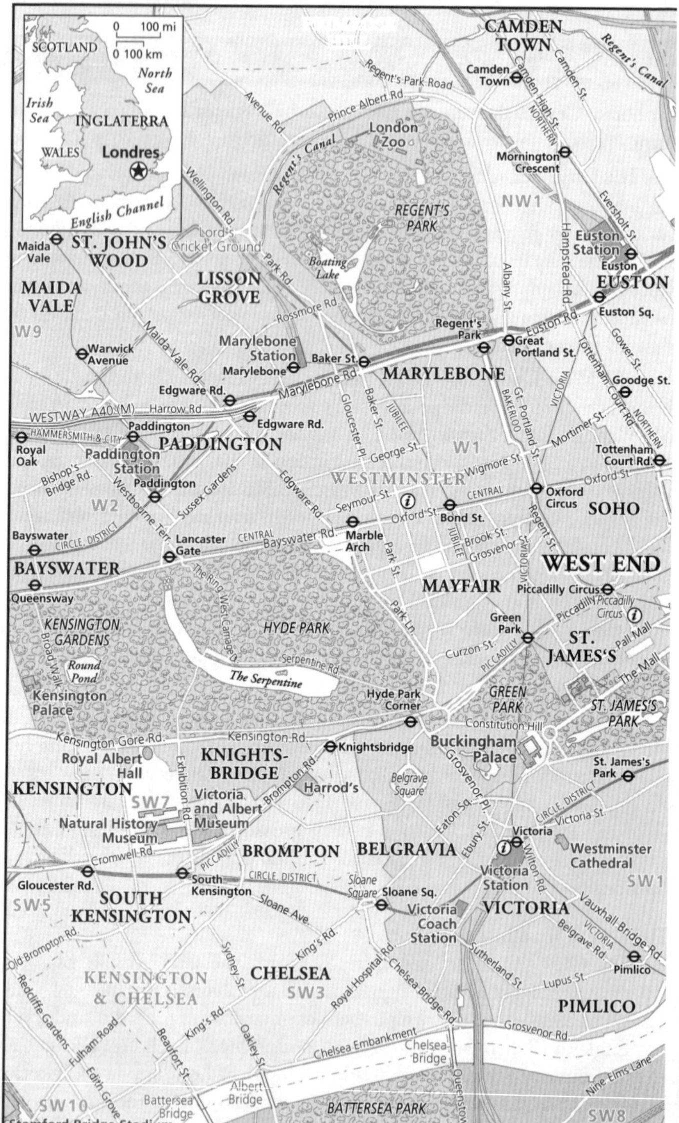

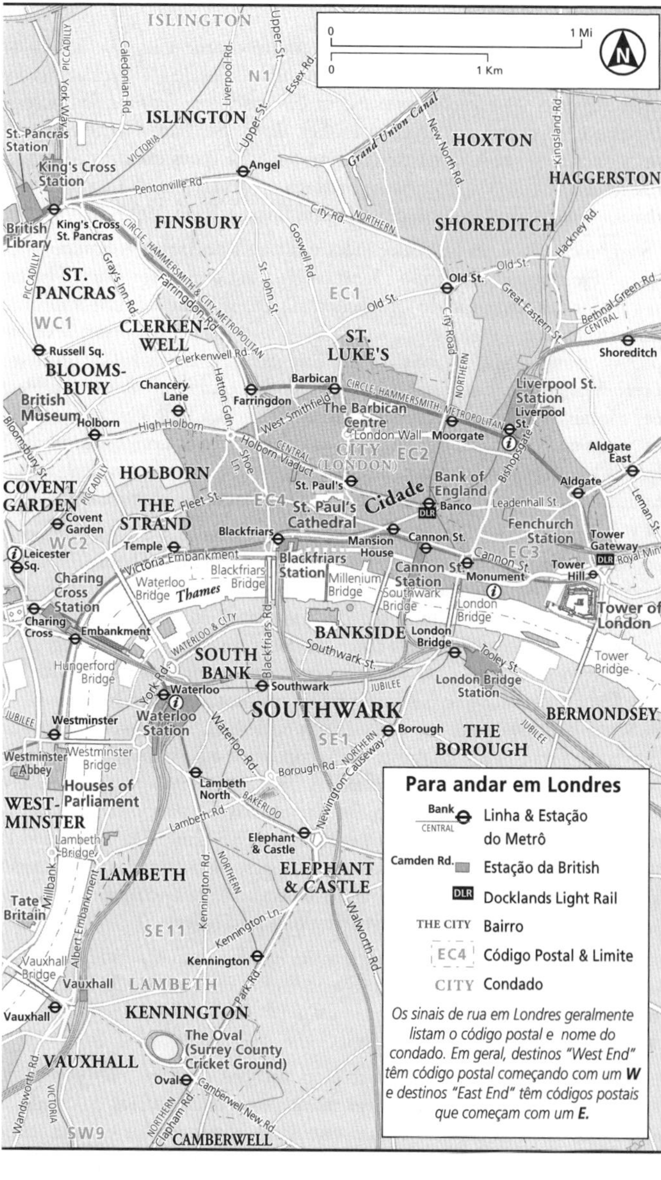
0
1 Mi
0
1 Km
N
ISLINGTON
N1
Upper St.
Essex Rd.
Liverpool Rd.
Caledonian Rd.
York Way
PICCADILLY
St. Pancras Station
King's Cross Station
Angel
Pentonville Rd.
Grand Union Canal
New North Rd.
HOXTON
Kingsland Rd.
HAGGERSTON
British Library
King's Cross St. Pancras
FINSBURY
City Rd.
NORTHERN
Goswell Rd.
SHOREDITCH
Hackney Rd.
CIRCLE, HAMMERSMITH & CITY, METROPOLITAN
ST. PANCRAS
Gray's Inn Rd.
Farringdon Rd.
St. John St.
EC1
Old St.
Great Eastern St.
Bethnal Green Rd.
CENTRAL
WC1
CLERKENWELL
City Road
ST. LUKE'S
Shoreditch
Russell Sq.
Clerkenwell Rd.
BLOOMSBURY
Chancery Lane
Hatton Gdn.
Barbican
Farringdon
Liverpool St. Station
Liverpool St.
British Museum
Holborn
High Holborn
West Smithfield
The Barbican Centre
London Wall
Moorgate
Bishopsgate
Aldgate East
Bloomsbury St.
Holborn Viaduct
CITY (LONDON)
EC2
HOLBORN
Shoe Ln.
St. Paul's
Bank of England
Aldgate
COVENT GARDEN
THE STRAND
Fleet St.
EC4
St. Paul's Cathedral
Cidade
Banco
Leadenhall St.
Leman St.
Covent Garden
WC2
Blackfriars
Mansion House
Cannon St.
Fenchurch Station
Tower Gateway
Royal Mint
Leicester Sq.
Temple
Victoria Embankment
Blackfriars Station
Cannon St. Station
Cannon St.
EC3
Tower Hill
Monument
Charing Cross Station
Waterloo Bridge
Thames
Blackfriars Bridge
Millenium Bridge
Southwark Bridge
London Bridge
Tower of London
Charing Cross
Embankment
WATERLOO & CITY
Blackfriars Rd.
BANKSIDE
London Bridge
Southwark St.
Tooley St.
Tower Bridge
Hungerford Bridge
SOUTH BANK
York Rd.
Waterloo
Southwark
JUBILEE
London Bridge Station
Westminster
Waterloo Station
SOUTHWARK
BERMONDSEY
Waterloo Rd.
SE1
Borough
THE BOROUGH
Westminster Abbey
Westminster Bridge
Borough Rd.
Newington Causeway
Houses of Parliament
WEST-MINSTER
Lambeth North
BAKERLOO
Lambeth Rd.
Elephant & Castle
Lambeth Bridge
LAMBETH
ELEPHANT & CASTLE
Millbank
Tate Britain
Albert Embankment
Kennington Rd.
Walworth Rd.
SE11
Kennington Ln.
Kennington
Vauxhall Bridge
Vauxhall
LAMBETH
Park Rd.
KENNINGTON
The Oval (Surrey County Cricket Ground)
VAUXHALL
Oval
Wandsworth Rd.
VICTORIA
Camberwell New Rd.
Clapham Rd.
SW9
CAMBERWELL
Para andar em Londres
Bank
CENTRAL
Linha & Estação do Metrô
Camden Rd.
Estação da British
DLR
Docklands Light Rail
THE CITY
Bairro
EC4
Código Postal & Limite
CITY
Condado
Os sinais de rua em Londres geralmente listam o código postal e nome do condado. Em geral, destinos "West End" têm código postal começando com um W e destinos "East End" têm códigos postais que começam com um E.

mantenha algo de seu caráter medieval, muito da the City foi varrida do mapa pelo Grande Incêndio de 1666, os bombardeios de 1940, os atentados do IRA nos anos 90 e o zelo das construtoras modernas. Pontos de interesse incluem a obra prima de Sir Christopher Wren, **St. Paul Cathedral**, que resistiu praticamente sozinha nos escombros adjacentes depois do ataque. Cerca de 2000 anos de história se revelam no **Museum of London** e no **Barbican Centre**, inaugurado pela Rainha Elizabeth em 1992, na City.

Seguindo pela Strand na direção leste, a partir de Trafalgar Square, você chegará à Fleet Street. No século 19, esta região de Londres se tornou o bairro com a maior concentração de jornais do mundo. William Caxton imprimiu o primeiro livro em inglês aqui, e o *Daily Consort*, o primeiro jornal diário impresso na Inglaterra, foi lançado em Ludgate Circus em 1702. Em tempos recentes, porém, a maioria dos tabloides de Londres abandonou a Fleet Street e foram para Docklands, do outro lado do rio. Onde a Strand se torna Fleet Street está o Temple Bar, onde a verdadeira City of London começa. A Tower of London se agiganta na borda leste da City, envolta em lenda, sangue e história, e permanentemente cercada por batalhões de turistas.

O visitante médio se aventurará pela City durante o dia para ver suas atrações ou almoçar em pubs como o **Ye Olde Cheshire Cheese**, e depois voltará para o The West End para as diversões noturnas. Como um bairro de hotéis, a City nem mesmo aparecia nos mapas até tempos recentes. A inauguração do Great Eastern Hotel trouxe muitos clientes de negócios, que preferem ficar aqui para evitar os congestionamentos para entrar ou sair da City. Fique na City se você prefere um hotel em um lugar como a Wall Street de Nova York, ao invés de um endereço no meio da cidade. Se você achar o Grand Eastern muito caro, considere o **Rookery**, mais barato, no novo bairro da moda, o Smithfield. A City atrai hóspedes que preferem seu sabor noturno peculiar, tranquilo e alternativo, quando se transforma parte em cidade fantasma e parte em cenário de filme. Há alguma vida noturna, incluindo pubs e restaurantes. É divertido vaguear pela região quando não há ninguém, perguntando-se se você está andando pelas mesmas ruas que Samuel Johnson percorreu há tanto tempo.

A City of London ainda prefere funcionar de maneira independente, separada do restante de Londres. Ela mantém seu próprio **Information Centre**, em St. Paul's Churchyard, EC4 (✆ **020/7332-1456**), que fica aberto diariamente, das 10h às 17h50.

The East End Tradicionalmente, este era um dos distritos mais pobres de Londres, praticamente erradicado do mapa pelos bombardeios da Segunda Guerra Mundial. Nas palavras de um estudioso, Hitler conduziu "uma renovação urbana instantânea" no lugar. O East End se estende a leste, dos City Walls, compreendendo Stepney, Bow, Poplar, West Ham, Canning Town e outros distritos. O East End é o lar do cockney. Dizem que, para ser um cockney de verdade, os sinos da **St. Mary-le-Bow**, uma antiga igreja reconstruída por Sir Christopher Wren em 1670, devem tocar no momento do nascimento.

Atualmente, muitos imigrantes em Londres fizeram seus lares no East End. Londres se expande para o leste, e o East End poderá se tornar uma região sofisticada em breve. Hoje, você encontrará muitos bares, clubes, restaurantes e boutiques, ou brechós, bem modernos. Muito da vida da moda pode ser encontrado ao redor da Hoxton Square e em suas adjacências, tais como Shoreditch e a metade norte de Brick Lane. Há uma variedade de galerias contemporâneas na área. Brick Lane, aliás, é um ótimo lugar para alguns pratos com curry, se você suportar todos estes garçons na rua tentando lhe arrastar para seus restaurantes. As atrações que poderão lhe interessar, se você estiver por lá, incluem a igreja de St. Clement Danes, o Temple of Mithras e o Monumento ao Grande Incêndio de 1666, construído por Sir Christopher Wren.

Docklands Em 1981, no plano mais ambicioso de seu tipo na Europa, a London Docklands Development Corporation (LDDC) foi constituída para revitalizar Wapping, Isle of Dogs, Royal Docks e Surrey Docks. A área é limitada, grosso modo, pela Tower Bridge a oeste e pelo London City Airport e Royal Docks a leste. Muitas empresas se mudaram para lá; os armazéns ao lado do Tâmisa foram convertidos em lofts, ao estilo de Manhattan, e em museus, complexos de entretenimento, lojas e uma lista sempre crescente de restaurantes, que surgiram nesta cidade ribeirinha do século XXI em formação.

Canary Wharf, na Isle of Dogs, é o coração de Docklands. Esta área de 28 hectares (69 acres) é dominada por uma torre de 240 metros (787 ft.), que é o edifício mais alto no Reino Unido, e foi desenhada por César Pelli. A Piazza da torre é cheia de lojas e restaurantes. Ao lado sul do rio, em Surrey Docks, Sir Terence Conran converteu os armazéns vitorianos de Butler's Wharf em escritórios, oficinas, casas, lojas e restaurantes. O **Design Museum** também está em Butler's Wharf. Provavelmente, você procurará por locais onde apreciar a vista e restaurantes, não por acomodação, a menos que você tenha negócios na área. A região é divertida durante o dia, e lar de alguns dos melhores restaurantes de Londres, oferecendo boa comida e uma mudança de ritmo em relação ao The West End – esta é a Londres pós-milênio, enquanto o The West End é a essência da tradição. Veja nossas recomendações no capítulo 3, "Onde Jantar". Para chegar às Docklands, pegue o metrô até Tower

Hill e tome o **Docklands Light Railway** (**© 020/7222-1234**), que opera de segunda a sábado, das 5h30 às 00h30 e, no domingo, das 7h às 23h30.

South Bank Embora não seja um distrito oficial, é aqui onde você encontrará o **South Bank Arts Centre**, o maior centro de artes da Europa Ocidental, e ainda em expansão. Chega-se lá pela Waterloo Bridge (ou, à pé, pela Hungerford Bridge), e o centro está às margens do Tâmisa pelo Victoria Embankment. A cultura atrai multidões às suas galerias e corredores, que abrangem o **National Theatre**, **Queen Elizabeth Hall**, **Royal Festival Hall** e a **Hayward Gallery**.

Embora seus dias como o principal distrito hoteleiro em Londres possam vir em uma década (já que não há mais espaço em The West End), isso ainda não ocorreu. O South Bank é um destino para aventuras diurnas e atrações culturais noturnas. Você pode jantar aqui durante a exploração diurna ou noturna da área. Veja nossas recomendações no capítulo 3, "Onde Jantar".

Bairros como Elephant and Castle e Southwark, lar da **Southwark Cathedral**, estão próximos. Para chegar aqui, pegue o metrô até a Waterloo Station.

Bairros do West End

Bloomsbury Este distrito, um mundo em si próprio, é limitado, grosso modo, pela Euston Road ao norte, Gower Street a oeste e Clerkenwell a leste. Ele é, entre outras coisas, o coração acadêmico de Londres. Há três universidades em Bloomsbury, incluindo a **University College London**, a maior e a mais antiga. Um campus da **University of London** também se encontra aqui. Escritores como Virginia Woolf, que viveu na área (que aparece em seu romance *Jacob's Room* – lançado no Brasil com o título de *"O Quarto de Jacob"*)) aumentou a reputação do bairro como um lugar devotado ao pensamento liberal, artes e "abertura sexual". A novelista e seu marido, Leonard, eram os líderes informais de um grupo de artistas e escritores conhecidos como the Bloomsbury Group. Porém, apesar de sua população estudantil, Bloomsbury é um bairro bem moderado. O coração de Bloomsbury é **Russell Square**, cujas ruas remotas são formadas de hotéis com preços moderados a caros, e B&Bs. É um lugar barulhento, mas central para ficar. A maioria dos visitantes vai para ver o **British Museum**, um dos maiores depósitos de tesouros de todo o globo. A **British Telecom Tower** (1964), em Cleveland Street, é uma referência familiar.

De todas as áreas descritas até aqui, esta é a única que pode ser chamada de distrito hoteleiro. As tarifas subiram dramaticamente na década passada, mas não estão de modo algum perto daquelas praticadas em Mayfair e em St.

James's. Os hotéis em Bloomsbury são comparáveis em preços ao que você encontrará em Marylebone, a oeste. Mas Bloomsbury é mais conveniente – em sua entrada sul, ficam os restaurantes e os clubes noturnos do SoHo, o distrito de teatros, e os mercados de Covent Garden. Se você ficar aqui, estará a 5 minutos de metrô de onde tudo acontece em The West End.

Na borda ocidental de Bloomsbury, você encontrará **Fitzrovia**, limitado pelas ruas Great Portland, Oxford e Gower, e pode-se chegar até lá pela estação de metrô Goodge Street. Goodge Street, com suas muitas lojas e pubs, forma o coração da vila. Fitzrovia foi uma vez a base de escritores e artistas como Ezra Pound, Wyndham Lewis e George Orwell, entre outros. O fim de Fitzrovia é uma extensão virtual do Soho, com um aglomerado de restaurantes gregos.

Holborn O velho distrito de Holborn (*Ho*-burn), ao lado da City, ao sudeste de Bloomsbury, abrange o coração da Londres jurídica – é aqui que você encontrará os advogados, os procuradores e juízes da cidade. Ainda com o espírito Dickensniano, a área preserva os passos literários do escritor vitoriano nos dois Inns of Court (onde estudantes de Direito fazem seus estágios e onde as câmaras de advogados são localizadas), apresentado em *David Copperfield*, e como a Bleeding Heart Yard em *Little Dorrit*. O juizado Old Bailey, onde juízes e advogados ainda usam as velhas togas, permaneceu como a justiça inglesa – Fagin foi à forca neste lugar, em *Oliver Twist*. Você pode vir aqui para ver o local, talvez matando a sua sede em um pub histórico. Tudo em Holborn é baseado na história. Por exemplo, enquanto você estiver bebendo meia caneca de cerveja amarga no **Viaduct Tavern**, 126 Newgate St. (metrô: St. Paul's), você pode refletir sobre o fato de que o pub foi construído sobre a famosa Newgate Prison.

Covent Garden & the Strand O mercado de flores, frutas e verduras se foi há muito tempo (desde 1970), mas as memórias do Professor Higgins e sua "folha amassada de repolho", Eliza Doolittle, permanecem. **Covent Garden** contém o grupo mais animado de restaurantes, bares e cafés da cidade, fora do SoHo, assim como algumas das lojas mais frequentadas da cidade. O mercado restaurado, com seu telhado de vidros em estruturas de ferro, foi considerado um magnífico exemplo de reciclagem urbana. O **distrito de teatro** de Londres começa em Covent Garden e se espalha por Leicester Square e Soho. A **St. Paul's Covent Garden**, de Inigo Jones, é conhecida como a igreja dos atores. Ela já atraiu diversas personalidades, de Ellen Terry até Vivien Leigh. O **Theatre Royal Drury Lane** foi onde a amante de Carlos II, Nell Gwynne, fez sua estreia em 1665 e foi aqui também que a atriz irlandesa Dorothea Jordan atraiu a atenção do Duque de Clarence, depois William IV.

A **Strand** forma a fronteira sul de Covent Garden. Está recheada de teatros, lojas, hotéis de primeira classe e restaurantes. Velhos pubs, a casa do **Doutor Johnson** e salas de chá cheirando a chá Twinings English, evocam memórias da rica era desse distrito como o centro da atividade de Londres. A Strand é paralela ao rio Tâmisa e caminhar por ela é seguir os passos de Charles Lamb, Mark Twain, Henry Fielding, James Boswell, William Thackeray e Sir Walter Raleigh, entre outros. O **Savoy Theatre** ajudou a tornar conhecidos os nomes Gilbert e Sullivan.

Provavelmente, você virá até aqui para ver peças ou comer ao invés de procurar hotel. Covent Garden tem poucos hotéis (embora estes poucos sejam muito bons). Recomendamos os melhores (a partir da página 47). Espere gastar muito pelo privilégio de ficar em uma zona tão central. The Strand, claro, sempre foi conhecida pelo seu elegante e ostentoso Hotel Savoy.

Piccadilly Circus & Leicester Square Piccadilly Circus, com sua estátua de Eros, é o coração e a alma de Londres. Seu tráfego, sua iluminação em neon e barulhenta multidão fazem de *circo* uma palavra apropriada para descrever este lugar. Piccadilly, que era a estrada ocidental fora de Londres, deve seu nome a "picadil", um colarinho ondulado criado por Robert Baker, um alfaiate do século XVII. Se é nobreza que você procura, caminhe pela área de lojas exclusivas, a **Burlington Arcade**, construída em 1819. A elite inglesa – cansada de ficar suja de lama por causa dos cavalos e das carruagens que passavam por Piccadilly – vinha aqui para suas compras. Cerca de 35 lojas, oferecendo um tesouro de mercadorias caras, lhe esperam. Um pouco mais espalhafatoso é **Leicester Square**, um aglomerado de teatros, restaurantes, cinemas e vida noturna – é o equivalente londrino da Times Square, em Nova York. Leicester Square mudou para sempre na era vitoriana, quando quatro grandes salas de entretenimento foram abertas. Com o tempo, os velhos palácios de diversão mudaram dos palcos para as telas; hoje, três delas ainda exibem filmes. Como sinal dos tempos, o velho Café de Paris não é mais um cabaré elegante – agora, é uma danceteria.

Há alguns hotéis aqui, embora sejam todos invariavelmente caros. Fique aqui se quiser um hotel como os de Times Square em Nova York. É conveniente para aqueles que desejam estar no centro da ação. O lado negativo é o barulho, o congestionamento e a poluição.

Soho Um paraíso para os que gostam de danceterias, o Soho é uma malha confusa de ruas lotadas de restaurantes. É um ótimo lugar para visitar, mas provavelmente você não irá querer ficar aqui (não há muitos hotéis, de qualquer maneira). Essas ruas densamente lotadas, no coração do The West End, são famosas por seu mix cosmopolita de pessoas e atividades. Uma década atrás, muito se ouviu sobre o declínio do Soho, com a chegada de sex shops; até mesmo o pub em que Dylan Thomas bebeu a ponto de ser esquecido, tornou-se um cinema pornô. Desde então, negócios não voltados ao sexo retornaram, e os restaurantes da moda e as lojas prosperam. Soho é, agora, o coração da crescente cena gay de Londres.

Soho começa em Piccadilly Circus e se espalha, mais ou menos limitada pela Regent Street a oeste, a Oxford Streett ao norte, a Charing Cross Road a leste e os **teatros pela Shaftesbury Avenue** ao sul. Carnaby Street, a um quarteirão da Regent Street, era o centro do universo durante os anos 60, mas é agora uma lamentável armadilha para turistas, embora algumas lojas de qualidade foram abertas recentemente. Pela Shaftesbury Avenue está a **Chinatown** de Londres, concentrada na Gerrard Street. É pequena, autêntica e cheia de bons restaurantes. O coração do Soho – apresentando grandes delicatessens, açougues, peixarias e lojas de vinho – é mais ao norte, nas ruas Brewer, Old Compton e Berwick (Berwick tem um maravilhoso mercado de comida fresca ao ar livre). Ao norte da Old Compton Street, as ruas Dean, Frith e Greek têm ótimos restaurantes, pubs e clubes. A indústria cinematográfica britânica se concentra na Wardour Street. O visitante médio vai ao Soho para jantar, porque muitos de seus restaurantes estão perto do distrito de teatros. A maioria dos viajantes não fica no Soho, mas certos visitantes desejosos de ação preferem a *joie de vivre* do bairro ao remoto Bloomsbury ou ao presunçoso Mayfair. Soa bem para você? Verifique os hotéis no Soho, a partir da página 49.

Marylebone A oeste de Bloomsbury e Fitzrovia, Marylebone se estende ao norte a partir de Marble Arch, na beira leste do Hyde Park. A maioria dos visitantes que vem a Londres pela primeira vez vem aqui para explorar as figuras de cera da **Madame Tussaud**, ou caminhar pela **Baker Street**, seguindo os passos de Sherlock Holmes. As ruas formam uma malha quase perfeita, com as principais correndo de norte a sul entre Regent Park e Oxford Street. O arquiteto Robert Adam projetou **Portland Place**, uma das praças mais características de Londres, de 1776 a 1780. Em Cavendish Square, a Sra. Horatio Nelson esperou pela volta do Almirante Nelson. Marylebone Lane e High Street mantêm um pouco da atmosfera de cidade pequena, mas essa é, por outro lado, uma área bem anônima. Dickens escreveu quase doze livros enquanto morou aqui. Em **Regent's Park**, você pode visitar Queen Mary's Gardens ou, no verão, ver Shakespeare interpretado em um teatro a céu aberto. **Marylebone** emergiu como um grande distrito "dormitório" de Londres, competindo com Bloomsbury ao seu leste. Não é tão conveniente quanto Bloomsbury, mas o centro da ação em The West End está virtualmente aos seus pés, se você se hospedar aqui, a noroeste de Piccadilly Circus e de frente a Mayfair, ao sul. Uma vez conhecida apenas pelas suas residências transformadas em "Bed & Breakfast", o distrito agora oferece acomodações em todas as faixas de preço, atraindo desde estrelas de rock até famílias de visitantes simples.

Mayfair Limitado por Piccadilly, Hyde Park e as ruas Oxford e Regent, esta é a seção mais elegante e moderna de Londres, cheia de hotéis de luxo, residências georgianas e lojas sofisticadas. A área está entre Piccadilly Circus e Hyde Park. É um lugar conveniente para as melhores lojas de Londres e próximo dos teatros do The West End, ainda que fique afastada (de forma um pouco esnobe) dos ambulantes e do comércio de Covent Garden e do Soho.

Uma das curiosidades de Mayfair é **Shepherd Market**, uma vila de pubs, pousadas de dois andares, restaurantes e estandes de livros e de comida, aninhados na grandeza de Mayfair. Os hotéis do bairro, especialmente aqueles por Park Lane, são os mais caros e grandiosos de Londres. Esse é o lugar se você estiver buscando por acomodações sofisticadas, embora caras, e perto das lojas, butiques e galerias de arte em **Bond Street**. Se o "endereço" for importante para você, e estiver disposto a pagar por um muito bom, há um lugar para você em Mayfair.

Grosvenor Square (pronuncia-se *Grov*-nor) é apelidada de "Pequeno EUA" porque é o lar da embaixada norte-americana e de uma estátua de Franklin D. Roosevelt. **Berkeley Square** (pronuncia-se *Bark*-ley) ficou famosa com a canção "A Nightingale Sang in Berkeley Square". Você sentirá vontade de passear por essa área exclusiva pelo menos uma vez.

St. James's Frequentemente chamada de "Londres Real", St. James's deleita-se com suas associações, desde o "monarca feliz" Charles II até Elizabeth II, que mora no mais famoso endereço do bairro, o **Palácio de Buckingham**. O bairro começa em **Piccadilly Circus** e vai a sudoeste, incorporando **Pall Mall**, the **Mall**, **St. James's Park** e **Green Park**. É "exageradamente conveniente", como dizem os ingleses; dentro de seus limites, estão a American Express e muitas das principais lojas de departamento de Londres. Este é o bairro onde os nobres ingleses buscam refúgio no bastião apenas para homens da tradição inglesa, o clube dos nobres. Lá os homens jogam pôquer, bebem e fumam cachimbos (o St. James's Club é um dos clubes de maior prestígio). Não se esqueça de parar na **Fortnum & Mason**, 181 Piccadilly, a mercearia mais luxuosa do mundo. Aberta em 1788, a loja enviou presunto ao exército do Duque de Wellington e cestas de mercadorias enlatadas para Florence Nightingale, na Criméia. Os hotéis neste bairro tendem a ser caros, mas se a rainha lhe convocar ao Palácio de Buckingham, você não terá de andar muito.

Westminster Westminster tem sido a sede do governo britânico desde os dias de Edward, o Confessor (1042-66). Dominada pelas **Casas do Parla-**

mento e pela **Abadia de Westminster**, a área ao longo do Tâmisa, a leste de St. James's Park. **Trafalgar Square**, uma das principais referências da cidade, está localizada na ponta norte da área e é uma prova da vitória sobre Napoleão, em 1805, pelos ingleses. A praça abriga a National Gallery, cheia de gloriosas pinturas. Whitehall é a principal passagem, unindo a Trafalgar Square com a Parliament Square. Você pode visitar os Gabinetes de Guerra de Churchill, e caminhar pela **Downing Street** para ver o **Número 10**, lar do primeiro ministro do Reino Unido (embora a rua seja cercada e protegida, hoje em dia). Nenhuma viagem está completa sem uma visita à **Abadia de Westminster**, uma das grandes igrejas góticas no mundo. Ela já testemunhou um desfile de história inglesa, começando com a coroação de Wiliam, o Conquistador, no Natal de 1066.

Westminster também abriga **Victoria**, área cujo nome teve origem na agitada Victoria Station, "o portão para o Continente". Muitos Bed & Breakfast e hotéis brotaram aqui por causa da proximidade do bairro em relação à estação de trem. Victoria é uma área barata e conveniente, se você não se importar com o barulho e com a multidão.

Os aposentados ocupam muitos hotéis pela Belgrave Road. Se você chegou sem ter feito reserva em um hotel, as ofertas fora de Belgrave Road serão mais interessantes. Sua melhor opção é caminhar pela Ebury Street, a leste da Victoria Station e da Buckingham Palace Road. Aqui, você encontrará algumas das melhores acomodações de preço moderado no centro de Londres. Como você está perto da Victoria Station, a área é conveniente para viagens curtas até Oxford, Windsor ou Canterbury.

Além do The West End

Knightsbridge Um dos bairros mais sofisticados de Londres, Knightsbridge é um distrito superior em residências, hotéis e lojas, bem ao sul de Hyde Park. A **Harrods**, em Brompton Road, é sua principal atração. Fundada em 1901, a Harrods foi chamada de "Notre Dame das lojas de departamento". Bem próxima, a **Beauchamp Place** (*Bee*-cham) é uma das ruas comerciais mais sofisticadas de Londres, uma rua da época da Regência, cheia de butiques com alguns restaurantes. A maioria dos hotéis é de luxo ou primeira classe.

Knightsbridge é uma das áreas mais convenientes de Londres, com localização ideal se quiser seguir para o leste, para o distrito dos teatros ou para as lojas em Mayfair, ou para oeste, para os restaurantes e atrações de Chelsea ou Kensington.

Belgravia Ao sul de Knightsbridge, esta área foi, há muito tempo, uma região aristocrática de Londres, rivalizando com Mayfair em grandeza. Embora tenha atingido seu auge de prestígio durante o reinado da Rainha Vitoria, o Duque e a Duquesa de Westminster ainda vivem em **Eaton Square**, e Belgravia continua sendo uma área de hotéis sofisticados. A peça central do bairro é **Belgrave Square**. Quando as residências foram construídas de 1825 a 1835, os aristocratas seguiram para lá – o Duque de Connaught, o Conde de Essex e até a mãe da Rainha Vitória.

Belgravia é um distrito tranquilo. Se você se hospedar aqui, ninguém lhe acusará de estar no "lado errado da trilha". O bairro dá fácil acesso aos pequenos restaurantes e bares de Chelsea, que estão localizados imediatamente a oeste de Belgravia. A Victoria Station está localizada imediatamente a leste, portanto Belgravia é conveniente se estiver planejando viagens curtas de Londres.

Chelsea Este distrito cheio de estilo, às margens do Tâmisa, está ao sul e a oeste de Belgravia. Ele começa em **Sloane Square**, com a **fonte de Vênus**, de **Gilbert Ledward**, com as águas dançando ao som da música. A área sempre foi a predileta de escritores e de artistas, incluindo Oscar Wilde (que foi preso aqui), George Elliot, James Whistler, J. M. W. Turner, Henry James e Thomas Carlyle (cujo lar anterior pode ser visitado). Mick Jagger e Margaret Thatcher (não juntos) se tornaram residentes recentemente, e a finada Princesa Diana e suas "Sloane Rangers" (um termo usado para descrever as mulheres elegantes de Sloane Square em Chelsea), dos anos 80, deram mais reconhecimento à área. Há alguns hotéis luxuosos aqui, e alguns de preços mais baratos. O maior problema de Chelsea é a falta de acesso. Menos para Sloane Square, há escassez de estações de metrô e, a menos que você goste de tomar muitos ônibus ou táxis caros, sair pode se tornar um problema.

O principal boulevard de Chelsea é **King's Road**, onde Mary Quant lançou a minissaia nos anos 60 e onde a moda punk começou. A King's Road corre por toda Chelsea; ela fica mais viva aos sábados. As exageradas modas das butiques de King's Road não são típicas do mercado mais sofisticado de Chelsea, uma vila elegante cheia de residências e pequenas casas que apenas os corretores de ações e advogados ricos podem ocupar. Na fronteira entre Chelsea e Fulham está **Chelsea Harbour**, um desenvolvimento luxuoso de apartamentos e restaurantes, com uma marina. Você pode observar sua alta torre de longe; a bola dourada no topo sobe e desce para indicar o nível da maré.

Kensington Este Distrito Real (W8) está a oeste de Kensington Gardens e Hyde Park, e é atravessado pelas duas principais ruas comerciais de Londres, **Kensington High Street** e **Kensington Church Street**. Desde 1689, quando o asmático William III fugiu de Whitehall Palace para Nottingham House (onde o ar era mais fresco), o distrito tem apreciado associações reais. Com o tempo, Nottingham House se tornou Kensington Palace, e a realeza agarrou boa parte de Hyde Park para plantar suas rosas. A Rainha Vitoria nasceu aqui. Kensington Palace, ou "KP", como a realeza diz, foi o lar da finada Princesa Margaret (que tinha 20 quartos com uma vista), e é ainda lar do Príncipe e da Princesa Michael of Kent, e do Duque e da Duquesa de Gloucester. Kensington Gardens é aberto ao público desde quando George II decretou que pessoas "respeitosamente vestidas" poderiam ser admitidas aos sábados – dado que nenhum criado, soldado ou marinheiros viessem (como você pode imaginar, essa regra já caiu há muito tempo). Durante o reinado de William III, Kensington Square se desenvolveu, atraindo artistas e escritores. Thackeray escreveu *Vanity Fair* enquanto viveu aqui. Com todas essas associações reais, Kensington é um bairro sofisticado. Se você é um viajante frugal, dirija-se a South Kensington (veja abaixo), para hotéis de preços mais modestos e B&Bs. A sudeste de Kensington Gardens e Earl's Court, a principalmente residencial **South Kensington** é geralmente chamada de "terra dos museus", porque é dominada por um complexo de museus e universidades, incluindo o **Natural History Museum**, **The Victoria and Albert Museum** e o **Science Museum**; próximo está o **Royal Albert Hall**. South Kensington oferece alguns restaurantes modernos e hotéis residenciais. Uma das curiosidades do bairro é o **Albert Memorial**, finalizado em 1872 por Sir George Gilbert Scott; pelo seu claro excesso, este monumento vitoriano não tem igual no mundo.

Um quarto de hotel em Kensington é um endereço de prestígio. Porém, como a Princesa Margaret pode ter-lhe dito, você está bem longe do The West End, a cerca de 20 minutos de metrô, do centro do distrito de teatros. Quanto à South Kensington, o bairro foi considerado, uma vez, uma "várzea", embora, com as fronteiras do The West End se expandindo, o bairro está muito mais próximo do centro do que já esteve antes.

Paddington & Bayswater **Paddington** se irradia a partir da Paddington Station, a norte de Hyde Park e de Kensington Gardens. É um dos principais centros de B&B em Londres, atraindo viajantes com poucos recursos que enchem as acomodações em Sussex Gardens e Norfolk Square. Depois que a primeira estrada de ferro foi criada em Londres, em 1836, um círculo de crescentes terminais ferroviários, incluindo a Paddington Station (que foi construída em 1838), alimentou o crescimento deste bairro de classe média. Bem ao sul de Paddington, ao norte de Hyde Park, e limitada pela sofisticada Notting Hill a oeste, está **Bayswater**, também repleta de B&Bs que atraem viajantes de poucos recursos. Inspirado por Marylebone e a elegante Mayfair, um grupo relativamente próspero de mercadores vitorianos construiu casas avarandadas ao redor de espaçosas praças nesta área.

Paddington e Bayswater são um tipo de área "intermediária" de Londres. Se vier a Londres para ver as atrações ao leste, incluindo o British Museum, a Torre de Londres e o distrito de teatros, você terá de pegar bastante transporte público. Fique aqui por causa das acomodações de preços moderados (há hotéis caros, também) e pela conveniência de transporte. Sofisticando-se rapidamente, essa área vai do mais modesto ao mais luxuoso.

No outro lado (ao norte) de Westway/Marylebone Road estão **Maida Vale** e **St. John's Wood**, duas vilas que foram absorvidas pelo centro de Londres. Maida Vale está a oeste de **Regent's Park**, a norte de Paddington, e perto de uma das áreas de mais prestigio, a St. John's Wood (lar dos estúdios Abbey Road, dos Beatles). A área é voltada aos esportes; se tomar o metrô até Maida Vale, você encontrará o Paddington Recreation Ground, mais um pequeno "pulmão verde" chamado Paddington Bowling and Sports Clube. A área é também lar de alguns estúdios da BBC.

Notting Hill A cada vez mais sofisticada Notting Hill é margeada a leste por Bayswater e, ao sul, por Kensington. Circundada ao norte por Westway e a oeste pela rampa de acesso a M40, em Shepherd Bush, há muitas mansões da virada do século 20 e pequenas casas em ruas quietas e frondosas, além de um número crescente de restaurantes e clubes muito frequentados. Enobrecida em anos recentes, está se tornando uma extensão do centro de Londres. Há poucos hotéis, mas são cada vez mais elegantes.

Ainda mais remota do que Paddington e Bayswater, Notting Hill está a pelo menos outros 10 minutos a oeste destes distritos. Apesar disso, muitos jovens visitantes profissionais de Londres não ficariam em nenhum outro lugar.

Na metade norte de Notting Hill está o renomado bairro conhecido como **Notting Hill Gate**, lar da Portobello Road, que sedia um dos mais famosos mercados de rua de Londres. O metrô da área para em Notting Hill Gate, Holland Park e Ladbroke Grove.

Holland Park, próxima a Notting Hill, é um bairro residencial caro que se promove como o lugar a "10 minutos de metrô de praticamente tudo", um pouco de exagero.

9. Explorando

CHEGANDO DE AVIÃO

LONDON HEATHROW AIRPORT A oeste de Londres, em Hounslow (© **0870/000-0123**; www.baa.co.uk), Heathrow é um dos aeroportos mais movimentados do mundo. Possui quatro terminais, cada um relativamente self-contained. O Terminal 4, o mais moderno, lida com voos longos e operações transatlânticas da British Airways. A maioria dos voos transatlânticos por companhias aéreas dos Estados Unidos pousam no Terminal 3. Os terminais 1 e 2 recebem voos da Europa de várias companhias aéreas europeias.

Indo para o Centro de Londres a partir de Heathrow Leva de 45 a 50 minutos de metrô e custa £4 (US$ 8) para fazer uma viagem de 24 km (15 milhas) de Heathrow até o centro de Londres. Um táxi provavelmente custará de £50 a £70 (US$ 100-US$ 140). Para mais informações sobre o metrô ou conexões de ônibus, ligue para ✆ **020/7222-1234** ou acesse **www.tfl.gov.uk**.

A British Airport Authority agora opera a **Heathrow Express** (✆ **0845/600-1515**; www.heathrowexpress.com), um serviço de trem a 161 km/h (100 mph), que parte a cada 15 minutos diariamente, das 5h10 às 23h40, entre Heathrow e a Paddington Station, no centro de Londres. As viagens custam £15 (US$ 30) cada trecho, em classe econômica, subindo para £46 (US$ 92) na primeira classe. Crianças de 14 anos ou menos pagam £7,20 (US$ 14) na econômica, £23 (US$ 46) na primeira classe. Você pode poupar £1 (US$ 2) ao reservar online ou por telefone. A viagem leva 15 minutos, por trecho, entre Paddington e terminais 1, 2 e 3; 23 minutos a partir do Terminal 4. Os trens têm áreas especiais para cadeiras de rodas. A partir de Paddington, os passageiros podem fazer baldeação para outros trens e para o metrô, ou você pode chamar um táxi. É possível comprar bilhetes no trem, com uma cobrança adicional de £2 (US$ 4), ou em máquinas de auto-atendimento no aeroporto de Heathrow (bilhetes também estão disponíveis em agências de viagem).

GATWICK AIRPORT Embora Heathrow ainda domine, mais e mais voos programados pousam no relativamente distante **Gatwick** (✆ **0870/574-7777**; www.baa.co.uk), localizado a cerca de 40 km (25 milhas) ao sul de Londres, em West Sussex, mas apenas a 30 minutos de trem.

Indo para o centro de Londres a partir de Gatwick De Gatwick, o meio mais rápido de chegar em Londres é com os os **trens da Gatwick Express** (✆ **0845/850-1530**; www.gatwickexpress.co.uk), que partem aproximadamente a cada 15 minutos, diariamente, entre 4h35 e 01h35. A tarifa ida e volta entre Gatwick e Victoria Station é de £27 (US$ 54) para adultos e £13 (US$ 26) para crianças de 10 anos de idade ou menos (tarifas de um trecho custam £16/US$32 para adultos e £7,95/US$ 16 para crianças). O tempo de viagem por trecho é de 30 minutos de segunda-feira a sábado, e de 35 minutos aos domingos.

Um **táxi** do aeroporto de Gatwick até o centro de Londres custa a partir de £95 (US$ 190). As tarifas variam de acordo com uma lista de preços impressa que define a tarifa de Gatwick para qualquer bairro de Londres para a qual você esteja indo. Os taxímetros não são ligados, neste caso, porque Gatwick está fora do Metropolitan Police District. Para mais informações sobre transporte em relação a Gatwick ou qualquer localidade em Londres, ligue para ✆ **020/7222-1234**.

LONDON CITY AIRPORT Localizado a 5 km (3 milhas) a leste da efervescente comunidade de negócios em Canary Wharf, as Docklands, e do centro de convenções ExCel, a viabilidade do **London City Airport** (✆ **020/7646-0088**; www.londoncityairport.com) tornou viagens de outras partes do Reino Unido e partes da Europa continental mais rápidas e mais convenientes do que voos equivalentes para Heathrow, Gatwick ou Stansted. Aceitando voos de 23 cidades de toda Europa ocidental e da Escandinávia, o aeroporto atende companhias aéreas que incluem a British Airways, Circus Airlines, Luxair, KLM, CityJet, OLT, Lufthansa, Scot Airways, Air France, Eastern Airways, SAS, Darwin Airlines, Swiss International Airlines e VLM.

Trens na Docklands Light Railway têm intervalos de 10 minutos do City Airport até a estação de metrô conhecida como "Bank" (de "Bank of England"), no coração do distrito financeiro de Londres, conhecido localmente como "The City". A passagem de ida ou volta custa £4 (US$ 8) para adultos ou £1 (US$ 2) para crianças de 15 anos e menos.

Dicas **Indo de Um Aeroporto de Londres Para Outro**

Alguns visitantes precisam baldear de um aeroporto para outro. Uma companhia de ônibus faz esse transporte. A National Express (020/8593-771 ou 0870/574-7777; www.nationalexpress.com) tem ônibus que partem de ambos os terminais em Gatwick e dos terminais 1, 3 e 4 de Heathrow. O tempo de viagem é de cerca de uma hora, com uma passagem de ida ou de volta custando £20 (US$ 40).

Como última opção para sair do aeroporto para o centro de Londres, considere embarcar no ônibus da London Transporte número 473 ou 474, que faz viagens frequentes entre o aeroporto e vários pontos a Leste de Londres, incluindo a estação de metrô Plaistow. Daqui, você pode praticamente fazer baldeações para qualquer outro ponto de Londres.

LONDON STANSTED AIRPORT Localizado a cerca de 80km (50 milhas) a nordeste do West End, em Londres, **Stansted**, em Essex (✆ **0870/000-**

0303; www.baa.co.uk) lida com a maior parte dos voos chegando e partindo do continente europeu.

Indo para o centro de Londres a partir de Stansted De Stansted, sua melhor opção para o centro de Londres é o **trem da Stansted Express** (✆ **08457/484950**; www.stanstedexpress.co.uk) para a Liverpool Street Station, que sai a cada 15 minutos, das 6h às 23h45 e a cada 30 minutos no começo das manhãs dos finais de semana. O bilhete padrão custa £15 (US$ 30) e o bilhete de primeira classe custa £24 (US$ 48), e leva 45 minutos.

De ônibus, você pode tomar o **A6 Airbus** (✆ **0870/580-8080**), que tem partidas regulares 24 horas por dia para muitos lugares no centro de Londres e custa £15 (US$ 30). Se você preferir a privacidade relativa de um táxi, você pagará caro pelo privilégio. Para uma viagem até o West End de Londres, um táxi cobrará de £85 a £100 (US$ 170-US$ 200). Espere por uma viagem com duração de 75 minutos, em condições normais de tráfego, mas cuidado com as tardes de sexta-feira, quando o tráfego denso pode dobrar seu tempo de percurso. Nosso conselho: fique com o Expresso.

DE TREM

Cada uma das estações de trem de Londres se conecta com a vasta rede de ônibus e metrô, e cada uma delas tem telefones, restaurantes, pubs, áreas de armazenamento de bagagem e os Transport for London Information Centres.

A St. Pancras International (http://stpancras.eurostar.com) é novo ponto central de Londres para o Eurostar, substituindo a Waterloo Station como o ponto de chegada do continente. Restaurada e inaugurada em 2007, é o ponto onde o Eurostar de alta velocidade entra em Londres, conectando a Inglaterra com a Bélgica e a França através do Túnel do Canal da Mancha.

A estação promove-se por ter o maior champagne bar da Europa, uma feira diária, todo o Wi-Fi que você precisa, além de dezenas de butiques – e alguns dos trens mais rápidos do mundo. Também é servida por seis linhas de metrô, incluindo Victoria, Northern, Piccadilly, Circle, Hammersmith & City e Metropolitan, assim como por outras sete companhias ferroviárias. Com uma rede de transporte tão vasta, você pode virtualmente ir para qualquer lugar da Grande Londres.

DE TRANSPORTE PÚBLICO

O London Underground (metrô) e os ônibus da cidade operam no mesmo sistema de seis zonas de preços. As zonas de preços irradiam-se em anéis a partir da zona central 1, que é onde a maioria dos visitantes passam a maior parte de seu tempo. A zona 1 cobre a área da Liverpool Street, a leste, até Notting Hill a oeste, e de Waterloo a sul até Baker Street, Euston e King's Cross, ao norte. Para viajar além da zona 1, você precisa de um bilhete multizonas. Veja que todos os bilhetes de uma viagem, ida e volta, e de um dia, são válidos apenas no dia da compra. Mapas de metrô e de ônibus devem estar disponíveis em qualquer estação de metrô. Você pode fazer o download de ambos antes de viajar, no excelente website da **London Transport** (**LT**), www.tfl.gov.uk/tfl.n Há também LT Information Centres em várias das principais estações de metrô: Euston, King's Cross, Oxford Circus, St. James's Park, Liverpool Street Station e Piccadilly Circus, assim como nas estações da British Rail em Euston e em Victoria, e cada um dos terminais em Heathrow. A maioria deles abre diariamente (alguns fecham aos domingos), pelo menos a partir das 9h às 17h. Um serviço de informação sobre transporte público, disponível 24 horas, também está disponível no © **020/7222-1234**.

PASSES COM DESCONTO Se você planeja usar muito o transporte público, verifique a faixa de descontos disponível. Os **Travelcards** oferecem uso ilimitado de ônibus, Underground, Docklands Light Railway e National Rail na Grande Londres por qualquer período, variando de um dia a um ano. Os travelcards estão disponíveis nas bilheterias do metrô (Underground), LT Information Centres, principais agências do correio na região de Londres e muitas bancas de jornal. Crianças de 10 anos ou menos geralmente viajam de graça no metrô e nos ônibus.

O **1-Day Travelcard** (válido por 1 dia) permite que você vá para qualquer lugar em toda a Grande Londres. Para viajar dentro das zonas 1 e 2, o custo é de £6,80 (US$ 14) para adultos, ou £3,40 (US$ 6,80) para crianças de 5 a 15 anos. O **Off-Peak 1-Day Travelcard**, que é válido após 9h30 nos dias úteis, é mais barato. Para duas zonas, o custo é de £5,30 (US$ 11) para adultos e £3,30 (US$ 6,60) para crianças de 5 a 15 anos.

O sistema agora apresenta um **3-Day Travel Card** (válido por 3 dias), que permite aos adultos viajar pelas zonas 1 e 2 por £17 a £22 (US$ 34- US$ 44) e crianças por £8,70 a £9,50 (US$17-US$ 19).

1-Week Travelcards (válido por 1 semana) custam, aos adultos, £24 (US$ 48) e crianças, £12 (US$ 24) por viagens nas zonas 1 e 2.

Considere comprar o **Oyster Card** (www.oystercard.com), um cartão de desconto de viagens que é completo. Você pode pagar antecipadamente por viagens únicas, que custam consideravelmente menos que um bilhete impresso – geralmente a metade do preço. Os Oysters são válidos no metrô, DLR, bonde e nos trens da National Rail dentro da zona escolhida e por toda a rede de ônibus de Londres. Para obter informações disponíveis 24 horas, ligue para a linha exclusiva da Oyster, ✆ **0871/2301100.** O cartão tem um limite diário de preço, o que significa que você nunca pagará mais de £3 (US$ 6), independentemente de quantas viagens você fizer em um dia. Você pode comprar um Oyster Card em qualquer bilheteria.

METRÔ

The Underground, ou Tube, como o metrô de Londres é conhecido, é o modo mais rápido e fácil para se movimentar. Todas as estações do metrô são claramente indicadas com um círculo vermelho e uma barra azul. As rotas são convenientemente assinaladas por cores.

Se você tem moedas britânicas ou um cartão de crédito, pode obter seu bilhete em qualquer máquina automática. Caso contrário, compre na bilheteria. Você pode fazer quantas baldeações quiser enquanto estiver no metrô. Crianças de 4 anos ou menos viajam grátis, se acompanhadas por um adulto.

Insira seu bilhete pelo orifício da catraca e retire-o quando sair do outro lado, e mantenha-o consigo – o bilhete deve ser apresentado quando você sair de uma estação. Se você for pego sem um tíquete válido, será multado em £20 (US$ 40) ali mesmo. Se você dever mais dinheiro, será obrigado a pagar a diferença ao atendente na saída. O metrô funciona praticamente das 5h às 00h30 (das 7h30 às 22h30 aos domingos). Depois disso, você deve pegar um táxi ou um ônibus noturno até seu destino. Para informações sobre o sistema de metrô de Londres, ligue para **London Underground** no ✆ **020/7222-1234**, mas espere ficar na linha por um bom tempo até que uma pessoa atenda sua ligação. Informações também estão disponíveis em www.tfl.gov.uk.

A Extensão da Linha Jubilee foi ampliada para leste para atender os crescentes subúrbios do sudeste e a área das Docklands. Este eixo leste-oeste facilita o tráfego em algumas das linhas mais congestionadas do metrô de Londres. A linha também facilita o acesso a Greenwich.

TÁXI

Os táxis de Londres estão entre os mais confortáveis e melhor planejados do mundo. Você pode pegar um tanto em uma fila de táxis ou ao chamar um na rua (o táxi estará disponível se o sinal amarelo no teto estiver aceso). Para **chamar um táxi**, ligue para ✆ **0871/871-8710.**

O taxímetro começa em £ 2,20 (US$ 4,40), com aumentos de £2 (US$ 4) a cada milha, baseado na distância ou no tempo. Tarifas extras são cobradas após as 20h e nos finais de semana e feriados. Todas estas tarifas incluem IVA: gorjeta de 10% a 15%.

Se você ligar para um táxi, o taxímetro começa a correr quando o táxi receber instruções do despachante, assim, você pode descobrir que o taxímetro já está com algumas libras a mais do que a tarifa inicial de £2,20 (US$ 4,40) quando você entrar.

Minitáxis também estão disponíveis, e eles são úteis, em geral, quando os táxis normais estiverem escassos ou quando o metrô parar de funcionar. Estes táxis não têm taxímetro, portanto negocie a tarifa com antecedência. Ao contrário dos táxis normais, os minitáxis são proibidos de andar sem passageiros. Eles operam em quiosques na calçada, tais como os de Leicester Square. Se precisar ligar para um, tente **Brunswick Chauffeurs/Abbey Cars** (✆ **020/8969-2555**) no oeste de Londres ou **Newham Minicars** (✆ **020/8472-1400**) ao sul de Londres. Os quiosques de minitáxis podem ser encontrados perto de muitas estações de metrô ou da BritRail, especialmente em áreas afastadas.

Se tiver uma reclamação sobre o serviço de táxi ou se esquecer algo dentro de um, entre em contato com o **Public Carriage Office**, 15 Penton St., N1 9PU (Metrô: Angel Station). Se for uma reclamação, você deve ter o número do táxi, que é mostrado no compartimento do passageiro. Ligue para 0845/602-7000 ou 020/7222-1234 para fazer reclamações.

Onde Ficar

2

Com todas as grandes melhorias e atualizações feitas na virada do século 21, há muitas chances de você gostar de seu quarto. O que você não gostará é do preço. Mesmo que um hotel continue imundo, os hoteleiros de Londres não se constrangem muito em subir os preços. Todas as categorias de hotéis continuam com preços caros.

Londres se orgulha de ter alguns dos hotéis mais famosos do mundo – templos do luxo, como o Claridge's e o Dorchester, e rivais mais recentes, como o Four Seasons. O problema é que há muitos destes hotéis de altos preços (e agora há muitas opções baratas) e nem tantas opções de preços moderados.

Mesmo no nível de luxo, você pode se surpreender pelo o que você não terá. Muitas das preciosidades Vitorianas ou Eduardianas estão tão presas à tradição que não oferecem conveniências modernas que são padrões em outros hotéis de luxo em todo o mundo. Alguns se modernizaram a contragosto, mas outros mantêm Conveniências do tempo da Guerra dos Boers. Londres tem alguns hotéis modernos e sem tecidos de algodão estampados que parecem ter sido importados diretamente de Los Angeles – cheios de sistemas de som modernos e banheiros de mármore repletos de equipamentos. Mas estes hotéis não são necessariamente superiores; embora sejam práticos e convenientes, geralmente não têm o atendimento pessoal e o espaço que caracterizam os grandes e antigos hotéis.

Com seu encanto, intimidade e atenção ao detalhe, os hotéis de butique são uma alternativa atraente em relação aos estabelecimentos maiores e asfixiantes. A transformação em butique da cena hoteleira continua – a cidade oferece mais hotéis administrados pessoalmente e operados por empresas fechadas do que nunca. Pesquisamos os melhores deles, concentrando nas opções com os melhores preços.

Se estiver procurando por opções baratas, não se desespere. Londres tem alguns lugares de bom custo benefício nas faixas mais baixas de preço, e incluímos os melhores deles. Uma opção razoável é um bed-and-breakfast (B&B). Os seguintes serviços são confiáveis e lhe recomendarão e arrumarão um quarto B&B para você: a **London Ned and Breakfast Agency Limited (✆ 020/7586-2768;** fax 020/7586-6567; www.londonbb.com) é uma agência de boa reputação que pode fornecer acomodações baratas em casas privadas selecionadas por £37 a £60 (US$ 74-US$ 120) por pessoa, por noite, baseado em dupla ocupação (embora algumas acomodações custarão um pouco mais). **London B&B (✆ 800/872-2632** nos EUA; fax 619/531-1686; www.londonbandb.com) oferece acomodações B&B em residências familiares particulares ou em apartamentos sem convidados. As casas são inspecionadas segundo a qualidade, conforto, as instalações e a conveniência.

1. The West End

BLOOMSBURY

CARO

The Academy Hotel ★ O The Academy está no coração do distrito jornalístico de Londres. Se você olhar pela janela, verá onde Virginia Woolf e outros membros literários do Bloomsbury Group passeavam todos os dias. Muitos detalhes arquitetônicos originais foram preservados quando estas três casas Georgianas, de 1776, foram agrupadas. Peculiaridades incluem painéis de vidro, colunatas e intrincados trabalhos de gesso na fachada. Com poltronas muito estofadas e camas com meia liteira, os quartos, às vezes, evocam ambientes interioranos ingleses, mas aqueles de pobres relações. Os convidados que já estiveram aqui antes pedem quartos que dão para o jardim dos fundos, que são mais tranquilos que as unidades da frente. ***Aviso:*** se você tem problemas com escadas, saiba que não há elevadores para os quatro andares.

21 Gower St., Londres WC1E 6HG. ✆ **020/7631-4115**. Fax 020/7636-3442. www.theeetoncollection.com. 49 quartos. £140-£165 (US$ 280-US$ 330) duplo; £180 (US$ 360) suíte. AE, DC, MC, V. Metrô: Tottenham Court Rd., George St., ou Russell Sq. **Conveniências**: Bar; serviço de quarto; serviço de lavanderia; limpeza a seco no mesmo dia; quartos para não fumantes. No quarto: A/C, TV, minibar, preparador de bebidas, secador de cabelo, ferro de passar roupa, passador de calça, cofre.

Grange Blooms Hotel ★ Esta residência do século 18, restaurada, tem pedigree: ela fica onde era, anteriormente, as terras de Montague House (agora o British Museum). Teve uma lista distinta, se não excêntrica, de antigos ocupantes: todos desde Richard Penn (o membro Whig do Parlamento, de Liverpool) até o Dr. John Cumming, que acreditava piamente que veria o fim do mundo (nas longas noites de inverno, sua aparência fantasmagórica foi supostamente observada). Embora esteja no coração de Londres, a casa tem uma atmosfera interiorana, completa com lareira, arte do período e exemplares de *Country Life* no cesto de revistas. Os convidados tomam café da manhã em um jardim cercado com vista para o British Museum. No verão, são servidas refeições leves.

Os quartos, de tamanho pequeno a médio, são decorados individualmente com elegância tradicional, em belos tons tranquilos.

7 Montague St., Londres, WC1B 5BP. ✆ **020/7323-1717**. Fax 020/7636-6498. www.grangehotels.com. 26 quartos. £135 - £160 (US$ 270-US$ 320) duplo. AE, DC, MC, V. Metrô: Russell Sq. **Conveniências**: Restaurante; bar; carro de cortesia; serviço de quarto; serviço de lavanderia; lavagem a seco; quartos para não fumantes. *No quarto*: TV, minibar, máquina de café, secador de cabelo, passador de calças.

Myhotel ★ Myhotel é uma fileira de casas, na fachada, com um estilo asiático moderno no interior. O hotel foi planejado conforme os princípios do feng shui – a velha arte chinesa de decoração que utiliza o fluxo de energia em um espaço. Os quartos têm espelhos, mas são posicionados para que você não veja a si mesmo quando despertar – a regra número um do feng shui (provavelmente uma boa regra, feng shui ou não). Os quartos são refúgios de conforto, gosto e tranquilidade. As gorjetas não são incentivadas, e cada hóspede terá um assistente pessoal responsável pela sua felicidade. Myhotel fica a uma pequena distância a pé de Covent Garden e do British Museum.

11-13 Bayley St., Bedford Sq., Londres WC1B 3HD. ✆ **020/7667-6000**. Fax 020/7667-6044. www.myhotels.co.uk. 78 quartos. £189-£265 (US$ 378-US$ 530) duplo. A partir de £319 (US$ 638) suíte. AE, DC, MC, V. Metrô: Tottenham Court Rd. ou Goodge St. **Conveniências**: Restaurante; bar; sala de exercícios; carros com tarifas com desconto; serviço de quarto; babá; serviço de lavanderia; limpeza a seco no mesmo dia; quartos para não fumantes. *No quarto*: A/C, TV, preparador de bebidas, secador de cabelo, passador de calças (em alguns quartos), cofre.

MODERADO

Crescent Hotel O Crescent fica no coração da Londres acadêmica. A praça privada é de propriedade da City Guild of Skinners (que são peleiros, como você já deve ter adivinhado) e guardado pela University of London, cujos corredores de residências estudantis estão do outro lado da rua. Você tem acesso aos jardins e quadras particulares de tênis, que pertencem a Guild. Os donos do hotel consideram o Crescent como uma extensão de sua casa e lhe recebem em seus confortáveis e elegantes arredores Georgianos, que datam de 1810. Alguns hóspedes são clientes há 4 décadas. Os dormitórios variam de pequenos quartos single com banheiros compartilhado, aos quartos duplos ,mais espaçosos e com banheiro privativo. Todos os quartos twin, duplo, triplo e quádruplo têm escrivaninhas e encanamento particular. Muitos quartos são single, variando de £49 até £554 (US$ 98-US$ 108), dependendo do encanamento.

49-50 Cartwright Gardens, Londres, WC1H 9EL. ✆ **020/7387-1515**. Fax 020/7383-2054. www.crescenthoteloflondon.com. 27 quartos, 18 com banheiros (alguns apenas com chuveiro, alguns com banheira e chuveiro. £97 (US$ 194) duplo com banheiro; £ 110 (US$ 220) triplo

Onde ficar em Londres

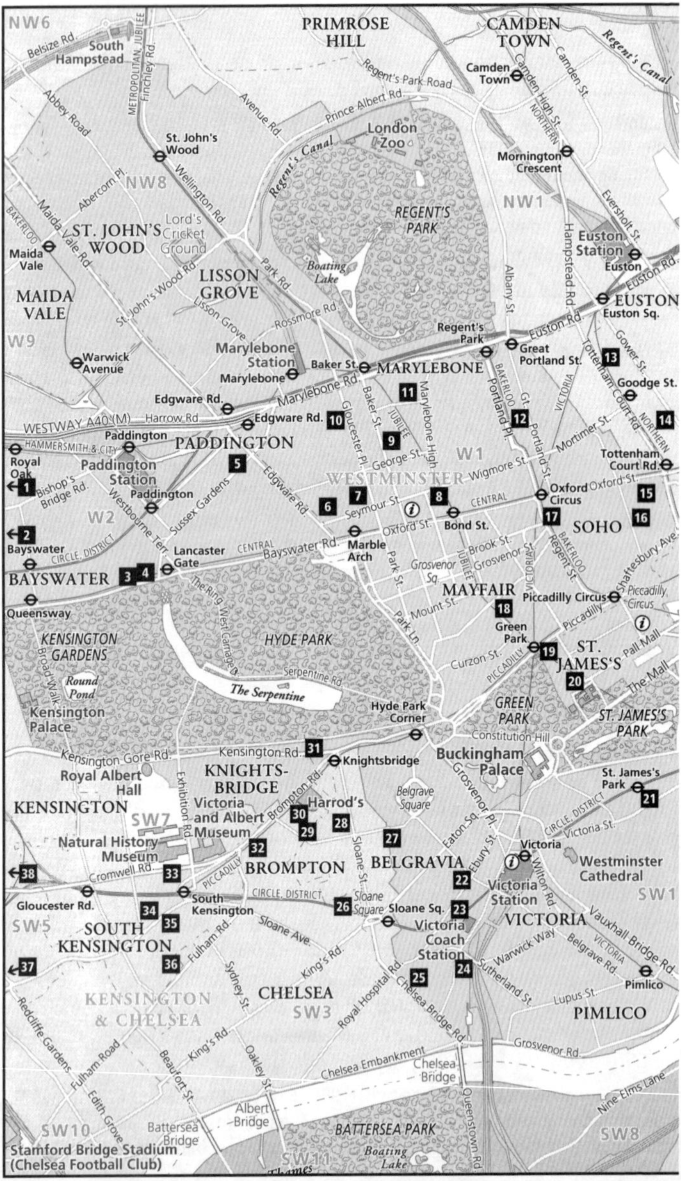

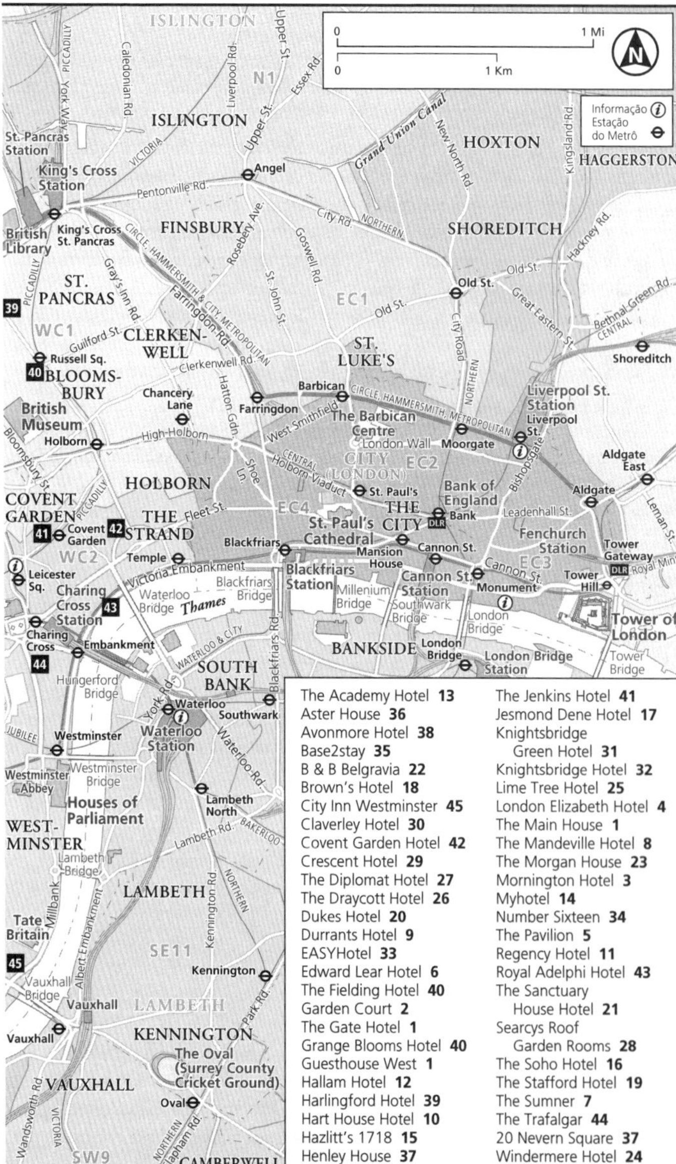

The Academy Hotel **13**
Aster House **36**
Avonmore Hotel **38**
Base2stay **35**
B & B Belgravia **22**
Brown's Hotel **18**
City Inn Westminster **45**
Claverley Hotel **30**
Covent Garden Hotel **42**
Crescent Hotel **29**
The Diplomat Hotel **27**
The Draycott Hotel **26**
Dukes Hotel **20**
Durrants Hotel **9**
EASYHotel **33**
Edward Lear Hotel **6**
The Fielding Hotel **40**
Garden Court **2**
The Gate Hotel **1**
Grange Blooms Hotel **40**
Guesthouse West **1**
Hallam Hotel **12**
Harlingford Hotel **39**
Hart House Hotel **10**
Hazlitt's 1718 **15**
Henley House **37**
The Jenkins Hotel **41**
Jesmond Dene Hotel **17**
Knightsbridge Green Hotel **31**
Knightsbridge Hotel **32**
Lime Tree Hotel **25**
London Elizabeth Hotel **4**
The Main House **1**
The Mandeville Hotel **8**
The Morgan House **23**
Mornington Hotel **3**
Myhotel **14**
Number Sixteen **34**
The Pavilion **5**
Regency Hotel **11**
Royal Adelphi Hotel **43**
The Sanctuary House Hotel **21**
Searcys Roof Garden Rooms **28**
The Soho Hotel **16**
The Stafford Hotel **19**
The Sumner **7**
The Trafalgar **44**
20 Nevern Square **37**
Windermere Hotel **24**

com banheiro; £120 (US$ 240) quarto familiar para 4. Tarifas incluem café da manhã inglês. AE, MC, V. Metrô: Russell Sq., King's Cross ou Euston. **Conveniências**: Uso das quadras de tênis em Cartwright Gardens; babá. No quarto: TV, dataport, máquina de café.

Harlingford Hotel *Valor* Este hotel compreende três residências unidas por um surpreendente conjunto de escadas e sinuosos corredores. No coração de Bloomsbury, é administrado por uma gerência que aparenta estar verdadeiramente preocupada com o bem estar de seus hóspedes, ao contrário de muitos hotéis vizinhos rivais. Janelas de vidros duplos cortam o barulho da rua, e todos os dormitórios são confortáveis e convidativos. Os quartos mais confortáveis estão nos segundo e terceiro andares, mas espere escalar algumas íngremes escadas inglesas (não há elevador). Evite os quartos no térreo, por serem muito escuros e terem pouca segurança. Você poderá usar as quadras de tênis em Cartwright Gardens.

61-63 Cartwright Gardens, Londres, WC1H 9EL. ✆ **020/7387-1551**. Fax 020/7387-4616. www.harlingfordhotel.com. 43 quartos. £99 (US$ 198) duplo; £110 (US$ 220) triplo; £115 (US$ 230) quádruplo. Taxas incluem café da manhã inglês. AE, MC, V. Metrô: Russell Sq., King's Cross ou Euston. **Conveniências**: Uso de quadras de tênis em Cartwright Gardens. *No quarto*: TV, máquina de café, secador de cabelo.

BARATO

The Jenkins Hotel ★ *Valor* Espectadores da série de TV *Poirot*, de Agatha Christie, reconhecerão esta residência em Cartwright Garden – foi apresentada no seriado. Os objetos antigos se foram e os quartos são pequenos, mas alguma coisa do charme original da casa Georgiana permanece – tanto que o jornal de Londres *Mail on Sunday* o proclamou um dos "dez melhores custos-benefícios em hotéis" na cidade. Todos os quartos são decorados no tradicional estilo Georgiano. A localização é ótima, próxima ao British Museum, teatros e sebos. Há alguns pontos negativos: não há elevador, recepção ou sala de estar. Mas este é um lugar onde você pode se acomodar e se sentir em casa.

45 Cartwright Gardens, Londres, WC1H 9EH. ✆ **020/7387-2067**. Fax 020/7387-3139. www.jenkinshotel.demon.co.uk. 14 quartos. £89 (US$ 178) duplo; £105 (US$ 210) triplo. Taxas incluem café da manhã inglês. MC, V. Metrô: Russell Sq., King's Cross ou Euston. **Conveniências**: Uso de quadras de tênis em Cartwright Gardens; uso de máquinas de lavar e secar. *No quarto*: TV, minibar com refrigerantes e sucos, máquina de café, secador de cabelo, cofre.

KING'S CROSS

BARATO

Jesmond Dene Hotel Boa manutenção e dormitórios aconchegantes são encontrados neste B&B bem administrado na área de King's Cross, que está ficando nobre rapidamente. Para aqueles que planejam usar esta hospedagem, ela é uma opção boa e conveniente para transportes, incluindo o Eurostar para

Paris. Todos os pequenos dormitórios foram reformados e são confortáveis, de bom gosto.

27 Argyle St., King's Cross, Londres, WC1H 8EP. ✆ **020/7837-4654**. Fax 020/7833-1633. www.jesmonddenehotel.co.uk. 23 quartos, 20 com banheiro particular. £60 (US$ 120) duplo sem banheiro; £80 (US$ 160) duplo com banheiro; £85-£100 (US$ 170-US$ 200) triplo; £120 (US$ 240) quádruplo. AE, DC, MC, V. Metrô: King's Cross. **Conveniências**: Sala para o café da manhã; quartos para não fumantes. *No quarto*: TV, wi-fi.

COVENT GARDEN & THE STRAND

MUITO CARO

Covent Garden Hotel ★★★ Os hoteleiros do momento, Tim e Kit Kemp – cuja queda para design de interiores é legendária – transformaram este antigo hospital em um dos mais encantadores hotéis butique de Londres, em um dos mais frequentados endereços de compra de The West End. A *Travel + Leisure* chamou este hotel de um dos 25 melhores lugares para se hospedar *no mundo*. Ainda é assim. O hotel tem um convidativo lobby decorado com elaborada mobília embutida e elegantes cortinas, mais um charmoso restaurante. No andar de cima, acessível por uma dramática escada de pedras, dormitórios à prova de som são mobiliados em estilo inglês com tecido asiático, muito adornados com desenho de rendas feito à mão. Cada quarto tem um manequim, uma forma feminina vestida com o tecido que decora o quarto em questão. Alguns hóspedes preferem os quartos no porão, com seus tetos inclinados e pequenas janelas arqueadas.

10 Monmouth St., London, WC2H 9HB. ✆ **800/553-6674** nos EUA ou 020/7806-1000. Fax 020/7806-1100. www.firmdale.com. 58 quartos. £275- £320 (US$ 550-US$ 640) duplo; £375- £995 (US$ 750-US$ 1.990) suíte. AE, DC, MC, V. Metrô: Covent Garden ou Leicester Sq. **Conveniências**: Restaurante; bar; pequena sala de ginástica; guichê de excursões; serviços de negócios; salão; serviço de quarto; massagem; babá; serviço de lavanderia; limpeza a seco no mesmo dia; quartos para não fumantes; videoteca. *No quarto*: A/C, TV, minibar, secador de cabelo, cofre.

MODERADO

The Fielding Hotel ★ *Dicas* Um dos hotéis mais excêntricos de Londres, este prédio sem elevador é apertado, peculiar e estranho, e ainda um favorito de alguns. Com o nome inspirado no novelista Henry Fielding, que ganhou fama com *Tom Jones* e vivia em Broad Court, o hotel está em uma rua para pedestres ainda alinhada com postes de luz a gás do século 19. A Royal Opera House é do outro lado da rua, e os pubs, lojas e restaurantes da viva Covent Garden estão do lado de fora da porta. Os quartos são pequenos, mas encantadoramente antigos e tradicionais. Algumas unidades são redecoradas ou, pelo menos, "retocadas" anualmente, embora o piso afunde e balance, e os móveis e os tecidos, embora limpos, tenham conhecido tempos melhores. Com uma localização dessas, no coração de Londres, o Fielding conquista a fidelidade de seus hóspedes. Na verdade, alguns amam o charme claustrofóbico do hotel. Crianças de 12 anos ou menos não são bem-vindas; geralmente, o atendimento faz com que os adultos também não se sintam assim.

4 Broad Court, Bow St., Londres WC2B 5QZ. ✆ **020/7836-8305**. Fax 020/7497-0064. www.the-fielding-hotel.co.uk. 24 quartos. £105-£125 (US$ 210-US$ 250) duplo. AE, DC, MC, V. Metrô: Covent Garden. *No quarto*: TV, cafeteira.

BARATO

Royal Adelphi Hotel Se o que mais importa para você é estar em um local central, considere o Royal Adelphi. Perto de Covent Garden, o distrito de teatros e da Trafalgar square é uma escolha incomum, longe das características dos típicos B&B. Londres possui B&Bs muito melhores, mas não nesta parte da cidade. Os dormitórios tentam relembrar o auge da swinging London dos anos 60, e são decentemente mantidos e confortáveis, com boas camas. O encanamento, porém, é um pouco enferrujado, e a falta de ar condicionado pode dar a impressão de que Londres é, nos poucos dias de calor da cidade, como o verão no deserto australiano.

21 Villiers St. London WC2N 6ND. ✆ **020/7930-8764**. Fax 020/7930-8735.www.royaladelphihotel.co.uk. 47 quartos, 34 com banheiro. £70 (US$ 140) duplo sem banheiro; £92 (US$ 184) duplo com banheiro; £120 (US$ 240) triplo com banheiro. Tarifas incluem café da manhã continental e impostos. AE, DC, MC, V. Metrô: Charing Cross ou Embankment. **Conveniências**: Bar. No quarto: TV, cafeteira, secador de cabelo.

TRAFALGAR SQUARE

CARO

The Trafalgar ★★ No coração de um dos principais pontos da cidade, a Trafalgar Square, este é o primeiro hotel butique do Hilton em Londres. A fachada desta estrutura do século 19 foi preservada, enquanto os quartos no interior foram reformados para padrões modernos. Por causa da arquitetura original, muitos quartos receberam formas estranhas, e alguns estão divididos em dois andares. Grandes janelas se abrem para uma vista panorâmica de Trafalgar Square. A decoração dos quartos é minimalista, e o conforto é combinado com o puro luxo. A maior visão panorâmica de Londres é do jardim do teto do Hilton.

2 Spring Gardens, Trafalgar Sq., Londres SW1A 2TS. ✆ **800/774-1500** nos EUA ou 020/7870-2900. Fax 020/7870-2911. www.thetrafalgar.com. 129 quartos. £259-£330 (US$ 518-US$ 660) duplo. AE, DC, MC, V. Estacionamento £30 (US$ 60). Metrô: Charing Cross. **Conveniências**: Restaurante; bar; academia de ginástica; carro de cortesia; serviços de negócios; serviço de quarto; serviço de lavanderia; limpeza a seco no mesmo dia; quartos para não fumantes; quartos para hóspedes com mobilidade limitada. *No quarto*: A/C, TV, minibar, preparador de bebidas, secador de cabelo, cofre.

SOHO

MUITO CARO

The Soho Hotel ★★★ Uma antiga garagem no coração da pulsante região de Soho acabou de se tornar nosso ninho favorito em Londres. Quando é hora de ir embora, nunca queremos deixá-lo. Os hoteleiros britânicos Kit e Tim Kemp conseguiram um grande êxito com este hotel. À noite, a sensação nesse luxuoso hotel, pode ser comparada a de entrar em um casulo, de tão aconchegante. É um refúgio em uma rua sem saída com entrada na Dean Street. Os teatros de Shaftesbury estão a apenas uma ou duas quadras, assim como o Ivy Restaurant. Todos os quartos, extremamente espaçosos, foram decorados individualemnte em granito e carvalho. Há quatro coberturas no quinto andar, com terraços se abrindo para uma deslumbrante visão panorâmica de Londres. Os glitterati, na sua maioria atores e cineastas, podem ser vistos bebendo no bar.

4 Richmond Mews, Londres, W1D 3DH. ✆ **020/7559-3000**. Fax 020/7559-3003. www.firmdalehotels.com. 91 quartos. £255-£315 (US$ 510-US$ 630) duplo; a partir de £370 (US$ 740) suíte. AE, MC, V. Metrô: Oxford Circus ou Piccadilly Circus. **Conveniências**: Restaurante; bar; sala de exercícios; academia de ginástica; personal trainer no local; salão; serviço de quarto; 2 cinemas privativos. *No quarto*: A/C, TV, minibar, secador de cabelo, cofre.

CARO

Hazlitt's 1718 ★★ (Dicas Esta joia, abrigada em três casas históricas em Soho Square, é um dos melhores hotéis de pequeno porte de Londres. Construído em 1718, o hotel deriva seu nome de William Hazlitt, que fundou a Unitarian Church em Boston e escreveu quatro volumes sobre a vida de seu herói, Napoleão. O Hazlitt's é o predileto dos artistas, atores e modelos. É eclético e cheio de quinquilharias coletadas em leilões em todo o país. Muitos quartos têm camas com dossel; alguns dos andares rangem e não há elevadores, mas tudo isso é parte do charme. O hotel tem tanta personalidade quanto o Fielding Hotel, mas com muito mais conforto. Alguns quartos são um tanto pequenos, mas a maioria é espaçosa, todos com recursos de alta tecnologia. As acomodações dos fundos são mais calmas, porém talvez muito escuras, e apenas as que estão no último andar têm ar condicionado.

6 Frith St., Londres W1D 3JA. ✆ **020/7434-1771**. Fax 020/7439-1524. www.hazlittshotel.com. 23 quartos. £265 (US$ 530) duplo; £300 (US$ 600) suite. AE, DC, MC, V. Metrô: Leicester Sq. ou Tottenham Court Rd. **Conveniências**: Serviço de quarto; babá; serviço de lavanderia; limpeza a seco no mesmo dia; quartos para não fumantes. *No quarto*: A/C, TV, minibar, secador de cabelo, cofre.

MAYFAIR

MUITO CARO

Brown's Hotel ★★ Quase todo ano, um hotel surge tentando invocar um ambiente interiorano inglês com Chippendale e tecidos de algodão estampados; este perfeito hotel residencial observa seus concorrentes irem e virem, e sempre permanece no topo. Brown's foi fundado por James Brown, um antigo criado de Lord Byron que conhecia os gostos dos cavalheiros bem nascidos e queria criar um lugar ao estilo de um clube nobre para eles. Ele abriu suas portas em 1837, no mesmo ano em que a Rainha Vitória assumiu o trono.

O Brown's ocupa 14 casas históricas perto da Berkeley Square. Seus quartos, completamente reformados, variam consideravelmente em decoração, mas todos mostram gosto incontido na decoração e na mobília; até as bacias das pias são de antiquário. As acomodações variam em tamanho, desde pequenas até extra espaçosas; algumas suítes têm camas com dossel.

30 Albernale St., London, W1S 4BP. ✆ **020/7493-6020**. Fax 020/7493-9381. www.brownshotel.com. 117 quartos. £450 (US$ 900) duplo; a partir de £1.400 (US$ 2.800) suíte. AE, DC, MC, V. Estacionamento fora do prédio £53 (US$ 106). Metrô: Green Park. **Conveniências**: Restaurante; bar; academia de ginástica; spa; centro de negócios; serviço de quarto; serviço de lavanderia; limpeza a seco no mesmo dia; quartos para não fumantes. *No quarto*: A/C, TV, minibar, secador de cabelo, cofre.

ST. JAMES'S

CARO

Dukes Hotel ★★★ O Dukes proporciona elegância sem ostentação no que foi, presumivelmente, a residência "de dois andares" de alguém. Da mesma forma, o Stafford e o 22 Jermyn Street, ele atrai aqueles que procuram por charme, estilo e tradição em um hotel. Situado em uma área silenciosa ao lado de St. James's Place; possui lâmpadas a gás da virada do século XX, que ajudam a criar o clima certo antes de entrar no hotel. Cada quarto de hóspede é decorado no estilo de um determinado período inglês, da Regência ao período Eduardiano. É mais aconchegante, intimista e sociável do que o Stafford, e o Dukes é mais tranquilo por estar em sua própria viela iluminada a gás.

35 St. James's Place, Londres, SW1A 1NY. ✆ **800/381-4702** nos EUA ou 020/7491-4840. Fax 020/7493-1264. www.dukeshotel.co.uk. 90 quartos. £300-£420 (US$ 600-US$ 840) duplo; a partir de £660 (US$ 1,320) suíte. AE, DC, MC, V. Estacionamento £55 (US$ 110). Metrô: Green Park. **Conveniências**: Restaurante; bar; academia de ginástica; spa; guichê de excursões; centro de negócios; serviço de quarto; babá; serviço de lavanderia; limpeza a seco no mesmo dia; quartos para não fumantes; quartos para hóspedes com mobilidade limitada. *No quarto*: A/C, TV, minibar, secador de cabelo, cofre.

The Stafford Hotel ★★★ Famoso pelo seu American Bar, seu endereço em St. James's e a candura de sua decoração Eduardiana, o Staffordf situa-se em uma rua sem saída em um dos bairros mais centrais e movimentados do centro de Londres. O Stafford compete bem com o Dukes por uma clientela de bom gosto e esclarecida. Todos os quartos são decorados individualmente, e muitos quartos single contêm camas Queen size. Alguns quartos deluxe oferecem camas de dossel que farão você se sentir como Henrique VIII. Algumas das acomodações mais modernas do hotel, com camas king size, estão localizadas nos estábulos reais, que foram reformados, no jardim. Muito foi feito para preservar o estilo original destes quartos, incluindo a preservação das vigas em A nos andares superiores. Você pode apostar que nenhum cavalo do século 18 jamais dormiu com cofres eletrônicos, sistemas de som em estéreo e móveis de qualidade que estes quartos oferecem. Os quartos no último andar são pequenos.

16-18 St. James's Place, London, SW1A 1NJ. ✆ **800/525-4800** nos EUA ou 020/7493-0111. Fax 020/7493-7121. www.thestaffordhotel.co.uk. 107 quartos. £260-£470 (US$ 520-US4 940) duplo; a partir de £495 (US$ 990) suíte. AE, DC, MC, V. Metrô: Green Park. **Conveniências**: Restaurante; American Bar; academia de ginástica; serviços de negócios; serviço de quarto; babá; serviço de lavanderia; limpeza a seco no mesmo dia. *No quarto*: A/C, TV, fax, secador de cabelo, cofre.

2. Westminster & Victoria

CARO

City Inn Westminster ★ Vizinho ao Tate Britain e ao Parlamento, este hotel construído para esse propósito, está no centro da elite de Londres. O lobby é agraciado com pedras, carvalho e cadeiras de couro, e o restaurante do local é especializado em caças e salmão, compatível com o proprietário escocês. As melhores opções são os 67 quartos City Club ou as 16 suítes, mas todas as unidades são confortáveis, com um design novo, leve e contemporâneo. Clientes de negócios predominam durante a semana, mas nos finais de semana, as tarifas são às vezes reduzidas para preços de barganha. Pergunte sobre isso ao reservar. Tente encontrar um quarto com vista para o Tâmisa ou para o Parlamento. Os quartos são a prova de som, com 18 polegadas de concreto entre cada um. Você pode tomar algo ou jantar no bar e restaurante City Café, com seu terraço a céu aberto; o bar Millbank Lounge é cheio de estilo e um popular ponto de encontro à noite.

30 John Islip St., Londres, SW1P 4DD. ✆ **020/7630-1000**. Fax 020/7233-7575. www.cityinn.com. 460 quartos. £225 (US$ 450) duplo; £265 (US$ 530) quarto City Club; a partir de £289 (US$ 578) suite. AE, DC, MC, V. Metrô: Pimlico ou Westminster. **Conveniências**: Restau-

rante; 2 bares; serviço de quarto; academia de ginástica; quartos para hóspedes com mobilidade limitada. *No quarto*: A/C, TV, minibar, preparador de bebidas, secador de cabelo, ferro de passar.

MODERADO

Lime Tree Hotel A família Davies, do País de Gales e veterana no negócio de B&B em Londres, transformou uma desleixada pousada em um hotel aconchegante para viajantes sem muitos recursos. Os dormitórios de mobílias simples são distribuidos nos quatro andares (sem elevador) de uma residência de tijolos. Cada um foi redecorado recentemente com novas cortinas e armários. Os quartos frontais têm pequenas varandas que dão para Ebury Street; as unidades ao fundo não têm varandas, mas são mais tranquilas e têm vista para o pequeno roseiral do hotel. Os quartos tendem a ser maiores do que outros quartos de hotel oferecidos a preços similares, e o café da manhã é generoso. Seis quartos têm uma combinação chuveiro/banheira, e o resto, apenas chuveiro. O Palácio de Buckingham, a Abadia de Westminster e as Casas do Parlamento estão muito perto, assim como a Harrods. O popular Ebury Wine Bar está próximo também.

135-137 Ebury St., Londres, SW1W 9QU. ✆ **020/7730-8191**. Fax 020/7730-7865. www.limetreehotel.co.uk. 25 quartos. £115-£145 (US$ 230-US$ 290) duplo; £165-£180 (US$ 330-US$ 360) triplo; £190 (US$ 380) quádruplo. Tarifas incluem café da manhã inglês. AE, DC, MC, V. Metrô: Victoria. Não aceitam crianças com 4 anos ou menos. **Conveniências**: Sala de café da manhã; todos os quartos são para não fumantes. *No quarto*: TV, cafeteira, secador de cabelo, cofre.

Sanctuary House Hotel ★ Apenas na nova Londres, onde os hotéis estão surgindo tão rapidamente, você pode encontrar um hotel tão perto da Abadia de Westminster. E nada menos que um pub hotel, com quartos nos andares acima da taverna. O edifício foi convertido por Fuller Smith and Turner, uma tradicional cervejaria no Reino Unido. As acomodações têm um ar rústico, mas têm camas de primeira linha. Abaixo, um pub/restaurante, parte do Sanctuary, oferece refeições ao velho estilo britânico. "Gostamos da tradição", um funcionário nos disse. "Por que tudo deve seguir a moda? Algumas pessoas vêm à Inglaterra com nostalgia pelo velho. Os outros que sigam a moda". Na verdade, a comida é excelente se você aprecia rosbife, cordeiro galês e linguado de Dover, que agradaram o paladar de Churchill e seus contemporâneos. Naturalmente, há sempre muita cerveja saindo da torneira.

33 Tothill St., Londres, SW1H 9LA. ✆ **020/7799-4044**. Fax 020/7799-3657. www.fullershotels.com. 34 quartos. £99-£175 (US$ 198-US$ 350) duplo. AE, DC, MC, V. Metrô: St. James's Park. **Conveniências**: Restaurante; bar; serviço de quarto; serviço de lavanderia; limpeza a seco; quartos para não fumantes; quartos para hóspedes com mobilidade limitada. *No quarto*: A/C, TV, cafeteira, secador de cabelo, passador de calças.

Windermere Hotel ★ Valor Este pequeno e premiado hotel é uma excelente opção perto de Victoria Station. O Windermere foi construído em 1857, como um par de residências particulares na velha Abbot's Lane, unindo a Abadia de Westminster à casa do abade – todos os reis da Inglaterra medieval pisaram aqui. Um belo exemplo de design clássico do início da Era Vitoriana, o hotel tem muita personalidade inglesa. Todos os quartos possuem um banheiro particular – alguns com chuveiro, outros com banheiras – e têm vários tamanhos, alguns acomodando três ou quatro hóspedes. Os quartos do térreo, de frente à rua, tendem a ser barulhentos à noite, portanto evite-os se tiver sono leve.

142-144 Warwick Way, London, SW1V 4JE. ✆ **020/7834-5163**. Fax 020/7630-8831. www.windermere-hotel.co.uk. 20 quartos. £119-£139 (US$ 238-US$ 278) duplo; £159 (US$ 318) quarto familiar. Tarifas incluem café da manhã inglês. AE, MC, V. Metrô: Victoria. **Conveniências**: Restaurante; bar; serviço de quarto; todos os quartos para não fumantes. No quarto: TV, cafeteira, secador de cabelo, cofre.

BARATO

The Morgan House Esta casa Georgiana tem um endereço conveniente, mas seus quartos são completamente reservados no verão. O melhor do Morgan é um pequeno pátio, aberto aos hóspedes. Muitos quartos são pequenos a médios, enquanto outros são grandes o suficiente para quatro pessoas. Os quartos são decorados individualmente e têm colchões ortopédicos. Os banheiros de corredor são bem mantidos e adequados para convidados que não têm suas instalações privativas. Um saboroso café da manhã inglês é servido em uma sala iluminada e alegre.

120 Ebury St., London SW1W 9QQ. ✆ **020/7730-8442**. Fax 020/7730-8442. www.morganhouse.co.uk. 11 quartos, 4 com banheiros privativos. £72 (US$ 144) duplo sem banheiro; £92 (US$ 184) duplo com banheiro; £92 (US$ 184) triplo sem banheiro; £112 (US$ 224) triplo com banheiro; £ 132 (US$ 164) quarto familiar com banheiro. Tarifas incluem café da manhã inglês. MC, V. Metrô: Victoria. **Conveniências**: Sala de café da manhã. *No quarto*: TV, cafeteira, secador de cabelo, telefone apenas para receber chamadas, Wi-Fi.

3. Knightsbridge até South Kensington

KNIGHTSBRIDGE

CARO

Aster House ★★★ Valor Este é o vencedor do Prêmio de Turismo de Londres do ano 2004 para o melhor B&B em Londres, e ele é tão bom agora quanto era antes. Muito próximo do Palácio de Kensington e dos museus de South Kensington, é uma pousada amigável, convidativa e bem decorada em uma rua arborizada. A área ao redor do hotel, Sumner Place, parece um cenário hollywoodiano da Londres Vitoriana. Os hóspedes do Aster House tomam o café da manhã em um conservatório de luz natural e podem alimentar os patos em um lago do lado de fora. Sendo o B&B um edifício Vitoriano com cinco andares, cada quarto é único em tamanho e forma. Os quartos variam de espaçosos a liliputianos. Algumas camas possuem dossel de tecidos para compor a atmosfera de charme, e cada quarto é individualmente decorado no estilo de um dormitório em um solar inglês.

3 Sumner Place, Londres SW7 3EE. ✆ **020/7581-5888**. Fax 020/7584-4925. www.asterhouse.com. 14 quartos. £165-£225 (US$ 330-US$ 450) duplo. Tarifas incluem bufê de café da manhã. MC, V. Metrô: South Kensington. **Conveniências**: Sala de café da manhã; lounge; serviço de lavanderia; limpeza a seco; todos os quartos para não fumantes. *No quarto*: A/C, TV, cafeteira, secador de cabelo, cofre, Wi-Fi.

Claveley Hotel ★ Localizado em uma tranquila rua sem saída, este hotel de bom gosto, um dos muito bons no bairro, está a apenas algumas quadras da Harrods. É um lugar aconchegante e pequeno, decorado com acessórios da era Georgiana. O lounge tem a atmosfera de uma casa do interior, e o chá, café e biscoitos, inclusos na tarifa, são servidos por todo o dia na Sala de Leitura. A maioria dos dormitórios tem carpete de parede a parede e cadeiras confortavelmente estofadas, e alguns têm varandas. Os quartos têm um banheiro de mármore e bons chuveiros, e são decorados individualmente, alguns com camas de dossel.

13-14 Beaufort Gardens, London SW3 1PS. ✆ **800/747-0398** nos EUA ou 020/7589-8541. Fax 020/7584-3410. www.claverleyhotel.co.uk. 29 quartos. £99-£254 (US$ 198-US$ 508) duplo. Tarifas incluem café da manhã inglês. AE, MC, V. Estacionamento £30 (US$ 60), próximo. Metrô: Knightsbridge. **Conveniências**: Lounge; serviço de lavanderia; quartos para não fumantes. *No quarto*: TV, secador de cabelo, cofre, Wi-Fi.

Knightsbridge Green Hotel ★ Os hóspedes frequentes, de todas as partes do mundo, consideram essa charmosa arquitetura de 1890 como seu lar quando não estão em casa. O edifício mantém seus amplos rodapés, moldes de abóbadas, pé direito alto e proporções espaçosas. Mesmo sem cozinha, as suítes bem mobiliadas chegam perto do estilo de vida em um apartamento. A maioria dos quartos é espaçosa, com bastante lugar para guardar coisas. Os dormitórios são decorados com cores personalizadas e são geralmente individualizados – um possui uma romântica cama trenó. Esta é uma boa opção para acomodação, a uma esquina da Harrods.

159 Knightsbridge, Londres, SW1X 7PD. ✆ **020/7584-6274**. Fax 020/7225-1635. www.thekghotel.co.uk. 28 quartos. £150-£175 (US$ 300-US$ 350) duplo; a partir de £175 (US$ 350) suíte. AE, DC, MC, V. Metrô: Knightsbridge. **Conveniências**: Serviço de quarto limitado; serviço de lavanderia; limpeza a seco no mesmo dia. *No quarto*: A/C, TV, preparador de bebidas, secador de cabelo, passador de calças, cofre.

Knightsbridge Hotel ★★ *Valor* O Knightsbridge Hotel atrai visitantes de todo o mundo que buscam um hotel pequeno e confortável em um distrito caro. Está fabulosamente localizado entre a sofisticada Beauchamp Place e a Harrods, com muitos dos principais teatros e cinemas da cidade bem perto. Construído no começo dos anos 1800 como uma residência privada, este lugar situa-se em uma praça tranquila e arborizada, longe do trânsito. Dois dos principais hoteleiros de Londres, Kit e Tim Kemp, ficaram mais acessíveis com a reforma desse hotel. Todos os "clássicos" dos Kemp estão aqui, incluindo tais toques de luxo como banheiros de granito e carvalho, o famoso bar dos Kemps e lençóis de Frette. A maioria dos dormitórios são espaçosos e enfeitados com tecidos tradicionais ingleses. Os melhores quartos são os de número 311 e 312, cada um com o teto decorado e uma pequena sala de estar.

10 Beaufort Gardens, Londres SW3 1PT. ✆ **020/7584-6300**. Fax 020/7584-6355. www.firmdalehotels.com. 44 quartos. £195-£280 (US$ 390-US$ 560) duplo; a partir de £330 (US$ 660) suíte. AE, DC, MC, V. Metrô: Knightsbridge. **Conveniências**: bar self-service; serviço de quarto; babá; serviço de lavanderia; limpeza a seco no mesmo dia. *No quarto*: TV, minibar, secador de cabelo, cofre.

Searcys Roof Garden Rooms ★ *Dicas* A Searcy's, uma das melhores empresas de alimentação de Londres, opera esta surpresa reciclada: uma antiga estação de bombeamento que se transformou em um hotel que está a poucos passos da Harrods e das butiques de Sloane Street. Neste oásis de Knightsbridge, você aperta uma campainha e entra em um elevador de carga que lhe leva ao terceiro andar. Mais acima, você encontrará quartos belissimamente decorados com objetos antigos, tecidos de bom gosto, camas confortáveis (algumas com liteiras) e geralmente uma cama sofá. Algumas banheiras são colocadas diretamente no quarto, ao invés de em um lugar separado. Visite o jardim do teto.

30 Pavillion Rd., Londres, SW1X 0HJ. ✆ **020/7584-4921**. Fax 020/7823-8694. www.30pavilionroad.co.uk. 10 quartos. £180 (US$ 360) duplo. Tarifas incluem café da manhã continental. AE, DC, MC, V. Metrô: Knightsbridge. **Conveniências**: Serviço de quarto; serviço de lavanderia; limpeza a seco; quartos para não fumantes. *No quarto*: A/C, TV, Wi-Fi.

BELGRAVIA

CARO

The Diplomat Hotel ★ *Dicas* Parte do encanto do Diplomat é ser um hotel pequeno e de preço razoável, localizado em um bairro que é sempre caro. A minutos de distância da loja de departamentos Harrods, o prédio foi construído em 1882 como uma residência particular pelo famoso arquiteto Thomas Cubbitt. A recepção é emoldurada pela curva de uma escadaria circular parcialmente dourada; acima dela, querubins olham para baixo de um candelabro da era da Regência. Os funcionários são atenciosos, de boas maneiras e discretos. Os quartos são decorados com muito bom gosto em estilo Vitoriano. Você encontra conforto aqui, mas não muito. Os quartos são um pouco pequenos e geralmente mobiliados com duas camas.

2 Chesham St., Londres, SW1X 8DT. ✆ **020/7235-1544**. Fax 020/7259-6153. www.thediplomathotel.co.uk. 26 quartos. £125-£170 (US$ 250-US$ 340) duplo. Tarifas incluem bufê de café da manhã inglês. AE, DC, MC, V. Metrô: Sloane St. ou Knightsbridge. **Conveniências**: Snack bar; serviços de negócios; babá; serviço de lavanderia; limpeza a seco no mesmo dia. *No quarto*: TV, cafeteira, secador de cabelo, passador de calça.

MODERADO

B+B Belgravia ★★ Em seu primeiro ano de funcionamento (2005), esta elegante residência ganhou o maior prêmio na categoria "o melhor B&B em Londres". Foi um prêmio merecido. O design, o atendimento, a qualidade e o conforto valem a pena. Os preços também são razoáveis, a atmosfera neste edifício renovado tem muito estilo e a localização é ótima: apenas à cinco minutos a pé da Victoria Station. Os quartos possuem um bom tamanho e são mobiliados com requinte. No lounge para os hóspedes há sofás confortáveis e uma lareira acesa em noites frias. Há também uma biblioteca de DVDs, e chá e café são servidos durante todo o dia. O café da manhã inglês completo é um dos melhores da área.

64-66 Ebury St., Belgravia, Londres SW1W 9QD. ✆ **020/7259-8570**. Fax 020/7259-8591. www.bb-belgravia.com. 17 quartos. £107 (US$ 214) duplo; £147 (US$ 294) quarto familiar. Tarifas incluem um café da manhã completo inglês. AE, MC, V. Metrô: Victoria Station. **Conveniências**: Lounge comum; sala de café da manhã. *No quarto*: TV.

CHELSEA

CARO

The Draycott Hotel ★★★ Tudo neste lugar, que foi elevado à categoria cinco estrelas em uma avaliação do governo, nos remete a gentileza, ao estilo e ao charme britânicos. Os funcionários são tão atenciosos que clientes antigos, que incluem John Malkovich, Pierce Brosnan e Gerard Depardieu, são cumprimentados quando entram por funcionários que conseguem ser formais e cordiais. O hotel adotou sua forma atual quando uma terceira residência de tijolos aparentes foi adicionada ao par de residências interconectadas que funcionava como um hotel de cinco estrelas desde os anos 80. Isso, associado a toneladas de dinheiro gastas em antiguidades inglesas, ricas cortinas e uma atualização daquelas caras infraestruturas que você nunca verá, incluindo segurança, transformaram este lugar em uma joia. A localização, perto de Sloane Square, Harrods e as efervescentes vias de Knightsbridge, é um dos melhores aspectos do hotel. Os quartos são decorados diferentemente uns dos outros, cada um com o mais alto estilo inglês e toda a sofisticação da moda.

26 Cadogan Gardens, Londres SW3 2RP. ✆ **800/747-4942** ou 020/7730-6466. Fax 020/7730-0236. www.draycotthotel.com. 35 quartos. £230-£290 (US$ 460-US$ 580) duplo; £370 (US$ 740) suíte. AE, DC, MC, V. Metrô: Sloane Sq. **Conveniências**: Bar; acesso a spa e academia de ginástica, próximos; estação de Internet; serviço de quarto; serviço de lavanderia; limpeza a seco; chá, incluso na conta, diariamente, às 16h; champanhe, incluída na conta, diariamente às 18h; chocolate quente às 21h30; salgadinhos. *No quarto*: A/C, TV, minibar.

SOUTH KENSINGTON

CARO

Number Sixteen ★ Esta luxuosa pensão é composta de quatro residências do começo da Era Vitoriana que foram unidas. Os jardins meticulosamente cuidados da frente e de trás fazem deste hotel um dos locais mais idílicos da rua. Os quartos são decorados com um mix eclético de antiguidades inglesas e pinturas modernas, embora algo da decoração pareça um pouco gasto. As acomodações variam de pequenas a espaçosas e têm temas como tartã e marítimo. O café da manhã pode ser servido em seu quarto, no conservatório ou, se o clima estiver bom, no jardim, que possui uma fonte e um lago com peixes.

16 Sumner Place, Londres, SW7 3EG. ✆ **800/592-5387** nos EUA, ou 020/7589-5232. Fax 020/7584-8615. www.numbersixteenhotel.co.uk. 42 quartos. £200-£270 (US$ 400-US$ 540) duplo. AE, DC, MC, V. Estacionamento: £39 (US$ 78). Metrô: South Kensington. **Conveniências**: Bar; lounge; acesso à academia de ginástica, próxima; serviço de quarto; babá; serviço de lavanderia; limpeza a seco no mesmo dia; quartos para não fumantes. *No quarto*: TV, minibar, secador de cabelo, cofre, Wi-Fi.

BARATO

Avonmore Hotel ★ *Dicas* O Avonmore, recentemente reformado, possui fácil acesso aos teatros e lojas de West End, embora seja localizado em um bairro tranquilo, apenas a dois minutos da estação West Kensington, na District Line. Este lugar, uma propriedade particular, e antiga vencedora do prêmio nacional de melhor hotel particular, possui carpetes nos quartos, sendo cada um deles decorado com sofisticação. Os banheiros são bem mantidos, equipados com uma banheira ou um chuveiro. A proprietária, Margaret McKenzie, proporciona um atendimento personalizado. Um café da manhã inglês é servido em uma sala alegre, e uma ampla variedade de bebidas está disponível no bar aconchegante.

66 Avonmore Rd., Londres, W14 8RS. ✆ **020/7603-4296**. Fax 020/7603-4035. www.avonmorehotel.co.uk. 9 quartos. £85- £110 (US$ 170-US$ 220) duplo; £95-£130 (US$ 190-US$ 260) triplo. Tarifas incluem café da manhã inglês. AE, MC, V. Metrô: West Kensington. **Conveniências**: Bar; serviço de quarto; quartos para não fumantes. *No quarto*: TV, minibar, cafeteira, secador de cabelo.

Base2stay *Valor* Um novo conceito de hotéis emergiu em Kensington, oferecendo grande valor ao proporcionar uma "síntese" do que os hóspedes realmente precisam e usam – menos as frescuras. O que você consegue são acomodações cheias de estilo e confortavelmente mobiliadas, com pequenas cozinhas. Os quartos mais baratos contêm beliches e as suítes podem ser feitas ao conectar alguns quartos. A acomodação pode ser reduzida ao básico, mas este não é um albergue, pois há recepção 24 horas, assim como serviço de limpeza diária.

25 Courtfield Gardens, Londres, SW5 0PG. ✆ **800/511-9821** nos EUA ou 020/7491-2948. www.base2stay.com. 67 quartos. £95 (US$ 190) beliches para dois; £119 (US$ 238) duplo; £189 (US$ 378) quartos deluxe para 4 hóspedes. AE, MC, V. Metrô: Earl's Count. **Conveniências**: Quartos para não fumantes. *No quarto*: A/C, TV, cozinha pequena.

EASYHotel *Valor* Este hotel adota o princípio de que os convidados preferem quartos menores e pagar menos. Se você for claustrofóbico, este hotel definitivamente não é para você. Os quartos têm de 1,8 metros quadrado a 2,1 metros quadrados, com a maioria do espaço tomado por camas duplas padrão. Se conseguir um quarto com janela, isso fará uma grande diferença. Bem perto de Cromwell Road, entre South Kensington e Earl's Court, o Easy oferece apenas quartos duplos, cada um com um banheiro apertado contendo um chuveiro. Há TVs de tela plana em todos os quartos, mas uma taxa de £5 (US$ 10) é cobrada para usar o televisor. Como a gerência diz em tom de piada, "Nossos quartos têm três tamanhos: pequeno, muito pequeno e bem pequeno". Um funcionário está sempre no local, mas nenhum serviço é oferecido. Além de uma recepção, não há nenhuma área pública comum. Ao invés de ligar para o hotel, todas as reservas para o EASYHotel são feitas pelo site do hotel, com cartão de crédito.

14 Lexham Gardens, Kensington, Londres W8 5JE. www.easyhotel.com. 34 quartos. £30-£50 (US$ 60-US$ 100) duplo. MC, V. Metrô: South Kensington ou Earl's Court. **Conveniências**: Recepção, quartos para hóspedes com mobilidade limitada. *No quarto*: A/C, TV.

EARL'S COURT

MODERADO

20 Nevern Square ★ *Dicas* Muitos dos hotéis a preços acessíveis na região de Earl's Court são acabados, mas não é o caso deste.O solar restaurado, construído com tijolos vermelhos em estilo Vitoriano, possui um toque asiático, com os vasos de porcelana, gaiolas ornamentadas e cortinas de seda no lounge. Há, até mesmo, uma suite Pasha, com aromas de cedro e cortinas de seda luxuosas com design de pavão ou uma cama liteira de seda. Alguns dos quartos menores são feitos para dar a impressão de serem bem menores por causa da mobília pesada, a maioria importada da Indonésia. Vários dormitórios possuem terraços particulares.

20 Nevern Sq., Earl's Court, Londres SW5 9PD. ✆ **020/7565-9555**. Fax 020/7565-9444. www.twentynevernsquare.co.uk. 23 quartos. £89-£195 (US$ 178-US$ 390) duplo; £159-£250 (US$ 318-US$ 500) suite. AE, MC, V. Metrô: Earl's Court. **Conveniências**: Café; bar; academia de ginástica; acesso à Internet; serviço de quarto; serviço de lavanderia; limpeza a seco; quartos para não fumantes. *No quarto*: TV, secador de cabelo, passador de calça, cofre.

BARATO

Henley House *Valor* Este B&B se destaca do resto ao redor de Earl's Court – e tem uma relação custo beneficio melhor do que a maioria. A casa Vitoriana de tijolos vermelhos situa-se em um jardim imenso, cercado que você pode adentrar ao pegar uma chave com a recepção. Os membros da equipe do hotel têm muito interesse no bem-estar de seus hóspedes e estão comprometidos em auxiliar os hóspedes que estão desnorteados, portanto este é um lugar ideal para os que vêm pela primeira vez a Londres. Uma sala de estar no térreo dá para um pátio nos fundos. A decoração é luminosa e contemporânea; um quarto típico tem papel de parede de cores quentes, tecidos de chita e ornamentos de iluminação de metal. O café da manhã é um evento alegre, servido em uma sala decorada com detalhes em terracota e vasos de flores secas.

30 Barkston Gardens, Londres SW5 0EN. ✆ **020/7370-4111**. Fax 020/7370-0026. www.henleyhousehotel.com. 21 quartos. £69-£80 (US$ 138-US$ 178) duplo; £99-£110 (US$ 198-US$ 220) triplo. Tarifas incluem café da manhã continental. AE, DC, MC, V. Metrô: Earl's Court. **Conveniências**: Sala de café da manhã; lounge; quartos para não fumantes. *No quarto*: TV, cafeteira, secador de cabelo.

4. Marylebone até Holland Park

MARYLEBONE

MUITO CARO

The Mandeville Hotel ★★ Chame-o de Londres reformada. Na moderna Marylebone Village, apenas a uma curta caminhada das lojas em Selfridges e Bond Street, o Mandeville foi completamente renovado, seus antigos 166 dormitórios reestruturados para 142 quartos. Antes uma propriedade tranquila, agora é um endereço badalado – um dos principais decoradores de Londres, Stephen Ryan, foi trazido para mudar o estilo do lobby, do restaurante e do bar. No de Ville Restaurant, a culinária britânica moderna é servida em um ambiente decorado com motivos florais, pinturas emolduradas e luminárias em forma de máscara veneziana.

Mandeville Place, Londres, W1U 2BE. 020/7935-5599. Fax 020/7935-9588. www.mandeville.co.uk. 142 quartos. £250-£300 (US$ 500-US$ 600) duplo; a partir de £400 (US$ 800) suíte. AE, DC, MC, V. Metrô: Bond St. Conveniências: Restaurante; bar; academia de ginástica; serviço de quarto; serviço de lavanderia; limpeza a seco; todos os quartos para não fumantes; quartos para hóspedes com mobilidade limitada. No quarto: A/C, TV, minibar (em alguns), preparador de bebidas, secador de cabelo, ferro de passar, cofre, Wi-Fi.

CARO

Durrants Hotel ★ Este hotel histórico (fundado em 1789), perto de Manchester Square, possui fachada detalhada em estilo Georgiano, é agradável, aconchegante e tradicional – quase como um primo pobre do Brown (página 50). Consideramos esse um dos hotéis de Londres que mais possuem o estilo inglês. Você poderia convidar a Rainha para um chá no Durrants. Pelos mais de 100 anos de propriedade do hotel, a família Miller incorporou várias casas da vizinhança à estrutura original. Uma caminhada pelas salas comuns com painéis de pinho e mogno é como voltar no tempo: você encontrará até mesmo uma sala do século 18, usada para escrever cartas. Os quartos são bem simples, exceto pelas entradas tipo caverna e pelos móveis confortáveis, incluindo boas camas.

26-32 George St., Londres W1H 5BJ. ✆ **020/7935-8131**. Fax 020/7487-3510. www.durrantshotel.co.uk. 92 quartos. £205-£230 (US$ 410-US$ 460) duplo; £210 (US$ 420) quarto familiar para 3; a partir de £340 (US$ 680) suíte. AE, MC, V. Metrô: Bond St. ou Baker St. **Conveniências**: Restaurante; bar; serviço de quarto; babá; serviço de lavanderia; limpeza a seco; quartos para não fumantes; quartos para hóspedes com mobilidade limitada. *No quarto*: A/C (na maioria), TV, secador de cabelo, cofre (na maioria).

MODERADO

Hart House Hotel ★ *Crianças* Hart House é um favorito de longa data para os leitores de Frommer's. No coração do The West End, este edifício histórico bem preservado (um de um grupo de mansões Georgianas ocupados por nobres franceses exilados durante a Revolução Francesa) fica a uma pequena distância a pé de muitos teatros. Os quartos – em uma combinação de mobília que vai de antiguidades da Portobello Road até móveis modernos – são novos em folha, cada um com um aspecto diferente. Os prediletos são o quarto 7, um triplo com banheiro grande e chuveiro. Peça pelo 11, no último andar, se quiser um ambiente bem iluminado. A limpeza é uma grande preocupação aqui, e cada dormitório é confortavelmente arrumado com cadeiras, um armário, uma escrivaninha e uma grande gaveteira. Hart House é conhecido, há tempos, como um lugar bom e seguro para famílias em viagem. Muitos de seus quartos são triplos. Famílias grandes podem se beneficiar de acomodações familiares especiais, com salas conectadas.

51 Gloucester Place, Portman Sq. Londres W1U 8JF. ✆ **020/7935-2288**. Fax 020/7935-8516. www.harthouse.co.uk. 15 quartos. £125 (US$ 250) duplo. £145 (US$ 290) triplo; £175 (US$ 350) quádruplo. Tarifas incluem café da manhã inglês. MC, V. Metrô: Marble Arch ou Baker St. **Conveniências**: Babá. *No quarto*: TV, cafeteira, secador de cabelo.

The Sumner ★ *Dicas* Este hotel residencial, parte de uma fileira de casas Georgianas, tornou-se um dos melhores hotéis residenciais butique no centro de Londres. Ele mantém muito de seu chamariz arquitetônico original, desde quando era uma residência Georgiana particular. Os quartos standard são de tamanho médio e mobiliados atrativamente, mas você também pode se hospedar em quartos deluxe com arte e mobília melhores. Todos os quartos de hóspede são decorados por designers e equipadss com luxo, e há também uma elegante sala de estar com uma lareira em funcionamento e soalho de madeira.

54 Upper Berkeley St. Marble Arch, Londres W1H 7QR. ✆ **020/7723-2244**. Fax 087/0705-8767. www.thesumner.com. 20 quartos. £125-£160 (US$ 250-US$ 320) duplo. Tarifas incluem bufê de café da manhã. AE, MC, V. Metrô: Marble Arch. **Conveniências**: Quartos para não fumantes. *No quarto*: A/C, TV, geladeira, secador de cabelo, Wi-Fi.

BARATO

Edward Lear Hotel Este hotel popular, situado a um quarteirão de Marble Arch, é ainda mais desejável pelos buquês de flores frescas em seus espaços comuns. Ele ocupa um par de residências de tijolos aparentes datadas de 1780. A casa à esquerda era a residência em Londres do artista e poeta Edward Lear, do século 19, famoso pelos seus versos sem sentido e seus poemas humorísticos de cinco versos (limerick) ilustrados, que adornam as paredes de uma das salas de estar. Escadas íngremes levam a quartos aconchegantes que variam de espaçosos a bem pequenos. Os dormitórios têm aparência melhor do que nunca, depois de uma renovação completa em 2007. Se estiver procurando por classe, saiba que o bacon em seu prato veio do mesmo açougueiro usado pela Rainha. Um grande ponto negativo do hotel: esta é uma parte barulhenta da cidade. Os quartos do fundo são mais tranquilos.

28-30 Seymour St. Londres W1H 7JB. ✆ **020/7402-5401**. Fax 020/7706-3766. www.edlear.com. 32 quartos, 18 com banheiro. £80 (US$ 160) duplo sem banheiro; £83 (US$ 166) duplo com banheiro (chuveiro apenas); £85 (US$ 170) duplo com banheiro; £72-£85 (US$ 144-US$ 170) triplo sem banheiro; £74-£99 (US$ 148-US$ 198) triplo com banheiro (chuveiro apenas). Tarifas incluem café da manhã inglês e impostos. AE, MC, V. Metrô: Marble Arch. *No quarto*: TV, cafeteira.

Hallam Hotel Este edifício em estilo Vitoriano, muito ornamentado com pedras e tijolos, foi um dos poucos da rua a escapar da Blitz alemã, na Segunda Guerra Mundial. Situa-se a apenas 5 minutos a pé de Oxford Circus. É propriedade dos irmãos Grant e David Baker, que mantêm o edifício em boas condições. O hotel é quente e amigável, e a localização central que se pode conseguir com este preço é imbatível. Os quartos de hóspedes são mobiliados confortavelmente, com boas camas. Alguns do quartos singles (£90/US$ 180) são tão pequenos que são chamados de "gabinetes". Muitos dos quartos com camas duplas são bem espaçosos e têm armários adequados.

12 Hallam St., Portland Place, Londres W1N 5LF. ✆ **020/7580-1166**. Fax 020/7323-4527. www.hallamhotel.com. 25 quartos. £100 (US$ 200) duplo. Tarifas incluem café da manhã inglês. AE, DC, MC, V. Metrô: Oxford Circus. **Conveniências**: Bar. *No quarto*: TV, cafeteira, secador de cabelo.

Regency Hotel O edifício é dos anos 1800, e nesse local funciona um hotel desde a Blitz. Em 1991, o lugar estava abandonado e foi reformado à sua forma atual. Um dos melhores hotéis da rua, oferece dormitórios simples e modernos, decorados conservadoramente, espalhados sobre quatro andares e com um salão de café da manhã no que costumava ser o porão. O bairro é protegido por ser histórico, e Marble Arch, Regent's Park e Baker Street estão a uma caminhada de 15 minutos.

19 Nottingham Place, Londres W1U 5LQ. ✆ **020/7486-5347**. Fax 020/7224-6057. www.regencyhotelwestend.co.uk. 20 quartos. £80-£94 (US$ 160- US$ 188) duplo; £110-£125 (US$ 220-US$ 250) quarto familiar. Tarifas incluem café da manhã inglês. AE, DC, MC, V. Estacionamento £25 (US$ 50) próximo. Metrô: Baker St. ou Regent's Park. *No quarto*: TV, cafeteira, secador de cabelo, passador de calças ou ferro de passar.

PADDINGTON & BAYSWATER

CARO

London Elizabeth Hotel ★ Esta elegante residência Vitoriana tem localização ideal, de frente para o Hyde Park. Entre a animação e a energia do centro de Londres, a atmosfera do hotel é um oásis de charme e refinamento. Mesmo antes da recente restauração de £ 3 milhões (US$ 6 milhões) do hotel, ele espargia personalidade. Quartos decorados individualmente variam de executivo a deluxe e nos dá a impressão de estar hospedado em uma casa interiorana inglesa. Quartos deluxe têm ar condicionado e alguns contêm camas de dossel. Unidades executivas geralmente contêm uma cama dupla ou duas camas de solteiro juntas. Alguns quartos têm recursos especiais, como lareiras antigas da era Vitoriana. As suítes são retratos de grande conforto e luxo – a Conservatory Suite possui uma varanda própria, parte do conservatório original da casa, de 1850.

Lancaster Terrace, Hyde Park, Londres W2 3PF. ✆ **800/721-5566** nos EUA ou 020/7402-6641. Fax 020/7224-8900. www.londonelizabethhotel.co.uk. 49 quartos. £165-£180 (US$ 330-US$ 360) duplo; £275 (US$ 550) suite. Tarifas incluem bufê de café da manhã. AE, DC, MC, V. Estacionamento £12 (US$ 24). Metrô: Lancaster Gate ou Paddington. **Conveniências**: Restaurante; bar; serviço de quarto; serviço de lavanderia; limpeza a seco no mesmo dia; quartos para não fumantes. *No quarto*: A/C (em alguns), TV, secador de cabelo.

MODERADO

Mornington Hotel ★ Afiliado ao Best Western, o Mornington traz um toque de hospitalidade do norte europeu ao centro de Londres. Bem ao norte do Hyde Park e Kensington Gardens, o hotel tem um exterior Vitoriano e uma decoração inspirada na Escandinávia. A área não é a mais legal de Londres, mas é perto do Hyde Park e fácil de ir para Marble Arch, às lojas da Oxford Street e aos restaurantes étnicos de Queensway. Os quartos reformados têm bom gosto e são confortáveis, todos com filmes pagos. Todo ano recebemos cartões de Natal da "turma", como chamamos os funcionários do hotel – e que turma prestativa eles são.

12 Lancaster Gate, Londres W2 3LG. ✆ **800/633-6548** nos EUA ou 020/7262-7361. Fax 020/7706-1028. www.bw-morningtonhotel.co.uk. 66 quartos. £144-£156 (US$ 288-US$ 312) duplo. Tarifas incluem

café da manhã escandinavo e inglês. AE, DC, MC. V. Metrô: Lancaster Gate. **Conveniências**: Bar; carro de cortesia; centro de negócios; serviço de lavanderia; limpeza a seco no mesmo dia; quartos para não fumantes. *No quarto*: TV, cafeteira.

The Pavillion ★ *Dicas* Até o começo da década de 90, este era um B&B bem ordinário. Então, um time de empreendedores, com vínculos com a indústria da moda, o comprou e redecorou os quartos com temas um tanto estranhos, tornando-o um pequeno e idiossincrático hotel. O resultado é uma decoração teatral, um tanto ridícula, que é apreciada pelas muitas modelos e gente da indústria da música que fazem do hotel seu lar temporário com regularidade. Os quartos são, lamentavelmente, bem pequenos, mas cada um tem um estilo distinto. Exemplos incluem um quarto brega dos anos 70 ("Honky-Tonk Afro), um quarto bordel asiático ("Enter the Dragon") e mesmo quartos com temas velhos do século 19. Um quarto em estilo Eduardiano, uma joia de bordados esmeralda e veludo, chama-se "Green with Envy".

34-36 Sussex Gardens, Londres W2 1UL. ✆ **020/7262-0905**. Fax 020/7262-1324. www.pavillionhoteluk.com. 30 quartos. £100 (US$ 200) duplo; £120 (US$ 240) triplo. Tarifas incluem café da manhã continental. AE, MC, V. Estacionamento £10 (US$ 20). Metrô: Edgeware Rd. *No quarto*: TV, preparador de bebidas.

BARATO

Garden Court Você encontrará este hotel em uma tranquila praça ajardinada Vitoriana no coração da cidade. Duas casas particulares (datando de 1870) foram combinadas para formar um hotel bem administrado, localizado perto de atrações como Kensington Palace, Hyde Park e o Mercado de Antiguidades de Portobello. A cada ano, os quartos são redecorados e remodelados, embora um plano completo de reforma pareça estar faltando. A maioria das acomodações é espaçosa, com boa iluminação, estantes e armários de espaços generosos e móveis confortáveis. Se estiver em um quarto sem banheiro, você geralmente terá de dividir um banheiro com os ocupantes de apenas um quarto. Há muitos toques domésticos por todo o hotel, incluindo retratos familiares antigos e flores de seda. Cada quarto é confortável e decorado individualmente; é como visitar sua tia–avó. Os quartos se abrem para a praça, na frente, ou para os jardins do quintal.

30-31 Kensington Gardens Sq., Londres W2 4BG. ✆ **020/7229-2553**. Fax 020/7727-2749. www.gardencourthotel.co.uk. 34 quartos, 16 com banheiro. £76 (US$ 152) duplo sem banheiro; £118 (US$ 236) duplo com banheiro; £150 (US$ 300) triplo com banheiro; £170 (US$ 340) quarto familiar. Tarifas incluem café da manhã inglês. MC, V. Metrô: Bayswater. **Conveniências**: Lounge; lavadoras e secadoras pagas. *No quarto*: TV, secador de cabelo.

NOTTING HILL GATE

CARO

Guesthouse West ★* *Valor* No coração de Notting Hill, este B&B famoso e sofisticado ocupa uma casa Eduardiana de fachada com estuque na parte mais famosa de Westbourne Grove. Muito da atmosfera familiar da casa particular original foi mantida, e os dormitórios de tamanho médio são confortáveis, com estilo contido. Mesmo se você não for um hóspede, dê uma passada no bar no térreo, no estilo dos anos 50, criado pelos hábeis empreendedores do Woody's e do Brush Bar and Grill.

163-165 Westbourne Grove , Londres WII 2RS. ✆ **020/7792-9800**. Fax 020/7792-9797. www.guesthousewest.com. 20 quartos. £140-£185 (US$ 280-US$ 370) duplo. Tarifas incluem café da manhã. AE, MC, V. Metrô: Notting Hill Gate. **Conveniências**: Restaurante; bar; serviço de quarto; babá; quarto para não fumante. *No quarto*: A/C, TV, Wi-Fi.

MODERADO

The Main House ★★ *Dicas* Cada quarto belissimamente arrumado ocupa um andar completo desta residência Vitoriana em Notting Hill, perto de Portobello Road, os mercados de antiguidades, as galerias de arte e lojas de marca. Kensington Palace e Albert Hall podem ser alcançados a pé. Princesas russas, estrelas pop japonesas e produtores de filme de Los Angeles já descobriram o lugar. A proprietária e criadora Caroline Main é uma antiga exploradora da África, dona de um clube em Mayfair e DJ. Para mobiliar a casa, ela comprou "coisas esquisitas" em Portobello Road, escolhendo espelhos dourados, aquarelas de mulheres elegantemente vestidas dos anos 30 e antiguidades similares. O teto é muito alto, e o piso de madeira brilhante é coberto de peles de animais.

6 Colville Rd. Londres, W11 2BP. ✆ **020/7221-9691**. www.themainhouse.co.uk. 4 suítes. £130 (US$ 260) suite. MC, V. Estacionamento £2,50 (US$ 5) por hora. Metrô: Notting Hill Gate. Ônibus: 23, 27, 52, 94 ou 328. **Conveniências**: Tarifa reduzida na academia de ginástica e spa próximos; bicicletas grátis; serviço de quarto; serviço de lavanderia; limpeza a seco no dia. *No quarto*: TV, secador de cabelo, cofre, Wi-Fi.

BARATO

The Gate Hotel Este hotel é o predileto dos caçadores de antiguidades é o único em toda a extensão de Portobello Road – e por causa das rígidas restrições de zoneamento, provavelmente continuará sendo o único por muitos anos. Foi construído por volta de 1820 como acomodações para trabalhadores agrícolas das já extintas fazendas de Portobello e funciona como hotel desde 1932. Possui dois dormitórios apertados, mas aconchegantes, em cada um de seus três andares. Prepare-se para escadas inglesas *bem* íngremes. Os quartos são organizados por cores, com um pouco de estilo, e tais extras como espelhos grandes e armários embutidos. A limpeza é excelente. Especialmente intrigantes são as pinturas da parede, que mostram o mercado original Portobello: cada personagem parece ter saído diretamente de um romance de Charles Dickens. O gerente do local pode lhe direcionar para as atrações de Notting Hill Gate e da vizinha Kensington Gardens, ambas a 5 minutos de caminhada.

6 Portobello Rd., Londres, W11 3DG. ✆ **020/7221-0707**. Fax 020/7221-9128. www.gatehotel.com. 7 quartos. £80-£100 (US$ 160-US$ 200) duplo; £120-£150 (US$ 240-US$ 300) triplo. Tarifas incluem café da manhã continental (servido no quarto). AE, MC, V. Metrô: Notting Hill Gate ou Holland Park. **Conveniências**: Serviço de quarto. **No quarto**: TV, minibar, preparador de bebida, secador de cabelo, ferro de passar.

3 Onde Jantar

Em 1946, George Mikes, famoso humorista britânico nascido na Hungria, escreveu sobre a cozinha do país que o adotou: "A Europa Continental tem boa comida. A Inglaterra tem bons modos à mesa".

Muito aconteceu desde então.

Londres surgiu como uma das grandes capitais da culinária no mundo. Tanto seus chefs veteranos quanto emergentes viajaram pelo mundo para se inspirar e voltaram com pratos, sabores e ideias inovadores que os restaurantes de Londres nunca viram antes. Estes chefs estão liderando o estilo "Britânico Moderno", que é inovador, embora familiar de muitos modos.

A cozinha britânica tradicional também voltou. Os pratos com que as mamães inglesas sempre alimentaram suas famílias estão na moda de novo. Estamos falando da genuína cozinha britânica: salsichas com purê de batatas, almôndegas de Norfolk, torta de queijo caseiro. Isso pode ser uma rebelião contra o minimalismo da *nouvelle cousine* dos anos 80, mas talvez seja pura nostalgia. O molho de focinho de porco com salsa e cebola pode não ser sua ideia de cozinha moderna, mas o Simpson's-in-the-Strand serve o prato no café da manhã.

Se quiser uma refeição farta, generosa, Londres é o lugar: refúgios gourmet como o Le Gavroche e meia dúzia de outros são resenhados nas páginas que seguem. Também incluímos muitos restaurantes baratos, onde você pode jantar bem e ainda poder pagar sua hipoteca. Você descobrirá que a revolução culinária de Londres se infiltrou em cada nível da cena culinária – mesmo o pior pub entrou nos concursos culinários. Acredite no impensável: em certos pubs, é possível agora jantar melhor do que em muitos restaurantes. Em alguns, a gororoba padrão dos pubs deu lugar as refeições de estilo Britânico Moderno e Mediterrâneo; em outros, o que prevalece são os bares que servem ostras.

1. Dentro & ao Redor de The City

THE CITY

CARO

Prism ★★ BRITÂNICO MODERNO No distrito financeiro, chamado The City, esse restaurante atrai os exigentes paladares dos influentes de Londres. Harvey Nichols – conhecido por sua elegante loja de departamentos em Knightsbridge – adotou este átrio de 1920, em estilo neo-grego, e instalou cadeiras Mies van der Rohe em cromo e couro cor de batom vermelho. Neste cenário, os tradicionais pratos britânicos do norte recebem um pequeno toque – tente o tempurá de bacalhau de Whitby, ou a sopa de creme de alcachofras de Jerusalém com escalopes assados e azeite de trufas. Como entrada, você pode optar por um pequeno fígado de bezerro grelhado com risoto de cogumelos, ou experimentar uma salada de queijo parmesão temperada uma salada de repolho Savoy e presunto de Parma. O menu revela que o chef viajou muito – repare em pratos como fígado de galinha temperado ao estilo marroquino, cuscuz de limão e salsa e um picante molho de chili.

147 Leadenhall St., EC3. ✆ **020/7256-3875** Exige reservas. Pratos principais £18-£24 (US$ 36-US$ 48). AE, DC, DISC, MC, V. De segunda a sexta, das 11h30 às 15h e das 18h às 22h. Metrô: Bank ou Monument.

MODERADO

Café Spice Namaste ★★ INDIANO Este é o nosso restaurante indiano favorito em Londres, onde a competição é dura. Está alegremente abrigado em um átrio histórico Vitoriano perto da Tower Bridge, ao leste da Torre de Londres. O chef Parsi, Cyrrus Todiwala, concentra-se em pratos do norte e do sul da Índia, com uma forte influência portuguesa. Frango e cordeiro são preparados de muitas maneiras, com molho suave até bem picante. Como novidade, Todiwala ocasionalmente oferece até mesmo um menu de pratos com ema; quando marinada, a carne é saborosa, picante e evoca o sabor de cordeiro. Emas não são a única excentricidade do jantar aqui. Já tentou kebab de ostras, tikka de jacaré ou ganso, bisão ou javali moídos? Muitos clientes viajam até aqui apenas pelo complexo curry de frango conhecido como *xacutti*. Fígados e rins de cordeiro também são cozinhados no tandoor.

16 Prescot St., E1. ✆ **020/7488-9242**. Exige reservas. Pratos principais £12-£19 (US$ 24-US$ 38). AE, DC, MC, V. De segunda a sexta, do meio dia até 15h e das 18h15 às 22h30; Sábado, das 18h30 às 22h30. Metrô: Tower Hill.

Club Gascon ★★ Dicas FRANCÊS Esta porção do sudeste francês serve pratos saborosos como foie gras, Armagnac e pato açucarado. O chef Pascal Aussignac é bem famoso em Londres, mesmo antes de abrir seu bistrô perto do mercado de carnes em Smithfield. O foie gras aparece em pelo menos nove encarnações diferentes do menu, e a maioria dos ingredientes de primeira classe é importada da França. Seu menu é o único dividido nestas categorias – "The Salt Route" (A Rota do Sal), "Ocean" (Oceano) e "Kitchen Garden" (Jardim da Cozinha). O melhor modo de jantar aqui é chegar em um grupo de quatro ou cinco pessoas e dividir os pequenos pratos, cada um harmoniosamente equilibrado e cheio de sabor. Cada prato é acompanhado por uma taça de vi-

Onde Jantar em Londres

Admiral Codrington **16**
Alastair Little **34**
Assaggi **3**
Back to Basics **30**
Balans **38**
The Bengal Clipper **64**
Bibendum / The Oyster Bar **13**
Black & Blue **7**
Brown's Bar and Restaurant **46**
Bush Bar & Grill **6**
Butler's Wharf Chop House **63**
Café des Amis **49**
Café Spice Namaste **62**
Cantina Vinopolis **61**
Chuen Cheng Ku **37**
Clarke's **8**
Club Gascon **58**
The Collection **15**
Cork & Bottle Wine Bar **38**
The Cow **3**
The Criterion Brasserie **43**
Ed's Easy Diner **48**
Fox & Anchor **57**
Fung Shing **39**
Galvin **29**
The Gay Hussar **33**
The George **55**
Gordon Ramsay **10**
Gordon Ramsay at Claridge's **28**
Greens Restaurant & Oyster Bar **20**

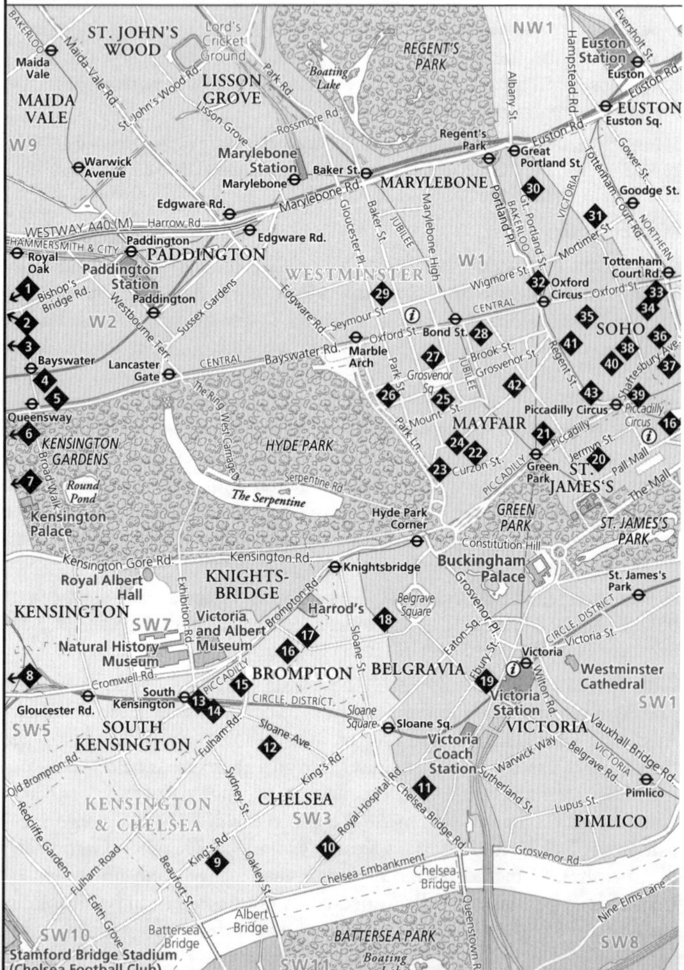

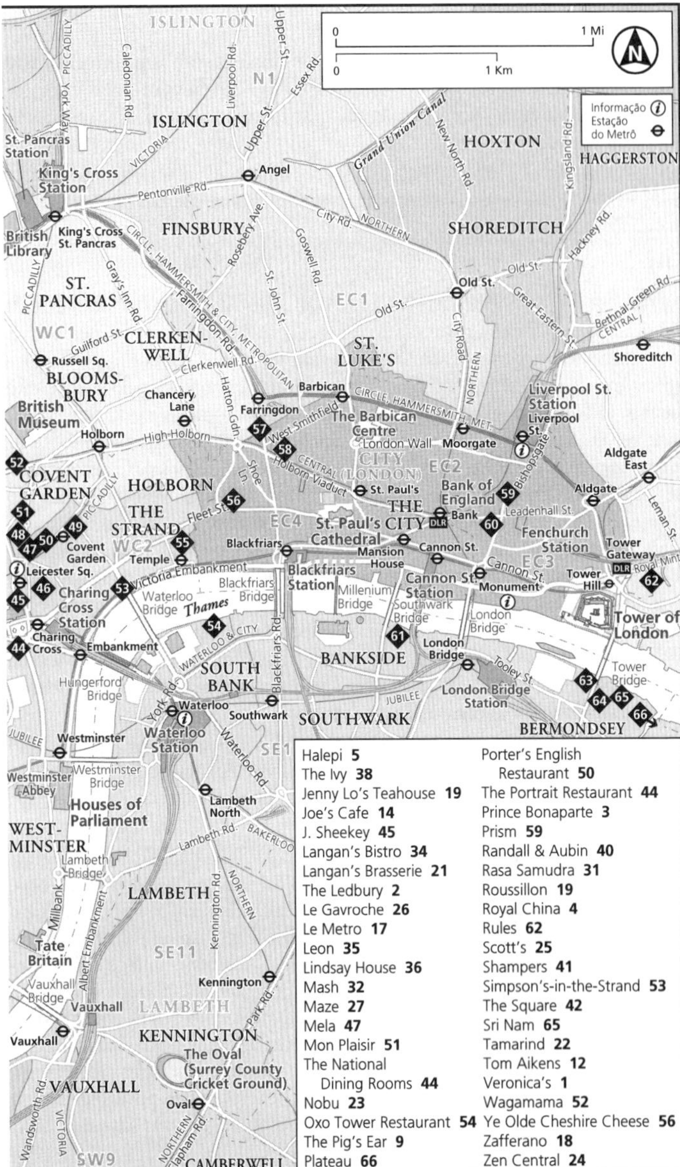

Halepi **5**
The Ivy **38**
Jenny Lo's Teahouse **19**
Joe's Cafe **14**
J. Sheekey **45**
Langan's Bistro **34**
Langan's Brasserie **21**
The Ledbury **2**
Le Gavroche **26**
Le Metro **17**
Leon **35**
Lindsay House **36**
Mash **32**
Maze **27**
Mela **47**
Mon Plaisir **51**
The National Dining Rooms **44**
Nobu **23**
Oxo Tower Restaurant **54**
The Pig's Ear **9**
Plateau **66**
Porter's English Restaurant **50**
The Portrait Restaurant **44**
Prince Bonaparte **3**
Prism **59**
Randall & Aubin **40**
Rasa Samudra **31**
Roussillon **19**
Royal China **4**
Rules **62**
Scott's **25**
Shampers **41**
Simpson's-in-the-Strand **53**
The Square **42**
Sri Nam **65**
Tamarind **22**
Tom Aikens **12**
Veronica's **1**
Wagamama **52**
Ye Olde Cheshire Cheese **56**
Zafferano **18**
Zen Central **24**

nho cuidadosamente selecionada. Depois de se deliciar com um foie gras, siga para os pratos principais, como a celestial codorna servida com peras e mel de alecrim. Um cassoulet de morácea e trufas transformam um bife simples, mas perfeitamente cozido.

57 West Smithfield, EC1. ✆ **020/7796-0600**. Exige reserva. Pratos principais £9-£20 (US$ 18-US$ 40). AE, MC, V. De segunda a sexta, do meio dia até 14h e das 19h até 22h; sábado, das 19h até 22h30. Metrô: Barbican.

BARATO

Fox and Anchor ★ *Dicas* BRITÂNICO TRADICIONAL Para o melhor café da manhã britânico, experimente este lugar, que atende aos mercadores do mercado de carne de Smithfield próximo, desde 1898. Os cafés da manhã são como de Gargântua, especialmente se você pedir o "Full House" – um prato com pelo menos oito ingredientes, incluindo linguiça, bacon, rim, ovos, feijão, torradas e geleia. Adicione um Black Velvet (champanhe com cerveja Guiness) ou as mais modernas Bucks Fizz (suco de laranja e champanhe, conhecido nos EUA como mimosa). O atendimento serve ainda um desjejum ainda maior, chamado "The Full Monty", incluindo uma Guiness. Claro, estômagos mais delicados podem preferir o salmão defumado e ovos mexidos. O Fox and Anchor é conhecido pelas suas boas cervejas inglesas, todas disponíveis para o café da manhã. Açougueiros do mercado, manchados de sangue, ainda aparecem, assim como funcionários de escritório e magnatas da City, que fizeram milhões durante a noite. Para o almoço e o jantar, a refeição é típica de pub, incluindo fish and chips (peixe com batatas fritas), torta de carne e rim e uma variedade de bifes, seguidas pelas clássicas sobremesas britânicas como o grudento pudim de caramelo ou bolo com calda de chocolate.

115 Charterhouse St., EC1. ✆ **020/7250-1300**. www.fosandanchor.co.uk. Recomenda-se reservas. Café da manhã "Full House" £6,50 (US$ 13); café da manhã "Full Monty" £11 (US$ 22). Pratos principais £6,50-£14 (US$ 13-US$ 28). AE, MC, V. De segunda a sexta, das 7h, fechamento variando entre 21h e 23h. Metrô: Barbican ou Farringdon.

Ye Olde Cheshire Cheese *Crianças* BRITÂNICO TRADICIONAL A fundação deste edifício cuidadosamente preservado foi feita no século XIII, e hoje ele abriga o mais famoso dos restaurantes especializados em costeletas e pubs. Fundado em 1667, o lugar alega ser o local onde o Dr. Samuel Johnson divertiu admiradores com seu gênio amargo. Charles Dickens e outros leões literários deram fama ao lugar. Depois, muitos jornalistas manchados de tinta e outros sensacionalistas, do século 19 e do começo do século 20, de Fleet Street, fizeram dele seu bar preferido. Você encontrará cinco bares e duas salas de jantar aqui. As especialidades da casa incluem "Ye Famous Pudding" (bife, rim, cogumelos e outras carnes) e o rosbife escocês com Yorkshire pudding (massa com ovos, farinha e leite que vai ao forno) e molho de rábano silvestre. Sanduíches, saladas e tortas de carne e rim também estão disponíveis, assim como pratos como linguado de Dover. O Cheschire é o melhor lugar para apresentar um pub inglês aos seus filhos.

Wine Office Court, 145 Fleet St., EC4. ✆ **020/7353-6170**. Pratos principais £8-£10 (US$ 16-US$ 20). AE, DC, MC, V. Refeições: de segunda a sexta, do meio dia até 22h; sábado, do meio dia até 14h30 e das 18h até 21h30h; domingo, do meio dia até 14h30. Para bebidas e salgadinhos: De segunda a sábado, das 11h até 23h; domingo, do meio dia até 18h. Metrô: St. Paul's ou Blackfriars.

DOCKLANDS

CARO

Butler's Wharf Chop House ★ BRITÂNICO TRADICIONAL Dos quatro restaurantes abrigados em Butler's Wharf (os outros restaurantes estão listados neste capítulo), este é o mais próximo da Torre de Londres. O Chop House sucedeu uma grande marina, com muita madeira exposta, flores, velas e janelas dando para a Tower Bridge e o Tâmisa. As multidões para o almoço incluem trabalhadores do distrito financeiro da cidade; as turbas noturnas são feitas de amigos jantando juntos e se divertindo. Os pratos são, principalmente, adaptações de receitas inglesas tais como fish and chips com purê de ervilhas ou pudim de carne com rim e ostras, até mesmo lombo assado de porco com molho de maçã. O bar apresenta vários vinhos ingleses, além de alguns clorets franceses em jarros.

36 E Shad Thames, SE1. ✆ **020/7403-3403**. Recomenda-se reserva. Pratos principais £14-£26 (US$ 28-US$ 52). Almoço de dois pratos com preço fixo, £22 (US$ 44); almoço de três pratos com preço fixo, £26 (US$ 52). AE, DC, MC, V. De segunda a sexta, do meio dia até 15h; sábado e domingo, do meio dia até 16h; de segunda a sábado, das 18h até 23h (das 18h às 22h de maio a outubro); domingo, das 18h às 22h. Metrô: Tower Hill ou London Bridge.

MODERADO

The Bengal Clipper ★ INDIANO Este antigo armazém de temperos, às margens do Tâmisa, serve o que chama de "os pratos mais notáveis da Índia". O restaurante é decorado com arte moderna, inspirada por retratos da Dinastia Mogul, de figuras reais, árvores altas e elefantes bem treinados. Sete janelas proporcionam vistas deslumbrantes do bairro industrializado que margeia o Tâmisa, e um pianista toca ao fundo. A cozinha inclui muitas opções vegetarianas, derivadas da antiga colônia portuguesa de Goa e da ex-colônia inglesa de Bengala. Há muito tempero e pimenta nos pratos, mas nunca em excesso. Uma especialidade saborosa é a *murgh masala*, um tenro peito de frango recheado com batatas, cebolas e damascos. Os filhotes de pato (sem ossos) vêm em um molho marcante com um toque cítrico. Um dos melhores pratos que provamos no norte da Índia é servido aqui e não perdeu nada na viagem: cordeiro marinado fervido em creme com castanhas.

Shad Thames, Butler's Wharf, SE1. ✆ **020/7357-9001**. Recomenda-se reserva. Pratos principais £9-£15 (US$ 18-US$ 30); menu fixo £10 (US$ 20), disponível de julho a abril; bufê de domingo £7,75 (US$ 16). AE, DC, MC, V. De segunda a sábado, do meio dia até 14h30 e das 18h até 23h30; domingo, do meio dia até 16h e das 18h até 23h. Metrô:Tower Hill.

CANARY WHARF

CARO

Plateau FRANCÊS O empreendedor Terence Conran obteve sucesso novamente com a abertura deste inovador restaurante em Canary Wharf, servindo a moderna cozinha francesa. O chefe proclama orgulhosamente que ele atrai tanto paladares sofisticados quanto simples – e ele o faz admiravelmente. A localização é no topo do edifício Canada Place, com uma vista panorâmica de Londres. Há duas seções de jantar diferentes, separadas por uma cozinha semiaberta. Uma é um elegante bar e grill, a outra um restaurante mais formal, cada uma com seu próprio terraço, mais dois bares e uma sala para fumantes. No bar e grill, aprecie a comida como nos anos 20 e 30, principalmente ostras nativas de Colchester, seguidas por torta de peixe de Billingsgate. A culinária mais sofisticada do restaurante principal, é um tanto suntuosa: uma terrina de foie gras com gelatina de champanhe seguida pelos pratos principais, como cozido de carne de cervo com spaetzle e repolho Savoy.

Canada Place, Canary Wharf, E14. ✆ **020/7715-7100**. Recomenda-se reservar. Pratos principais do bar e grill £11-£28 (US$ 22-US$ 56); pratos principais do restaurante £21-£30 (US$ 42-US$ 60); menus de preço fixo (apenas para o jantar) £35-£40 (US$ 70-US$ 80). AE, DC, MC, V. Bar e grill, de segunda a sábado, do meio dia até 23h, domingo do meio dia até 16h; restaurante, de segunda a sexta, do meio dia até 15h, de segunda a sábado das 18h até 22h30, domingo, do meio dia até 16h. Metrô: Canary Wharf.

MODERADO

Sri Nam ★ Dicas TAILANDÊS O célebre chef Ken Hom é o principal destaque da cozinha tailandesa em Londres, e mesmo a comunidade do país concorda que ele é o melhor. Alguns de seus segredos culinários são revelados no livro *Foolproof Thai Cookery*. Em Canary Wharf, o Sri Nam traz uma autêntica e muito temperada (leia-se: picante) cozinha para comensais que gostam de jantar à beira do Tâmisa. Há um café-bar lotado no térreo e um restaurante mais formal acima. A culinária tailandesa servida aqui é uma fusão da moderna com a tradicional, a última, em teoria, o tipo servido ao "Rei do Sião". O clássico destaque do menu é *pad thai*, uma deliciosa mistura frita de macarrão com ovos, vegetais e brotos de feijão, enfeitado com amendoins e coentros frescos. Também servido aqui (e raramente visto em outros menus de Londres) é o masaman de cordeiro, com molho de amendoins e batatas. O prato característico – e sempre bom – é o curry verde de frango tailandês com chili, leite de coco, brotos de bambu, beringelas pequenas e folhas de lima.

N. Colonnade, 10 Cabot Sq., Canary Wharf, E14. ✆ **020/7715-9515**. www.srinam.co.uk. Exige-se reservas. Pratos principais £8,50-£14 (US$ 17-US$ 28); menus de preço fixo £25-£30 (US$ 50-US$ 60). AE, DC, MC, V. De segunda a sexta, do meio dia até 15h e das 17h às 23h. Metrô: Canary Wharf.

SOUTH BANK

CARO

Oxo Tower Restaurant ★ INTERNACIONAL No complexo South Bank, no oitavo andar do Art Deco Oxo Tower Wharf, você encontrará este restaurante que é uma sensação. Descendo a rua a partir do reconstruído Globe Theatre, este restaurante com capacidade para 140 pessoas, pode ser visitado apenas pela sua vista, mas a cozinha também é estelar. Você apreciará uma deslumbrante vista da St. Paul's Cathedral e da City, todo o caminho até o Parlamento. A decoração é do estilo elegante dos anos 30. A cozinha, sob a direção do Chef David Sharland, é saborosa e preparada com fineza. Os pratos do menu mudam de acordo com a temporada e o mercado. Conte com uma moderna interpretação da cozinha britânica, assim como da dos clássicos ingleses. O peixe é inacreditavelmente fresco. O peixe de água salgada para dois é deleitável, assim como a alcatra de cordeiro assada com ervilhas quebradas, purê de hortelã e molho de vinage balsâmico. Ficamos impressionados com o filé de linguado assado com azeite e creme de repolho e trufas, e com a rolinha assada com repolho na manteiga e molho de foie-gras.

22 Barge House St. South Bank SE1. ✆ **020/7803-3888**. Pratos principais £19-£28 (US$ 38-US$ 56). Almoço com 3 pratos a preço fixo £32 (US$ 64). AE, DC, MC, V. De segunda a sábado, do meio dia às 14h30 e das 18h às 23h; domingo, do meio dia às 15h e das 18h30 às 22h. Metrô: Blackfriars ou Waterloo.

MODERADO

Cantina Vinopolis ★ *Dicas* CONTINENTAL Não muito longe do refeito Globe Theatre, onde Shakespeare viveu seu auge, este lugar tem sido chamado de "Uma Caminhada pelo Mapa do Vinho". Na área revitalizada de Bankside, ao sul do Tâmisa, perto da Southwark Cathedral, esta brasserie de tijolos aparentes, muros e teto alto foi convertida a partir dos arcos de uma estrada de ferro Vitoriana, há muito abandonados. Embora muitos venham aqui apenas para beber vinho, a comida é preparada com ingredientes de qualidade (bem frescos) e o menu tem preços razoáveis. Comece com um pouco do céu, como a sopa de ervilhas com presunto. Os pratos têm muito sabor e nunca passam do ponto. O caranho frito na frigideira, com purê de batatas frescas e molho verde nos conquistou. A alcatra de cordeiro estava macia e perfeitamente temperada e servida com torta de polenta. Muitos pratos têm o bom sabor regional de uma trattoria que você encontraria no interior do sul da Itália. Naturalmente, a carta de vinhos é a maior do Reino Unido.

1 Bank End, London Bridge, SE1. ✆ **020/7940-8333**. Exige reservas. Pratos principais £13-£23 (US$ 26-US$ 46). Menu de 3 pratos com preço fixo £32 (US$ 64). AE,DC, MC, V. De segunda a sábado, do meio dia às 15h e das 16h às 22h30; domingo, do meio dia às 16h. Metrô: London Bridge.

2. The West End

BLOOMSBURY

MODERADO

Back to Basics ★★ FRUTOS DO MAR O bistrô de Ursula Higgs atrai paladares exigentes, em busca dos frutos do mar mais frescos de Londres. O peixe é servido em grandes porções, e você pode abdicar da entrada, a menos que esteja faminto. Mais de uma dúzia de pratos com frutos do mar são oferecidos; o peixe pode ser tostado, grelhado, assado ou escaldado, mas frituras não são permitidas. Em outras palavras, não há fish and chips (peixe com fritas). Comece com uma tigela de mexilhões fartos e saborosos, ou peixe temperado com manjericão fresco e azeite de chili. O brill aparece com manteiga de pimenta em grão verde e o linguado é espargido com gengibre fresco e molho de soja. Para os que amam carne, há bisteca ou frango assado. Experimente também as massas e os pratos vegetarianos. Saladas frescas acompanham a maior parte das refeições, e uma excelente sopa de peixe é oferecida diariamente. Para a sobremesa, experimente o pudim de pão ou a torta de maçã frescas. Quando o tempo estiver bom, você pode jantar ao ar livre.

21A Foley St., W1. ✆ **020/7436-2181**. Recomenda-se reservar. Pratos principais £11-£17 (US$ 22-US$ 34). AE, DC, MC, V. Domingo a sábado, do meio dia às 15h, e das 18h às 22h30. Metrô: Oxford Circus ou Goodge St.

BARATO

Wagamama JAPONÊS Este restaurante de macarrão, em um porão perto da New Oxford Street, é barulhento e lotado, e você terá de pegar fila para obter uma mesa. Ele se chama de "estação culinária sem destino" e atrai cerca de 1.200 clientes por dia. Muitos pratos são elaborados a partir de ramen, com a sua opção de frango, carne ou salmão. Experimente o saboroso *gyoza*, pastéis leves com recheio de vegetais ou frango. Pratos vegetarianos estão disponíveis, mas dispense os pratos chamados "ao estilo coreano".

4 Streatham St., WC1. ✆ **020/7323-9223**. Não aceita reservas. Pratos principais £7-£11 (US$ 14-US$ 22). AE, MC, V. De segunda a sábado, do meio dia às 23h; domingo, do meio dia às 22h. Metrô: Tottenham Court Rd.

COVENT GARDEN & THE STRAND

Os restaurantes dentro e ao redor de Covent Garden e the Strand são as escolhas mais convenientes quando estiver nos teatros do West End.

CARO

Rules ★ BRITÂNICO TRADICIONAL O mais velho restaurante de Londres foi fundado em 1798 como um bar de ostras; as salas Eduardianas, cheias de chifres, exalam nostalgia. Você pode pedir pratos clássicos, como ostras irlandesas ou escocesas, lebre cozida e mexilhões. Pratos à base de carne e peixe são oferecidos a partir do meio de agosto até fevereiro ou março, incluindo salmão selvagem escocês, truta de alto mar; veado selvagem de Highland; e pássaros como tetraz, narceja, perdiz, faisão e galinhola. Para o final, os "grandes pudins" continuam a impressionar.

35 Maiden Lane, WC2. ✆ **020/7836-5314**. Recomenda-se reservar. Pratos principais £17-£30 (US$ 34-US$ 60). AE, DC, MC, V. De segunda a sábado, do meio dia às 23h30; domingo, do meio dia às 22h30. Metrô: Covent Garden.

Simpson's-in-the-Strand ★★ *Crianças* TRADICIONAL E MODERNO BRITÂNICO O Simpson é mais uma instituição do que um restaurante. Há muito um predileto das famílias, com muitas mesas grandes, está no negócio desde 1828, e como resultado de uma reforma de £ 2 milhões (US$ 4 milhões), agora está melhor do que nunca. Um exército de garçons altamente formais (para quem nouvelle cousine significa alguma coisa depois de Henrique VIII) serve tradicionais receitas inglesas. Os donos não gostam da palavra "menu" – "muito francês". O cardápio é chamado de "lista de pratos". A maioria dos comensais concorda que o Simpson's serve os melhores assados de Londres, uma lista que inclui lombo de boi assado; costela de carneiro assada com gelatina de groselha; pato de Aylesbury assado e torta de carne, rim e cogumelos.

100 the Strand (perto do Hotel Savoy), WC2. ✆ ***020/7836-9112***. Exige reserva. Pratos principais £22-£30 (US$44-US$ 60). Jantar antes do teatro de 3 pratos com preço fixo, £16-£20 (US$ 32- US$ 40); café da manhã a partir de £16 (US$ 32). AE, DC, MC, V. De segunda a sexta, das 7h15-10h30; de segunda a sexta, das 12h15 às 14h45 e das 17h45 até 22h45; domingo, do meio dia às 14h45 e das 17h45 até 21h. Metrô: Charing Cross ou Embankment.

MODERADO

Café des Amis FRANCÊS Por mais de meio século, o Café des Amis esteve entretendo frequentadores de teatro com bebidas duplas em seu bar e boa cozinha da Gália em seu restaurante. Com atendimento por garçons franceses e sofisticada decoração Continental, ele traz um toque de Paris ao coração de Londres. Há pratos tradicionais e modernos, com calorias reduzidas desde os dias do Escoffier. A carta de vinhos franceses é uma das melhores em Covent Garden. O café é uma boa escolha para uma refeição antes ou depois do teatro, ou um jantar romântico se não for a um musical ou a uma peça. O menu não é completamente convencional. Há toques modernos também, tais como soupe au chocolat com sorvete de pimenta do reino. Você pode começar com sopa francesa de cebolas ou bisque de frutos do mar, talvez vieiras tostadas com chorizo e avelãs assadas. Entre os principais que saboreamos está o peixe assado com vinagrete com mariscos e carneiro assado temperado com canela e cravo-da-Índia. As sobremesas são mais inglesas do que francesas, tais como ruibarbo de Yorkshire escaldado temperado com gengibre e servido com creme de ovos.

11-14 Hannover Place (perto de Long Acre), WC2. ✆ **020/7379-3444**. www.cafedesamis.co.uk. Recomenda-se reservar. Pratos principais £15-£22 (US$ 30-US$ 44); menus de preço fixo £15 (US$ 30) para 2 pratos, £17 (US$ 34) para 3 pratos. AE, DC, MC, V. Diariamente, das 11h30 às 1h. Metrô: Covent Garden.

Mon Plaisir *Valor* FRANCÊS Servindo a fina culinária francesa por mais de meio século, o Mon Plaisir é o mais antigo restaurante francês de Londres. É tão autêntico, que seu bar com teto de peltre já decorou agraciou o lounge de um bordel de Lyon. O menu vagueia pela nostalgia, com seus *classiques*, mas foi também modernizado. Seu menu de preço fixo pré-teatro tem um dos melhores custos-benefícios do The West End. Patas de porco recheadas de foie gras e langostins evocam os velhos mercados de Les Halles, em Paris. Claro, há os escargots com alho e uma sopa de cebola tradicional francesa. Os pratos com peixe são frescos e tentadores, incluindo coquilles Saint-Jacques (escalopes). Um delicioso coq au vin, outro clássico, é cozinhado em burgundy. Para sobremesa, por que não o brioche frito com pêra escaldada e – veja isso – sorvete de cerveja?

21 Monmouth St., WC2. ✆ **020/7836-7243**. www.monplaisir.co.uk. Recomenda-se reservar. Pratos principais £15-£24 (US$ 30-US$ 48); menu pré-teatro £14-£16 (US$ 28-US$ 32). AE, DC, MC, V. De segunda a sexta, do meio dia às 14h15; de segunda a sábado, das 17h50 às 23h15. Metrô: Covent Garden.

Porters English Restaurant ★★ *Crianças* TRADICIONAL BRITÂNICO O sétimo Conde de Bradford serve "a verdadeira cozinha inglesa a preços razoáveis". E ele consegue notavelmente – e não apenas porque Lady Bradford lhe entregou sua receita, cuidadosamente guardada, de pudim de banana com gengibre no vapor. Este restaurante confortável, de dois andares, é familiar, informal e vibrante. O Porters é especializado em tortas inglesas, incluindo a Old English, uma torta de peixe, carneiro, damascos, e, claro, salsichas e purê. O prato predileto é bife acompanhado de uma Guiness e torta de cogumelos. Os pratos principais são tão generosos – e acompanhados por vegetais e pratos secundários – que dificilmente você precisará de entradas. Também adicionaram receitas inglesas na grelha ao menu, com bifes de lombo e cordeiro, além de frango marinado. O Porters é famoso por seus pudins de dar água na boca. Onde você pode encontrar um bom pudim de frutas secas hoje em dia? É um pão de ló cozido no vapor com passas. Outro favorito é um pudim de lascas de chocolate feito com pão de ló de chocolate no vapor, lascas de chocolate e creme de ovos. Até o sorvete é feito no local.

17 Henrietta St., WC2. ✆ **020/7836-6466**. Recomenda-se reservar. Pratos principais £11-£17 (US$ 22-US$ 34); almoço de preço fixo e menu pré-teatro £12 (US$ 24); menu de preço

fixo £23 (US$ 46). AE, MC, V. De segunda a sábado, do meio dia às 23h30; domingo, do meio dia às 22h30. Metrô: Covent Garden ou Leicester Sq.

BARATO

The George TRADICIONAL BRITÂNICO Embora a fachada composta de madeira do The George faça você acreditar que ele é mais velho do que realmente é, este pub está funcionando *apenas* desde 1723, quando foi construído como uma cafeteria. Localizado na Strand, na parte baixa da Fleet Street, de frente à Royal Courts of Justice, o George é um favorito dos advogados, de seus clientes e do punhado de jornalistas que não se mudaram para as outras partes de Londres. Como parte de sua ilustre história, foi no pub que as cartas de Samuel Johnson foram entregues e Oliver Goldsmith apreciou muitos barris do que, mais tarde, se tornou, a cerveja Bass. Hoje, pouco desse cenário mudou, pois muito da arquitetura original ainda está intacta. Pratos quentes e frios, incluindo salsichas com purê, fish and chips, torta de carne com rim e lasanha, são servidos em um balcão ao fundo do pub. Outros pratos principais incluem linguiças de Cumberland com purê de batatas e molho de carne com cebola roxa ou frango a Parmigiana. Dizem que um cavaleiro sem cabeça assombra o porão, onde ele apreciava sua bebida em dias antigamente (e com cabeça). Embora o lugar feche tarde (veja abaixo), a comida é servida de fato de segunda a quinta, das 11h às 15h, sexta e sábado do meio dia às 21h e no domingo, do meio dia às 18h30.

213 the Strand, WC2. ✆ **0871/223-3136**. Não é necessário reservar. Pratos principais £6,95-£9,95 (US$ 14-US$ 20). AE, MC, V. De segunda a quinta, das 11h às 23h30; sexta e sábado, do meio dia a meia noite; domingo, do meio dia até 19h. Metrô: Temple.

PICCADILLY CIRCUS & LEICESTER SQUARE

Piccadilly Circus e Leicester Square ficam em frente aos teatros do West End. Todas as escolhas abaixo (juntamente com aquelas nas seções "Covent Garden & the Strand" e "Soho") são bons candidatos a jantares antes ou depois de um show..

CARO

Fung Shing ★★ CANTONÊS Em uma cidade onde a competição é dura, Fung Shing é o melhor restaurante cantonês. Bem estabelecido como uma referência culinária, ele joga com pratos clássicos e novos. Procure os pratos especiais da temporada. Alguns pratos podem ser um pouco experimentais – principalmente o leite fresco frito misturado com claras de ovo mexidas – mas você se sentirá bem em casa com o caranguejo de casca mole sautée em massa leve, e servido com pequenos anéis de chili picante e alho muito frito. Os gourmet chineses vêm aqui por causa dos intestinos fritos; você pode preferir o caldeirão de pato cozido com inhame. Ao peixe picante e o frango crocante frito são escolhas dignas. Há mais de 150 pratos para escolher e a maioria tem preço moderado.

15 Lisle St., WC2. ✆ **020/7437-1539**. Exige reservas. Pratos principais £8-£26 (US$ 16-US$ 52). AE, DC, MC, V. Diariamente do meio dia até 23h30. Metrô: Leicester Sq.

The Ivy ★★ MODERNO BRITÂNICO/INTERNACIONAL Efervescente e sofisticado, o Ivy é a escolha para jantar das grandes estrelas dos palcos desde que abriu, em 1911. Com seu consequente ar dos anos 30, este lugar é divertido e reproduz a energia da cena do glamour londrino. A cozinha tem um forte gosto por ingredientes frescos e um talento para o preparo. Algumas entradas podem ser exageradas, como a salada de coelho selvagem com Black pudding, enquanto outras são mais chamativas, como o frango Bang Bang. O pato crocante e a salada de agrião é outra especialidade. Por anos, o bife Dover, de quase 400 gramas é apreciado por celebridades e imitadores, igualmente. Os pratos principais levam o peixe do dia assado na brasa, e os carnívoros optam pelos os rins de vitela a sautée ou o escalope de vitela Holstein. O hambúrguer do Ivy continua a aparecer no menu.

1-5 west St., WC2. ✆ **020/7836-4751**. Exige-se reservas. Pratos principais £8-£40 (US$ 16-US$ 80); de sábado a domingo, almoço de preço fixo £27 (US$ 54). AE, DC, MC, V. De segunda a sábado, do meio dia às 15h; domingo, do meio dia às 15h30; diariamente, das 17h30 a meia noite (último pedido). Metrô: Leicester Sq.

J. Sheekey ★ FRUTOS DO MAR A tradição culinária inglesa está viva neste lugar de peixes, há muito tempo um favorito dos atores do West End. As enguias com gelatina, que deliciaram Laurence Olivier e Vivien Leigh ainda estão por aqui, junto com uma variedade de ostras frescas, do litoral da Irlanda e da Britânia, além do prato favorito da era Vitoriana, o peixe frito. A torta de peixe do Sheekey ainda está no menu, assim como o bife Dover. O velho purê de ervilhas ainda aparece, mas os chefs também oferecem coisas como a beterraba orgânica salgada no vapor. Escolha os pratos tradicionais ou os especiais, baseados na pescada fresca do dia.

28-32 St. Martin's Court, WC2. ✆ **020/7240-2565**. Recomenda-se reservar. Pratos principais £10-£36 (US$ 20-US$ 72). AE, DC, MC, V. De segunda a sábado, do meio dia às 15h e das 17h30 a meia noite; domingo, do meio dia às 15h30 e das 18 até meia noite. Metrô: Leicester Sq.

MODERADO

Randall & Aubin ★ Dicas FRUTOS DO MAR Depois das seis butiques do Soho, você encontrará essa verdadeira descoberta, cujo consultor é o Chef de TV Ed Baines, um ex-modelo da Armani que transformou seu açougue em um bar de champanhe e ostras badalado e bem frequentado. É um lugar ideal para levar um namorado ou namorada a uma refeição tipo *Sex and the City* com um pouco de champanhe ou vinho. Aqui, você nunca será apressado. A impressionante demonstração dos frutos do mar que serão servidos à noite é a "isca" para atrair os clientes para dentro. Muito provavelmente você não se desapontará. Ostras de Loch Fyne, lagosta com batatas fritas, escalopes frescos fritos – o desfile de frutos do mar que provamos foi, em todos os casos, verdadeiramente excelente. A *soupe de Poisson* (sopa de peixe) é a melhor do Soho, ou também você pode preferir as entradas, tais como as deliciosas tortas de peixe, ao estilo japonês, ou caranguejo Cornish fresco. Para quem come apenas carne, um tipo raro, há uma variedade limitada de pratos, tais como o frango perfeitamente assado no espeto, temperado com ervas frescas.

16 Brewer St., W1. ✆ **020/7287-4447**. Reservas não são aceitas. Pratos principais £8-£12 (US$ 16-US$ 24). AE, DC, MC, V. Diariamente, das 10h às 23h. Metrô: Piccadilly Circus ou Leicester Sq.

BARATO

Brown's Bar and Restaurant Covent Garden CONTINENTAL/ BRITÂNICO TRADICIONAL A decoração deste restaurante popular é remanescente de uma brasserie Eduardiana, com espelhos, ornamentos em madeira escura e paredes cor de creme. Os garçons são atenciosos, bastante ocupados e têm bom humor. O mais surpreendente neste restaurante é seu tamanho. É um labirinto cavernoso de mesas, complementado por um bar onde os clientes (geralmente solteiros) tendem a ser bonitos, afortunados e dispostos a conversar. Sem nunca se erguer à grandeza, os pratos são bem preparados e muito gostosos, especialmente o frango assado na brasa com presunto defumado, queijo Taleggio derretido e molho holandês, e o salmão com uma camada crocante de ervas e mostarda. A perna de carneiro à casserole é outro bom prato, servida em um molho de cerveja, ou peça o peixe típico da região, *lemon sole*, em um molho de manteiga derretida.

82-84 St. Martin's Lane, WC2. ✆ **020/7497-5050**. www.browns-restaurants.com. Não é preciso reservar. Menu pré-teatro com 2 pratos de preço fixo £13 (US$ 26), disponível das 16h às 18h30 de segunda a sábado; pratos principais £8,50-£22 (US$ 17-US$ 44). AE, DC, MC, V. Segunda a quarta, das 9h às 23h; quinta e sexta, das 9h às 23h30; sábado, das 10h às 23h30; domingo, das 10h às 22h30. Metrô: Leicester Sq.

Cork & Bottle Wine Bar ★★ *Valor* INTERNACIONAL Don Hewitson, um conhecedor de bons vinhos há mais de 30 anos, gerencia este tesouro de abençoada fermentação. A carta de vinhos, em constante renovação, apresenta uma excelente seleção de Beaujolais Crus da Alsácia, 30 seleções da Austrália, 30 champanhes e uma boa seleção de rótulos da Califórnia. Se quiser algo para acompanhar, o prato mais famoso é a torta de presunto e queijo, com um recheio semelhante a cream cheese e uma massa crocante bem amanteigada – diferentemente do quiche tradicional. Há também uma salada de frango com maçã, black pudding, camarões do Mediterrâneo com alho e aspargos e uma porção de asas de galinha tailandesas.

44-46 Cranbourn St., WC2. ✆ **020/7734-7807**. Reservas não serão aceitas após 18h30. Menu de preço fixo £11-£14 (US$ 22-US$ 28); pratos principais £8-£13 (US$ 16-US$ 26). AE, DC, MC, V. De segunda a sábado, das 11h às 23h30; domingo, do meio dia às 22h30. Metrô: Leicester Sq.

SOHO

Os restaurantes do Soho estão convenientemente localizados para aqueles que querem jantar rapidamente antes de passar a noite nos teatros do West End.

MUITO CARO

Lindsay House ★★ BRITÂNICO MODERNO O chef irlandês Richard Corrigan é um de nossos eternos favoritos em Londres. Como em um velho local que burlava a proibição de venda de bebidas alcoólicas, é preciso tocar a campainha para entrar em uma residência no estilo da Regência no centro do Soho. Corrigan é um dos chefs mais inventivos em Londres, com pratos criativos que mudam diariamente, de acordo com a disponibilidade do mercado. O que inspira Corrigan no mercado é o que terminará em seu prato à noite. Você pode começar com enguia defumada e uma terrina de foie gras, ou pernas de rã crocantes e agrião. Para seu prato principal, espere delícias como lombo de coelho assado e recheado com chorizo, ou patas de porco recheadas com pâncreas e moráceas. As sobremesas também são uma agradável surpresa, incluindo a torta irlandesa de maçã com creme de malte ou um suflê de lima com Mascarpone.

21 Romilly St., W1. ✆ **020/7439-0450**. Recomenda-se reservar. Almoço com 3 pratos £56 (US$ 112); menu de degustação com vinho £68 (US$ 136). AE, DC, MC, V. De segunda a sexta, do meio dia às 14h30; de segunda à sábado, das 18h às 23h. Metrô: Leicester Sq.

CARO

Alastair Little ★ CONTINENTAL/BRITÂNICO MODERNO Em uma casa de tijolinhos de 1830, este restaurante informal e aconchegante é um lugar agradável para apreciar um almoço ou jantar bem preparado. Alguns críticos alegam que Alastair Little é o melhor chef em Londres, mas ultimamente ele foi soterrado por uma avalanche de novos talentos. Na verdade, Little não fica muito tempo aqui; a talentosa Sue Lewis é a responsável, geralmente. O estilo é europeu moderno com uma queda para a cozinha italiana. O menu muda diariamente. As entradas são sempre sedutoras, incluindo a pêra assada e salada de queijo Pecorino ou sopa de castanha toscana com azeite Capezzena. Os pratos principais mostram habilidade e uso sábio de ingredientes recém-chegados do mercado, como vemos em por pratos como peito assado e perna à casserole de faisão com raiz de beterraba e salsão assado ou a alcatra de cordeiro com alcachofra e feijões franceses. O bacalhau assado vem com molho de mexilhão e é muito delicioso.

49 Frith St., W1. ✆ **020/7734-5183**. Recomenda-se reservar. Jantar de 3 pratos com preço fixo £40 (US$ 80); almoço de 3 pratos com preço fixo £30 (US$ 60). AE, DC, MC, V. Segunda a sexta, da meia noite às 15h; de segunda a sábado, das 18h às 23h30. Metrô: Leicester Sq. ou Tottenham Court Rd.

MODERADO

Annex 3 ★ FRANCÊS Se você estiver saindo com Beyoncé ou Scarlet Johansson, você pode levar uma das duas para este ponto de encontro kitsch (brega), porém elegante, para coquetéis caprichados e sofisticados e uma culinária francesa bem preparada. Um cliente chamou a decoração de um "show de Natal psicodélico", mas a comida, preparada com ingredientes frescos de mercado, é de primeira linha, incluindo entradas como terrina caseira com repolho roxo picado, ou salada de chicória e folhas verdes com molho Roquefort. Produtos excepcionais e uma técnica bem apurada são evidentes em pratos como truta em erva-doce à casserole, ou peito de pato grelhado com lentilhas e molho de laranja. Para a sobremesa, poucos itens superam o parfait de chocolate amargo com creme de chocolate branco. A localização é no fim do Soho.

16 Little Portland St., W1. ✆ **020/7631-0700**. Exige reservas. 2 pratos por £25 (US$ 50); 3 pratos por £29 (US$ 58). AE, MC, V. De segunda a sábado, das 19h a meia noite. Metrô: Tottencourt Rd.

Chuen Cheng Ku ★ CHINÊS Este é um dos melhores lugares em New China, no Soho. Chuen Cheng Ku possui o maior cardápio cantonês na cidade. As especialidades incluem camarões envoltos em papel, arroz em folhas de lótus, costeletas cozidas ao vapor com molho de feijão preto e carne de porco moída com castanhas - todos servidos em generosas porções. Outros pratos de destaque incluem lagosta com gengibre e cebolinha, pato fatiado com chili e molho de feijão preto e macarrão de Cingapura (noodles finos e saborosos, misturados com curry e carne de porco ou com camarão e pimenta do reino e vermelha). O Dim sum (espécie de chá chinês, com acompanhamento de vários pratos) é servido das 11h às 18h. Devemos observar, porém, que o padrão do serviço caiu ao longo dos anos.

17 Wardour St., W1. ✆ **020/7734-3281**. www.chuenchengku.co.uk. Recomenda-se reservar para as tardes de sábado e domingo. Pratos principais £7,80-£16 (US$ 16-US$ 32); menus de preço fixo £9,80-£23 (US$ 20-US$ 46). AE, DC, MC, V. De segunda a sábado, das 11h às 23h45; domingo, das 11h às 23h15; Fecha nos dias 24 e 25 de dezembro. Metrô: Piccadilly Circus ou Leicester Sq.

The Criterion Brasserie ★ FRANCÊS/BRITÂNICO MODERNO Desenhado por Thomas Verity na década de 1870, este palácio de mármore espelhado neo Bizantino é um glamouroso pano de fundo para uma cozinha excelente, servida sob um teto dourado, com cortinas teatrais cor azul-pavão. O menu é abrangente, oferecendo tudo, desde refeições de uma brasserie em Paris até "nouvelle-classical", uma combinação de técnicas culinárias clássicas francesas com algumas das mais leves e experimentais inclinações da cozinha francesa moderna. A comida é excelente, mas não chega a ser sublime. Comece com carpaccio de carne com molho de mostarda ou espaguete com mariscos e chili, a ser seguido por peixes de água salgada com fondue de frutos do mar ou leitão assado com molho de maçã.

224 Piccadilly, W1. ✆ **020/7930-0488**. Pratos principais £16-£25 (US$ 32-US$ 50); almoço de 2 pratos a preço fixo £15 (US$ 30); almoço de 3 pratos a preço fixo £18 (US$ 36). AE, MC, V. De segunda a sábado, do meio dia às 14h30 e das 17h30 às 23h30; domingo, do meio dia às 15h30 e das 17h30 às 22h30. Metrô: Piccadilly Circus.

The Gay Hussar ★ HÚNGARO Este é ainda o melhor restaurante húngaro do mundo? É o que alguns dizem. Não poderemos concordar até conhecermos todos os restaurantes húngaros do mundo, mas estamos certos de que o Gay Hussar está entre os melhores. Desde 1953, tem sido um lugar íntimo com a autêntica cozinha, uma clientela leal de políticos e um grande número de fãs internacionais, especialmente entre os turistas húngaros. Comece com a sopa fria de cerejas frescas ou o salame misto húngaro. Os robustos pratos principais incluem repolho recheado com vitela moída e arroz, meio frango perfeitamente feito com molho de páprica suave e salada de pepino e macarrão, pato assado com repolho vermelho e batatas com cominho e, claro, goulash de vitela com almôndegas de ovo. Espere por porções gigantescas. Para a sobremesa, vá de strudel com semente de papoula ou panquecas de noz.

2 Greek St., W1. ✆ **020/7437-0973**. www.gayhussar.co.uk. Recomenda-se reservar. Pratos principais £9,50-£17 (US$ 19-US$ 34); almoço de 2 pratos a preço fixo £17 (US$ 34); almoço de 3 pratos a preço fixo £19 (US$ 38). AE, DC, MC, V. De segunda a sábado, das 12h15 às 14h30 e das 17h30 às 22h45. Metrô: Tottenham Court Rd.

Mela ★ Valor INDIANO Gourmets sérios sabem que você será servido com uma das melhores cozinhas indianas neste endereço. O *London Evening Standard* considerou este o melhor restaurante indiano no Reino Unido em 2004, e ele é tão bom agora quanto era antes. Espere por aromas robustos e sabores naturais. O pato apimentado e temperado com cebolinhas, gengibre e coentro evocou alguns dos melhores jantares nativos da Índia. A berinjela veio recheada com carne de carneiro moída e apimentada e estava excelente, assim como o peixe inteiro do dia em uma marinada picante temperada com açafrão e cozido em forno à lenha. A cozinha Tawa (que na Índia é comida de rua, cozinhada em um prato quente) é uma especialidade. No Mela, as carnes frescas e os outros ingredientes são cozinhados diretamente em um prato quente. Busque pelo prato Tawa do dia, especial do chef, talvez grandes camarões cozinhados com cebolas e tomates frescos. Deixe espaço para uma das sobremesas especiais.

152-156 Shaftesbury Ave., WC2. ✆ **020/7836-8635.** www.melarestaurant.co.uk. Exige reservas. Pratos principais £5,95-£22 (US$ 12-US$ 44); refeição de 3 pratos a preço fixo disponível antes das 19h £11 (US$ 22). AE, MC, V. De segunda a quinta, do meio dia às 23h30; sexta, do meio dia às 23h45; sábado, das 13h às 23h45; domingo, do meio dia às 22h30. Metrô: Tottenham Court Rd. ou Leicester Sq.

Rasa Samudra ★ Valor INDIANO Este destaque oferece a melhor cozinha do sul da Índia na cidade, e todos os pratos são baseados em peixe ou vegetais – nada de carne vermelha. O Rasa Samudra apresenta a culinária do estado sulista de Kerala, concentrando-se em especialidades do mar. A mãe do proprietário Das Ssreedgaran treinou todos os chefs, e os resultados são deleitáveis. Experimente o *malslam pattichathu* (lambris cozidos em temperos frescos, com chili verde e pasta de coco), *para konju nirachathu* (lagosta cozida com pimenta do reino, alho e chalota indiana, servida com limão e curry de raiz de beterraba), *masala dosa* (arroz fino e panquecas de grão preto recheadas de batata e gengibre masala) e *moru kachlathu* (bananas verdes e mangas cozidas em molho de iogurte com açafrão e cebola). O Rasa também oferece muitas entradas, acompanhamentos, pão, arroz e sobremesas. A maioria dos pratos está na ponta mais baixa da escala de preços.

5 Charlotte St., W1. ✆ **020/7637-0222**. www.rasarestaurants.com. Exige reservas. Pratos principais £5,25-£13 (US$ 11-US$ 26); jantar a preço fixo £23-£30 (US$ 46-US$ 60). AE, DC, MC, V. De segunda a sábado, do meio dia às 15h e das 18h às 23h; domingo, das 18h às 23h. Metrô: Tottenham Court Rd.

Shampers CONTINENTAL Este é o favorito dos aficionados pelos bares de vinhos do West End. Além do bar de vinhos, no nível da rua, servindo aperitivos, há um restaurante mais formal no porão. Em cada um deles, você pode pedir tanto pratos principais, como fígado de bezerro grelhado com bacon, chips e salada; grandes camarões fritos na frigideira com gengibre, alho e chili; e porções de queijos. As saladas são populares, incluindo salada de berinjela grelhada com tomate, abacate, mussarela de búfala e pesto: e salada picante de frango. A porção de mexilhões irlandeses cozidos em um molho de creme com estragão é a predileta de todos. O bar de vinhos também serve um amplo menu, oferecendo lula fresca, postas de atum, camarões grandes fritos em frigideira, muitos tipos de frango e outras saborosas especialidades. Há também um menu de pratos especiais diariamente.

4 Kingly St. (entre ruas Carnaby e Regent), W1. ✆ **020/7437-1692**. Recomenda-se reservar. Pratos principais £9-£15 (US$ 18-US$ 30). AE, DC, MC, V. Restaurante de segunda a sábado, do meio dia às 23h. Bar de vinhos de segunda a sábado, do meio dia às 23h. Fechado de 24 de dezembro até 2 de janeiro. Metrô: Oxford Circus ou Piccadilly Circus.

BARATO

Balans BRITÂNICO MODERNO Em uma das ruas mais simpáticas aos gays de Londres, Old Compton Street, o Balans é o mais conhecido restaurante gay da cidade e tem sido assim desde sua inauguração, em 1993. Alguns fãs ardorosos fazem todas as suas refeições aqui. Suas amplas horas de funcionamento são quase sem igual em Londres. Embora a comida seja considerada "britânica", é uma cozinha eclética, com empréstimos livremente de qualquer cozinha que o chef escolher, desde o Sudeste Asiático até a América. Para começar, experimente a salada de pato defumado com ovos de codorna ou escalopes tostados com couve flor gratinada com queijo. As tentações dos pratos principais incluem ravióli de abóbora em chalotas e molho de trufa ou postas de peixe espada com arroz e feijão preto em um molho de lima e coentro. O pernil de cordeiro é um saboroso prato, temperado com alho e alecrim. O Balans tem uma atmosfera de pub festivo e é um bom lugar para conhecer pessoas.

60 Old Compton St., W1. ✆ **020/7439-2183**. www.balans.co.uk. Recomenda-se reservar. Pratos principais £8,95-£17 (US$ 18-US$ 34). AE, MC, V. De segunda a quinta, das 8h às 5h; sexta e sábado, das 8h às 6h; domingo, das 8h às 2h. Metrô: Piccadilly Circus ou Leicester Sq.

Ed's Easy Diner NORTE-AMERICANO Esta é uma das quatro casas deste popular restaurante retrô norte-americano. É o tipo de lugar que Michael J. Fox poderia entrar em "De Volta para o Futuro". Apresentando rocks dos anos 50 e 60 na jukebox, um balcão em formato de ferradura com a cozinha no meio, e um atendimento que se encaixa no tema, o restaurante oferece não apenas bons jantares, como hambúrgueres, onion rings, waffles, carne moída e cheesecake, mas também bom ponto de observação das pessoas, com uma ampla amostra de tendências da moda desfilando ao redor do balcão. Os milkshakes e as cervejas são populares, assim como as tigelas de chili e cinco tipos diferentes de batatas fritas, com cinco molhos de acompanhamento.

12 Moor St., W1. ✆ **020/7434-4439**. www.edseasydiner.co.uk. Não aceita reservas. Pratos principais £5-£12 (US$ 10-US$ 24). AE, MC, V. Diariamente, das 11h30 à meia noite. Metrô: Leicester Sq. ou Tottenham Court Rd.

Masala Zone *Dicas* INDIANO Um dos melhores e mais populares (e mais baratos) restaurantes indianos no coração de Londres é este lugar badalado, servindo pratos autênticos ao estilo caseiro indiano. Há até mesmo uma concessão de pratos para viagem, se você sempre quis provar comida de rua indiana. Peça a limonada fresca indiana ou um Lassi de manga e coco enquanto estuda o menu. As tigelas de noodles são especialmente recomendadas, principalmente o frango Madras. A especialidade, porém, são os *thalis*, uma refeição equilibrada em uma grande bandeja com várias tigelas de diferentes pratos, incluindo *chapatis* (pão fresco típico dos lares indianos).

9 Marshall St., W1. ✆ **020/7287-9966**. Pratos principais £6,55-£12 (US$ 13-US$ 24). MC, V. De segunda a sexta, do meio dia às 15h e das 17h30 às 23h; sábado, do meio dia às 23h; domingo, do meio dia às 15h30 e das 18h às 22h30. Metrô: Oxford Circus.

Mildreds ★ *Dicas* VEGETARIANO O Mildreds pode soar como um filme dos anos 40 de Joan Crawford, mas é um dos lugares mais respeitados para vegetarianos e vegans. Era vegetariano antes mesmo de tais restaurantes entrarem na moda. Jane Muir e Diane Thomas trabalharam juntas em vários restaurantes antes de abrir seu próprio ponto. Hoje, elas administram um restaurante cheio e badalado, com atendimento casual e amigável. Às vezes, fica um pouco cheio e as mesas são divididas. Elas fazem uma série de stirfries muito gostosos. Os ingredientes em seus pratos são naturais, e elas colocam forte ênfase nos melhores vegetais da estação. O menu muda diariamente, mas sempre apresentam uma gama de sopas caseiras, casseroles e saladas. São servidos vinhos orgânicos, e as porções são muito grandes.

45 Lexington St., W1. ✆ **020/7494-1634**. www.mildreds.co.uk. Não aceita reservas. Pratos principais £6,50-£8,75 (US$ 13-US$ 18). Não aceita cartões de crédito. De segunda a sábado, do meio dia às 23h. Metrô: Tottenham Court Rd.

TRAFALGAR SQUARE

MODERADO

The National Dining Rooms BRITÂNICO TRADICIONAL Na National Gallery, esta opção de jantar está sobre o foyer da Sainsbury Wing, com uma visão panorâmica da fabulosa Trafalgar Square. O endereço e o cenário aqui são os principais atrativos, e a visão é mais memorável que a cozinha. As clássicas entradas incluem mousse quente de agrião com cebolinhas à casserole ou patê de cavala defumada, com maçã e chicória. Experimente pratos principais como o cozido de tamboril, tainha e mexilhão, ou frango cozido com limão com repolho Savoy e creme de batatas. A seleção de queijos da Grã Bretanha é surpreendente pela variedade, desde o tradicionalmente envelhecido Stilton até o suave queijo de cabra de Cotswolds. Há um café no porão do edifício principal, que é uma boa escolha para sanduíches, massas, sopas e tortas.

Na National Gallery, Trafalgar Sq., WC2. ✆ **020/7747-2525**. Não precisa reservar. Menu de 2 pratos £25 (US$ 50); menu de 3 pratos £30 (US$ 60). AE, MC, V. Diariamente das 10h às 17h30; quarta, das 10h às 20h45. Metrô: Charing Cross.

The Portrait Restaurant ★ BRITÂNICO MODERNO Este restaurante na cobertura, no quinto andar da ala Ondaatje Wing da National Portrait Gallery, é bastante disputado para jantar. Juntamente com a vista (Nelson's Column, London Eye, Big Ben e por aí vai), você tem excelentes refeições. Os clientes geralmente vão no almoço, sem saber que os chefs também cozinham nas noites de quinta e sexta. Todos os pratos principais são cheios de sabor. A alta qualidade dos legumes realmente brilha em pratos como o peito de galinha de angola assado com trufas e cogumelos selvagens, ou filé de salmão escocês frito com tortas de batata, bacon e cebola. Para seu "pudim", nada melhor do que castanhas no vapor e pudim de mel com toffee e molho peçá. Os chefs não têm medo de preparos simples, principalmente porque confiam na excelência de seus produtos. A carta de vinhos apresenta algumas opções orgânicas.

Na National Portrait Gallery, Trafalgar St., WC2. ✆ **020/7312-2490**. Recomenda-se reservar. Pratos principais £14-£29 (US$ 28-US$ 58). AE, MC, V. Diariamente, das 11h45 às 14h45; terças e sextas, das 17h30 às 20h30. Metrô: Leicester Sq. ou Charing Cross.

MAYFAIR

MUITO CARO

Gordon Ramsay at Claridge's ★★★ EUROPEU Gordon Ramsay é o mais famoso chef hoje em Londres, indo muito bem também neste restaurante em

Chelsea, chamado Gordon Ramsay (página 94). Ele agora domina o austero e tradicional hotel Claridge's, lendário desde 1860 quando a Rainha Vitória tomou chá com a Imperatriz Eugenie. Definitivamente, Vitória não foi servida com um *amuse-bouche* de sopa de abóbora gotejada com azeite de trufas e salpicada de trufas. Embora o menu mude frequentemente, um memorável bom momento da cozinha se iniciou com entradas como o crocante lombo de porco de Gloucester com langostins sautée, purê de repolho Savoy e ovos de codorna. Quem já pensou que risoto de salsão com pinhões tostados e queijo parmesão Reggiano ficaria tão bom? Os pratos, incluindo salmão no vapor com rabanete assado e *jus* de baunilha ou rodovalho de Cornish a casserole, com caviar de Oscietra e molho de açafrão, mudam constantemente e são sempre inventivos. Um prato saboroso e vigoroso – talvez a ser apreciado pelo companheiro Henrique VIII – é carne de porco de West Country cozida em mel e cravo da Índia e servida com molho suculento.

Brook St., W1. ✆ **020/7499-0099**. www.gordonramsay.com/claridges. Recomenda-se reservar com o máximo de antecedência. Almoço de preço fixo £30 (US$ 60); menu a la carte £70 (US$ 140); jantar de 6 pratos a preço fixo £75 (US$ 150). AE, DC, MC, V. De segunda a sexta, do meio dia às 14h45 e das 17h45 às 23h; sábado e domingo, do meio dia às 15h; sábado, das 17h45 às 23h; domingo, das 18h às 22h30. Metrô: Bond St.

Le Gravroche ★★★ FRANCÊS Embora desafiantes cheguem e vão, este luxuoso "templo gastronômico" permanece a primeira opção, em Londres, para a clássica cozinha francesa. Há sempre algo especial saindo da cozinha de Michel Roux Jr., o filho do chef que fundou o restaurante em 1966. O atendimento é impecável e o ambiente formalmente elegante sem ser pretensioso. O menu muda constantemente, dependendo da inspiração do chef. Mas sempre continua sendo francês clássico, embora não antiquado. Os pratos característicos, aperfeiçoados por anos de prática, incluem o melhor suflê de queijo da cidade (Soufflé Suissesse); foie gras quente com crepes crocantes de canela; e filé de bife escocês com molho de vinho do Porto e macarrões com trufas. Dependendo da disponibilidade, carne também é servida. Um verdadeiro prato gaélico é o cassoulet de caracóis com coxas de rã ou o mousseline de lagosta com molho de champanhe.

43 Upper Brook St., W1. ✆ **020/7408-0881**. Fax 020/7491-4387. Recomenda-se reservar com o máximo de antecedência. Pratos principais £30-£50 (US$ 60-US$ 100); almoço a preço fixo £48 (US$ 96); *Le Menu Exceptional* £95 (US$ 190) sem vinho, £150 (US$ 300) com vinho. AE, MC, V. De segunda a sexta, do meio dia às 14h e das 18h30 às 23h; sábado, das 18h30 às 23h. Metrô: Marble Arch.

Nobu ★★ JAPONÊS/SUL-AMERICANO Este inovador restaurante, alvo de celebridades, deve muito aos seus fundadores, o ator Robert De Niro e o Chef Nobu Matsuhisa. A equipe do restaurante é tão afiada quanto seus colegas de Nova York. Aqueles do circuito da moda não parecem se importar com os altos preços dos pratos incrivelmente frescos. Preparações elaboradas levam a sabores perfeitamente balanceados. Onde mais você pode achar um excelente tempurá de ouriço do mar? O tartar de salmão com caviar é uma entrada brilhante. Siga com um filé de salmão perfeito em uma pasta de feijão amargo ou rolls de caranguejo. A massa de lula é sublime, assim como o sukiyaki; este último é incrivelmente popular, e com motivo.

No Metropolitan Hotel, 19 Old Park Lane, W1. ✆ **020/7447-4747**. Exige reservas com 1 mês de antecedência. Pratos principais £15-£24 (US$ 30-US$ 48); sushi e sashimi £5-£11 (US$ 10-US$ 22) por peça; menu de almoço a preço fixo £25 (US$ 50); menu de jantar a preço fixo £70 (US$ 140). AE, DC, MC, V. De segunda a sexta, do meio dia às 14h15; sábado e domingo, das 12h30 às 14h30; de segunda a quinta, das 18h às 22h15; sexta e sábado, das 18h às 23h; domingo, das 18h às 21h45. Metrô: Hyde Park Corner.

Sketch ★★ CONTINENTAL/BRITÂNICO MODERNO Em um edifício convertido do século 18, em Mayfair, Mourad ("Momo") Mazouz, junto com uma equipe de chefs e designers, planejou esta sofisticada criação. Você pode vir aqui para jantar com elegância, mas também para pular de bar em bar, pois o Sketch é, na verdade, uma coleção de lugares que, para confundir ainda mais, muda sua agenda enquanto o dia avança. Por exemplo, uma seção é uma galeria de arte durante o dia e "gastro-brasserie" à noite. Caprichoso e informal, o Parlour é para almoços leves e ótimos chás. Na Lecture Room and Library, cada prato representa sensações diferentes. A Art Gallery se torna um restaurante e um bar à noite. O East Bar é um popular ponto de encontro da madrugada, e o Glade abre para almoços e aperitivos leves.

O menu exibe uma cozinha ousada e imaginativa – e também deliciosa. Para começar, você não tem apenas ostras de Tsarkaya frescas; elas também vêm com limão, chalotas, vinagre e pudim quente de pão de centeio. A sopa de abóbora fresca é sempre revigorante. De ótimo sabor, o tenro cordeiro é servido com uma torta de raiz de beterraba, repolho branco e frutas secas, e o filhote de atum assado e caramelizado vem com abobrinha no vapor, pimenta vermelha, folhas de aipo e sementes tostadas de gergelim.

9 Conduit St., W1. ✆ **087/0777-4488**. www.sketch.uk.com. É necessário reservar para o jantar. Pratos principais £15-£30 (US$ 30-US$ 60); aperitivos e pequenas refeições £8-£24 (US$ 16-US$ 48); jantar de 3 pratos a preço fixo no Lecture Room and Library £35 (US$ 70); jantar de 7 pratos vegetarianos a preço fixo £65 (US$ 130). Art Gallery segunda a sábado, das 19h às 2h (último pedido da cozinha às 23h de segunda a quarta e 1h de quinta a sábado). Lecture Room and Library, de terça a quinta do meio dia às 14h30, terça e sábado das 18h30 às 22h30. Parlour segunda a sexta, das 8h às 21h, sábado das 10h às 21h. The Glade de segunda a sábado, do meio dia às 15h; East Bar diariamente das 18h30 às 2h. AE, MC, V. Metrô: Oxford Circus.

The Square ★★★ FRANCÊS Famoso, elegante, casual, ágil e moderno, o The Square ainda não assusta o Le Gravroche como um concorrente para o primeiro lugar do circuito de jantares de Londres, mas certamente é um restaurante a ser visitado em um tour gastronômico sério na cidade. O Chef Philip Howard faz milagres neste excelente restaurante. Você tem uma cozinha criativa e personalizada em uma atmosfera acolhedora com arte abstrata moderna nas paredes. O chef tem um toque mágico, com criações como uma entrada de terrina de perdiz com foie gras defumado e pêras com gelatina de cidra ou uma lasanha de caranguejo Cornish com espuma de champanhe. Para o prato principal, rogamos que você experimente costelas apimentadas de Ayrshire com chalotas defumadas, escargot da Toscana e um molho de vinho tinto, ou então o lombo de lebre assado com endívias lustradas ao vinho do porto. Os pratos com peixe, como o rodovalho ao vapor com langostins amanteigadas e ostras escaldadas, são sempre frescos, e o pombo Bresse é tão bom quanto o de sua cidade natal, França.

6-10 Bruton St., W1. ✆ **020/7495-7100**. Exige reservas. Almoço de preço fixo £25-£30 (US$ 50-US$ 60); jantar £65 (US$ 130). AE, DC, MC, V. De segunda a sexta, do meio dia às 15h; segunda a sábado, das 18h30 às 22h45; domingo, das 18h30 às 22h. Metrô: Bond St. ou Green Park.

CARO

Maze ★★ INTERNACIONAL Gordon Ramsay é o principal chef de Londres. Porém, indicamos como o chef mais promissor Jason Atherton, que já foi protegido de Ramsay. Atherton aprendeu os segredos de seu mestre e tem muita imaginação culinária própria. Um crítico afirmou que Atherton combinou "a progressiva técnica da Espanha com a volúpia gaélica e um toque de gênio britânico". E isso é fato. Suas combinações podem soar um pouco bizarras, mas os sabores que surgem e os ingredientes ficam sublimes.

Ele é um chef que atrai os "grazers" (ou seja, aqueles que preferem uma série de pratos pequenos ou tapas). A mudança das estações reflete-se no que é servido nos pratos. Em um interior inspirado em Nova York, pelo arquiteto norte-americano David Rockwell, Atherton cativa com prato após prato. Considere suas entradas. Escolha os escalopes Orkney assados com temperos e servidos em um purê dourado e apimentado de uvas passas ou, então, o foie gras marinado em pinot noir. Para o prato principal, recomendamos a perdiz assada com compota de ameixa ou o filé escocês assado com foie gras de Landes e uma torta de queijo com miolo de boi.

10-13 Grosvenor Sq., W1. ✆ **020/7107-0000**. Exige reservas. Almoço de preço fixo £29-£43 (US$ 58-US$ 86); pratos principais (porções pequenas) £15-£30 (US$ 30-US$ 60). AE, DC, MC, V. Diariamente, do meio dia às 14h30 e das 18h às 22h30. Metrô: Bond St.

Scott's ★★ FRUTOS DO MAR De volta ao mercado após um longo intervalo, o Scott's reconquistou sua posição como um dos grandes restaurantes de frutos do mar em Londres. Aberto como um armazém de ostras em 1851 por um jovem peixeiro, John Scott, o restaurante começou sua fama em seu endereço no Haymarket, onde ficou até 1968. Agora cheio de brilho cosmopolita em Mayfair, ele não se acomodou em sua antiga fama, mas recriou sua própria reputação.

Um favorito de Ian Fleming, criador do personagem James Bond, foi o cenário onde, nos anos 50 e 60, ele descobriu o "Martini seco" – "batido, não mexido". Ele é querido dos amantes de frutos do mar, desde o linguado de Dover até "mariscos e mexilhões". Sempre pergunte sobre a pesca fresca do dia ou peça filé de halibute com manteiga de cerefólio ou lagosta escocesa ao termidor. Há costelas para os fãs de carnes, até mesmo carne de porco a casserole.

20 Mount St., W1. ✆ **020/7495-7309**. Exige reservas. Pratos principais £16-£40 (US$ 32-US$ 80). AE, DC, MC, V. De segunda a sábado, do meio dia às 22h30; domingo, do meio dia às 22h. Metrô: Green Park ou Bond St.

Tamarind ★ INDIANO Favorito entre os críticos, assim como pela multidão de negócios na hora do almoço, o Tamarind é o restaurante indiano mais popular em Mayfair. O salão de jantar do porão tem pilares dourados e uma janela tandoor para que você possa ver os chefs tirarem seus pratos saborosos dos fornos. O Chef Alfred Prasad comanda uma brigada culinária de Delí que mantém o estilo culinário que aprenderam em casa. A equipe seleciona os melhores e mais frescos ingredientes diariamente nos mercados. A cozinha se orgulha dos pratos novos, mas também se supera com os tradicionais indianos. O tamboril no açafrão e iogurte é delicioso, e a porção mista de kebab, com todos os kebabs cozidos em um tandoor a carvão, é extraordinário – estes chefs são os reis do kebab. Sua melhor opção por um curry? Escolha os camarões grandes em uma mistura de cinco temperos. Os vegetarianos encontrarão refúgio aqui, especialmente se optarem pelo *dal Bukhari*, uma especialidade de lentilhas do noroeste da Índia.

20 Queen St., W1. ✆ **020/7629-3561**. Exige reservas. Pratos principais £16-£26 (US$ 32-US$ 52); menu de jantar a preço fixo £24 (US$ 48); almoço de 3 pratos a preço fixo £22 (US$ 44). AE, DC, DISC, MC, V. De segunda a sexta, do meio dia às 14h45; de segunda a sábado, das 18h às 23h30; domingo, das 18h30 às 22h30. Metrô: Green Park.

MODERADO

Langan's Brasserie FRANCÊS/ TRADICIONAL BRITÂNICO Em seu auge, no começo dos anos 80, este era um dos mais frequentados restaurantes em Londres, e a sofisticada brasserie ainda recepciona uma média de 700 comensais por dia. A invenção de 1976, do ator Michael Caine e do chef Richard Shepherd, o Langan's se estende por dois andares barulhentos, cheios de vasos e ventiladores de teto que criam um ar dos anos 30. O menu "é em sua maior parte inglês, com influência francesa", e inclui suflê de espinafre com molho de anchovas, ovos de codorna cobertos de massa servido com cogumelos picados sautée e molho holandês, e salada de camarões com molho Marie-Rose. Há também uma seleção de refeições típicas de pub inglês, incluindo salsichas com purê e fish and chips. O menu de sobremesas é uma jornada pela nostalgia: pudim de pão com manteiga, torta de melado com creme de ovos, torta de maçã com coalhada... espere, como o sorvete de manga entrou aqui?

Stratton St., W1. ✆ **020/7491-8822**. www.langansrestaurants.co.uk. Recomenda-se reservar. Pratos principais £14-£20 (US$ 28-US$ 40). AE, DC, MC, V. De segunda a quinta, das 12h15 às 23h; sexta, das 12h15 às 23h30; sábado, das 12h30 às 23h30. Metrô: Green Park.

Zen Central CANTONÊS/INDIANO/SZECHUAN As estrelas de cinema sempre são bem informadas sobre os melhores lugares para se jantar em uma cidade estrangeira. Assim, quando soubemos que Eddie Murphy e Tom Cruise estavam vindo para cá, nós o seguimos. Não vimos nenhuma estrela, mas encontramos um restaurante de design elegante em Mayfair, com uma decoração arrojada em preto e branco. Há espelhos em grande parte do interior (será que é por isso que as estrelas gostam daqui?).

Servido por um atendimento eficiente, a cozinha é de primeira linha. Comece com caranguejos cozidos em uma crosta de sal. O salmão ao vapor é perfeitamente cozido e, para aumentar o sabor, servido com um molho de feijão preto. Cortes de porco com folha de limão têm sabor tailandês e a lagosta cozida com alho amassado assado e lascas de casca de tangerina valem a viagem. Refeições vegetarianas também estão disponíveis. Carne de frango à casserole, barbatana de tubarão e sopa de ninho de pássaro trazem os sabores apreciados na China.

20 Queen St., W1. ✆ **020/7629-8103**. Recomenda-se reservar. Menus de preço fixo £35 (US$ 70); pratos principais £11-£20 (US$ 22-US$ 40). AE, DC, MC, V. Diariamente, das 12h15 às 23h15. Metrô: Green Park.

BARATO

Automat ★ NORTE-AMERICANO Os famosos rostos que revoaram para este restaurante em Mayfair quando foi inaugurado não foram vistos mais, mas uma clientela de Yankees enche as modernas instalações, apreciando tudo – desde macarrão com queijo até um sanduíche sem casca com fritas. Algumas das melhores carnes dos EUA em Londres também são oferecidas, incluindo o filé de Nova York. Os críticos gastronômicos de Londres o chamam de "fatia da Big Apple em Mayfair', depois de mergulhar nas tortas de caranguejo com guacamole ou o chili com carne. A salada é uma fatia de alface iceberg com molho de queijo Roquefort. Talvez o prato mais popular no menu seja o hambúrguer Automat com fritas.

33 Dover St., W1. **020/7499-3033.** Recomenda-se reservar. Pratos principais £12-£17 (US$ 24-US$ 34). AE, DC, MC, V. De segunda a sexta, das 7h às11h e do meio dia às 15h; sábado e domingo, das 11h às 16h; segunda a sábado, das 18h às 23h. Metrô: Green Park.

Leon ★* *Valor* MEDITERRÂNEO Seus maiores fãs o chamam de "fast food para gourmets". Embora não seja gourmet, este é um ótimo lugar para sentar e comer sem ser apressado por um dia de compras em Oxford Street. Ele faz o que seus concorrentes próximos não fazem: comida fresca e completa a preços razoáveis. Tudo é feito na hora, o que significa que certos pratos podem variar, mas sempre voltamos apesar de uma falha aqui outra acolá. Tudo no cardápio é fresco, geralmente orgânico. As saladas frescas, os nuggets de frango e os vigorosos cozidos são bons. Os nuggets são feitos com suculentos peitos de frango e servidos com molho cremoso de iogurte e alho. Até o chili com carne é diferente. É uma tigela de carne picada, tenra e picante com feijões pretos e é servido com um arroz orgânico com pedaços de abóbora, girassol e sementes de gergelim, e acompanhado por uma apetitosa salada de repolho e beterraba. Sua escolha de bebida pode ser um suco de gengibre e cenoura. Deixe espaço para o brownie de chocolate, como a Mama costumava fazer. O brownie tem um toque azedinho de laranja e coberto com deliciosas bolas de sorvete de creme Jersey. O Leon é também o melhor lugar na área para o café da manhã – experimente o mingau orgânico.

35 Great Marlborough St., W1. ✆ **020/7437-5280**. Não precisa reservar. Café da manhã a partir de £4,50 (US$ 9); pratos principais £5,10-£6,50 (US$ 10-US$ 13). AE, MC, V. De segunda a sexta, das 8h às 22h30; sábado das 9h30 às 22h30; domingo, das 10h30 às 18h30. Metrô: Oxford Circus.

ST. JAMES'S

MODERADO

Greens Restaurant & Oyster Bar INTERNACIONAL/FRUTOS DO MAR/BRITÂNICO TRADICIONAL Os críticos dizem que é um triunfo da tradição sobre o sabor, mas até onde os frutos do mar vão em Londres, este é um favorito comprovado, graças a um excelente cardápio com pratos de preços moderados, um endereço central e um atendimento encantador. Este lugar tem uma entrada confusa, levando para um bar lotado onde você pode saborear vinhos finos e, de setembro a abril, apreciar ostras. O bar de ostras é gerenciado por Simon Parker-Bowles, ex-cunhado de Camilla. No salão de jantar que emula um ambiente Dickensiano, você pode escolher dentre uma variedade menu de pratos com frutos do mar frescos, que muda mensalmente de acordo com as estações. As entradas são vibrantes, ainda que comuns, como salada de caranguejo de Dorset, camarão em compota com torradas e foie gras frito com purê de maçã. Os chefs estão em sua melhor forma ao criar pratos principais como porções de frutos do mar, filé de halibute com suaves mexilhões, ou linguado de Dover grelhado com molho hollandeise. Os pratos de carne são também excelentes, incluindo pata de carneiro com polenta de alho assado e bife tartare.

36 Duke St., St. James's, SW1. ✆ **020/7930-4566**. www.greens.org.uk. Exige reservas. Pratos principais £13-£38 (US$ 26-US$ 76); a maioria dos pratos tem preços moderados. AE, DC, MC, V. De segunda a sábado, das 11h30 às 15h e das 17h30 até às 23h; domingo, do meio dia às 15h e das 17h30 às 21h (fechado aos domingos de maio a agosto). Metrô: Green Park.

3. Westminster & Victoria

MODERADO

Rex Whistler ✪✪ **ícone** BRITÂNICO MODERNO O restaurante do Tate britânico é particularmente atraente para fãs de vinho. Ele oferece o que pode ser os melhores preços para vinhos de qualidade em qualquer lugar do Reino Unido. Bordeaux e burgundies são abundantes, e a gerência mantém a margem de lucro entre 40% e 65%, ao invés dos 100% até 200% que é acrescentado na maioria dos restaurantes. Na verdade, os preços aqui são mais baixos do que na maioria das lojas. Os preços são a partir de £15 (US$ 30) por garrafa, ou £4 (US$ 8) por taça. Enófilos frequentemente aparecem para almoçar. O restaurante oferece um menu inglês que muda quase todo mês. Os pratos podem apresentar faisões a casserole, arraia frita na frigideira com manteiga preta e alcaparras, e seleções vegetarianas. Um crítico achou o atendimento e os comensais tão tradicionais "quanto uma paisagem de Gainsborough". O acesso ao restaurante é pela entrada principal do museu, em Millbank.

Tate Britain, Millbank, SW1. ✆ **020/7887-8825**. Recomenda-se reservar. Pratos principais £15 (US$ 30); café da manhã a partir de £4,75 (US$ 9,50); chá da tarde £6,95 (US$ 14). AE, DC, MC, V. De segunda a sexta, das 11h30 às 15h; sábado e domingo, das 10h às 15h; diariamente das 15h30 às 17h para o chá da tarde. Metrô: Pimlico. Ônibus: 77 ou 88.

BARATO

Jenny Lo's Teahouse CANTONÊS/SZECHUAN As espeluncas de noodle de Londres não são melhores que esta. Antes de seu declínio, o Ken Lo's Memories of China oferecia o melhor jantar chinês em Londres. O finado Ken Lo, cujo avô era o embaixador chinês à Corte de St. James, fez sua reputação como um autor culinário. Jenny Lo é filha de Ken, e seu pai lhe ensinou muitos de seus segredos culinários. As senhoras de Belgravia e os jovens profissionais vêm aqui pelas refeições perfeitamente preparadas e de preços razoáveis. Os livros de culinária contribuem com a decoração do salão de jantar, com mesas pretas de refeitório com guardanapos de papel e hashis. Escolha pratos como macarrão e arroz vermicelli (um prato grande de noodles cobertos com peito de frango grelhado e cogumelos chineses) ou noodles brancos com carne de porco picada. Também no menu estão os pastéis chineses recheados, camarões grandes picantes guarnecidos com chili, e sopa wonton com pastéis escorregadios. A sopa de macarrão com com frutos do mar e feijões pretos é uma delícia, assim como a sopa de carne com chili.

14 Eccleston St., SW1 9LT. ✆ **020/7259-0399**. Não aceita reservas. Pratos principais £6,50-£10 (US$ 13-US$ 20). Não aceita cartões de crédito. Segunda a sexta, do meio dia às 15h; segunda e sábado, das 18h às 22h. Metrô: Victoria Station.

4. Knightsbridge até South Kensington

KNIGHTSBRIDGE

MUITO CARO

Zafferano ★★ ITALIANO Há algo honesto e satisfatório neste restaurante, onde a decoração consiste em pouco mais que paredes cor de ocre, toalhas imaculadas e um punhado de atendentes prestativos. Uma rápida revisão de antigos clientes inclui Margaret Thatcher, Richard Gere, Princesa Margaret e Eric Clapton. A moderna interpretação da cozinha italiana inclui pratos como ravióli de faisão com trufas pretas, pombos selvagens com purê de alho, pargo com espinafre e vinagre balsâmico e tamboril com amêndoas. Outras opções incluem linguine com lagosta e tomates frescos ou risoto de camarão de água doce. Os donos se orgulham de uma das mais esotéricas e completas coleções de vinhos italianos em Londres: você encontrará até 20 garrafas antigas de Brunello e Barolo, e cerca de 12 garrafas antigas de Sassecaia.

15 Lowdes St., SW1. ✆ **020/7235-5800**. www.zafferanorestaurant.com. Exige reservas. Pratos principais £15-£40 (US$ 30-US$ 80); menu de almoço com preço fixo £30-40 (US$ 60-US$ 80); menu de jantar com preço fixo £35-£55 (US$ 70-US$ 110). AE, MC, V. De segunda a sexta, do meio dia às 14h30; sábado e domingo, das 12h30 às 15h; diariamente, das 19h às 23h (até 22h30 no domingo). Metrô: Knightsbridge.

MODERADO

Black and Blue ★ CARNE A atmosfera é maravilhosamente informal, os preços razoáveis e a carne de alta qualidade, cada uma de vacas escocesas crescidas tradicionalmente e alimentadas com grama. Faça sua escolha – lombo escocês, costela, T-bone. Gostamos especialmente do *cote de bouef*, um alto bife de costela para dois. Os molhos servidos com os bifes são divinos. Os hambúrgueres, o frango assado na brasa e os peixes são também oferecidos no menu variável, assim como as saladas frescas saladas e as porções para os vegetarianos.

215-217 Kensington Church St., W8. ✆ **020/7727-0004**. www.blackandblue.biz. Exige reservas. Pratos principais £9-£25 (US$ 18-US$ 50). MC, V. De segunda a quinta, do meio dia até as 23h; sexta e sábado, do meio dia até as 23h30. Metrô: Notting Hill Gate.

The Collection * INTERNACIONAL / BRITÂNICO MODERNO Este é um templo para o voyeurismo e a vaidade, recorrendo à estética e às preocupações da indústria da moda. O restaurante ocupa um armazém ecoante; o único acesso é por uma passarela de 9 metros, que dá a impressão de modelos estarem desfilando por ela. O delicioso menu inclui entradas como frango tailandês picante e sopa de coco, e salada de coração de alcachofra com erva-doce fresca e queijo Pecorino, seguidos por pratos principais como camarões grandes grelhados em azeite de coentro com cuscuz e pato assado com mel com pêra da Ásia e bok choi. Você também pode pedir o peixe espada grelhado com vegetais asiáticos em conserva, seguidos por sobremesas como torta de banana e morangos ingleses com mascarpone. Não se esqueça de parar neste lugar após uma noitada em bares.

264 Brompton Rd., SW3. ✆ **020/7225-1212**. www.the-collection.co.uk. Recomenda-se reservar. Pratos principais £15-£56 (US$ 30-US$ 112); menu de pré-jantar de 3 pratos de segunda a sexta, das 18h às 19h15, £40-£48 (US$ 80-US$ 96). AE, MC, V. D e segunda a sábado, das 18h às 23h30. Metrô: South Kensington.

BARATO

Le Metro INTERNACIONAL Localizado quase na esquina com a Harrods, o Le Metro atrai uma multidão moderna às suas instalações no porão. O lugar serve comida boa, de qualidade e confiável, preparada com estilo. O menu muda com frequência. Você pode escolher a sopa caseira do dia com pão saído do forno ou o suflê de queijo duplamente cozido com salada de rúcula como seu ponto de partida. Como prato principal, escolha opções como tortas de salmão com maionese de rábano silvestre ou linguiças de porco, alho poró e ervas com molho de carne e cebola vermelha.

28 Basil St., SW3. ✆ **020/7589-6286**. Pratos principais £9-£11 (US$ 18-US$ 22). AE, DC, MC, V. De segunda a sábado, das 8h às 22h; domingo, das 8h às 16h. Metrô: Knightsbridge.

CHELSEA

MUITO CARO

Gordon Ramsey ★★★ Dicas FRANCÊS Um dos chefs mais inovadores e talentosos da cidade é Gordon Ramsey. Todos em Londres estão correndo para provar os pratos de Ramsey, e ele teve de recusar alguns nomes famosos. A Rainha ainda não teve uma mesa recusada, mas isso só porque ela ainda não solicitou uma.

Cada prato desta cozinha é gratificante, refletindo sutileza e delicadeza sem qualquer sacrifício da essência natural da comida. Experimente, por exemplo, o celebrado capuccino de Ramsay de feijões brancos com raspas de trufas. Suas entradas igualmente surpreendem: salada de pé de porco crocante com pâncreas de bezerro, ovos de codorna fritos e um vinagrete cremoso, ou foie gras de três modos – sautée com marmelo, *mi-cuit* com um consome Earl Grey, ou espremido com casca de trufas. Deste ponto, você pode seguir altivamente para os pratos principais, incluindo pombo assado no forno, de Anjou, envolto em presunto Parma com foie gras ou filés de John Dory fritos em frigideira com caranguejo e caviar.

68 Royal Hospital Rd., SW3. ✆ **020/7352-4441**. www.gordonramsay.com/royalhospitalroad. Reservar é essencial (1 mês de antecedência). Almoço de 3 pratos a preço fixo £40 (US$ 80); jantar com 3 pratos £85 (US$ 170); jantar com 7 pratos £110 (US$ 220). AE, DC, MC, V. De segunda a sexta, do meio dia às 14h30 e das 18h30 às 23h. Metrô: Sloane Sq.

Roussillon ★★ FRANCÊS Em uma tranquila esquina de Pimlico, perto da Sloane Square, o tempero britânico encontra um chef francês. O destaque da moderna Chelsea, o Roussillon serve uma cozinha chamada de "vegecêntrica", apresentando menus de degustação com 7 pratos, cada um uma delícia. Ninguém parece preparar vegetais frescos em Londres melhor que o chef Alexis Gauthier, que altera seu menu duas vezes por estação, usando ingredientes locais sempre que possível.

O tamboril assado é servido com chicória a casserole, e as opções de carne incluem um sublime filé com alcachofras púrpuras. Você pode optar por uma das seleções de queijo francês ao fim da refeição, mas poucos podem resistir à mistura de pralina Luís XV, usando chocolate Weiss de St. Etienne.

16 St. Barnabas St., SW1. ✆ **020/7730-5550**. Exige reserva. Almoço fixo £38 (US$ 76); jantar fixo £50 (US$ 100); menus de degustação £58-£68 (US$ 116-US$ 136). AE, MC, V. De segunda a sexta, do meio dia às 14h30; segunda a sábado, das 18h30 às 22h30. Metrô: Sloane Sq.

BARATO

The Pig's Ear ★ *Dicas* BRITÂNICO TRADICIONAL Os funcionários ainda estão comentando sobre a visita surpresa do Príncipe William – ele pode ser o herdeiro de uma das mais fabulosas fortunas do mundo, mas no final da noite aqui, ele dividiu a conta com seus amigos, pagando apenas pela sua parte neste que é um dos melhores pubs gastronômicos de Chelsea. Seu nome pode ser Pig's Ear, mas de fato é um sucesso quando se trata de comida. Comece com a sopa de alcachofras com azeite de trufas ou fígados de frango com vinagre de xerez. Outros pratos incluem atum tostado com azeitonas pretas e chicória ou balantine de foie gras com uma marmelada de cebola. Para honrar o nome, os chefs fritam orelhas de porco. O filé de salmão aparece com raiz de beterrabas e pequenos alhos-poró, e um pombo assado é recheado com cogumelos portobello temperados com alho. A atmosfera é amigável e despretensiosa, tanto no pub que fica no térreo quanto no restaurante com painéis de madeira, subindo as escadas.

35 Old Church St., SW3. ✆ **020/7352-2908**. Reservas exigidas para o restaurante. Pratos principais £7,25-£18 (US$ 15-US$ 36). AE, DC, MC, V. De segunda a sábado, do meio dia às 23h; domingo, do meio dia às 22h30. Metrô: Sloane Sq.

KENSINGTON & SOUTH KENSINGTON

MUITO CARO

Tom Aikens ★★★ CONTINENTAL O talentoso Tom Aikens é um dos principais chefs verdadeiramente gaélicos de Londres. Aikens certamente foi bem treinado, trabalhando em Paris com Joël Robuchon durante o período em que este foi proclamado o maior chef francês. Aikens também gerencia o famoso Pied-à-Terre, em Londres. Nos elegantes arredores da chic Knightsbridge, a comida é basicamente uma interpretação moderna da alta cozinha francesa, com muita alegoria e alguns pratos muito elaborados.

Independente do contraste nos ingredientes, os pratos principais mostram harmonia e coesão, como exemplificado pelo salmão escaldado com risoto de açafrão e um molho bouillabaisse. Tudo soa como uma combinação improvável, mas o resultado final é bem satisfatório. O lado mais voluptuoso do cardápio é representado pelo leitão à casserole com amêndoas frescas assadas, purê de maçã e uma lasanha de carne de porco.

43 Elystan St., Knightsbridge, SW3. ✆ **020/7584-2003**. Exige reservas. Almoço de preço fixo £29 (US$ 58); jantar de preço fixo £65 (US$ 130); menu de degustação £80 (US$ 160). AE, DC, MC, V. De segunda a sexta, do meio dia às 14h30 e das 18h45 às 23h. Metrô: South Kensington.

CARO

Bibendum/The Oyster Bar ★ FRANCÊS/MEDITERRÂNEO No moderno Brompton Cross, este restaurante ainda na moda ocupa dois andares de uma garagem que é agora uma obra prima Art Deco. Embora seu auge tenha vindo no começo dos anos 80, o salão de ladrilhos brancos com janelas de vidro manchado, muita luz do sol e uma clientela elegante, ainda é um lugar extremamente agradável. A cozinha eclética, conhecida pelo seu frescor e simplicidade, é baseada no que está disponível na estação. Os pratos podem incluir pombo assado com purê de salsão e maçã sauté, coelho com alcachofra e molho de salsa, ou costeletas de cordeiro grelhadas com um delicado molho. Alguns dos melhores pratos são para dividir entre duas pessoas, incluindo queijo Bresse temperada com estragão fresco e cortes de vitela grelhadas com manteiga de trufas. Refeições mais simples e coquetéis estão disponíveis no **Oyster Bar**, no térreo. O menu ao estilo de bar destaca mariscos frescos apresentados no estilo tradicional francês, ou porções cobertas de gelo enfeitadas com faixas de algas. É o sonho do amante de crustáceos.

81 Fulham Rd., SW3. ✆ **020/7581-5817**. Reservas exigidas para o Bibendum; não são aceitas para o Oyster Bar. Pratos principais £18-£25 (US$ 36-US$ 50); almoço de 2 pratos com preço fixo £24 (US$ 48); almoço de 3 pratos com preço fixo £29 (US$ 58). Porção de frutos do mar frios no Oyster Bar £57 (US$ 114) para 2. AE, DC, MC, V. Bibendum de segunda a sexta, do meio dia às 14h30 e das 19h às 23h30, sábado e domingo das 12h30 às 15h e das 19h às 23h30. Oyster Bar de segunda a sábado, do meio dia às 23h, domingo do meio dia às 23h30. Metrô: South Kensington.

Clarke's ★ BRITÂNICO MODERNO Sally Clarke é uma das melhores chefs em Londres e este é um dos mais populares restaurantes por aí. *Ainda.* Ela o abriu na era Thatcher, e ainda é muito famoso. Neste excelente restaurante, tudo é brilhante e moderno, com piso de madeira, iluminação discreta e espaço adicional no porão, onde as mesas são mais espaçosas e privativas. Algumas pessoas se desapontam por haver apenas um menu de preço fixo, mas a comida é tão bem preparada que os comensais raramente rejeitam o que lhes é servido. O menu, que muda diariamente, enfatiza alimentos grelhados na brasa com ervas e vegetais da estação. Você pode começar com uma salada de entrada, de laranja com cebolas roxas, agrião e torrada de azeitonas negras com anchova; depois, prossiga com peito de frango torrado com trufas negras, polenta crocante e rúcula.

124 Kensington Church St., W8. ✆ **020/7221-9225**. Recomenda-se reservas. Prato principal para o almoço £14-£16 (US$ 28-US$ 32); jantar de 3 pratos £43 (US$ 86); jantar de 4 pratos £50 (US$ 100); brunch de sábado £10-£14 (US$ 20-US$ 28). AE, DC, MC, V. De segunda a sexta, das 12h30 às 14h e das 19h às 22h; brunch de sábado, das 11h às 14h e jantar, das 19h às 22h. Metrô: High St. Kensington ou Notting Hill Gate.

MODERADO

Admiral Codrington ★ Dicas CONTINENTAL/ BRITÂNICO MODERNO Antes um pub de qualidade inferior, este bar e restaurante agora está na onda. O exterior foi mantido, mas o velho "Cod", como é afetuosamente conhecido, emergiu para oferecer jantares luxuosos com uma decoração revitalizada por Nina Campbell e um telhado de vidro que é aberto nos dias de sol. Os bartenders ainda oferecem a tradicional cerveja, mas o sofisticado menu apresenta refeições deliciosas, como o fígado de bezerro grelhado e bacon crocante, ou costeleta frita em com creme de rábano com trufas. Escolha o atum grelhado com caviar de berinjela e um vinagrete de pimenta vermelha.

17 Mossop St., SW3. ✆ **020/7581-0005**. Recomenda-se reservar. Pratos principais £15-£30 (US$ 30-US$ 60). AE, MC, V. De segunda a sexta, das 11h30 à meia noite; domingo, do meio dia às 22h30. Metrô: South Kensington.

Joe's Café ★ Dicas ITALIANO Um dos três restaurantes em Londres fundados pelo designer de moda Joseph Ettedgui, é geralmente cheio no café da manhã e no almoço, com nomes bem conhecidos da moda e do entretenimento britânico, graças ao seu senso de glamour e diversão. Ninguém se importará se sua refeição for composta exclusivamente de entradas. Há um bar perto da entrada, uma aglomeração de mesas para refeições rápidas perto da porta e um jantar mais relaxado (e com fofocas) disponível em uma área poucos degraus acima. A atmosfera permanece despojada e vazia, exatamente como os formadores de opinião em South Ken preferem. Com um nome como Joe's, como mais poderia ser? Você pode experimentar entradas como panquecas de ricota e caranguejo com molho de laranja e baby espinafre ou terrina de cabra com marmelada de tomate cereja. As atrações do prato principal incluem pappardelle caseira com um ragú de coelho silvestre e queijo Peccorino, e um pernil de cordeiro em um molho de vinho tinto. Uma especialidade é lagosta grelhada na brasa com grandes camarões, lula e langostins com um concassé de tomates.

126 Draycott Ave., SW3. ✆ **020/7225-2217**. Exige reservas para os dias úteis, não são aceitas no final de semana. Pratos principais £9-£28 (US$ 18-US$ 56). AE, MC, V. De segunda a sábado, das 10h às 18h e das 19h às 22h30; domingo, das 10h30 às 17h30. Metrô: South Kensington.

5. Marylebone até Notting Hill Gate

MARYLEBONE

CARO

Assaggi ★ *Dicas* ITALIANO Você não pensaria em ir até o segundo andar de um pub bem ordinário em Bayswater para uma ótima cozinha italiana, mas lhe recomendamos a ir, neste caso, para experimentar a releitura do Chef Nino Sassu dos clássicos italianos, especialmente aqueles do sul. Sérios comensais de Londres descobriram este local despojado, e voam para cá por causa da comida preparada com habilidade e paixão, usando ingredientes frescos e de alta qualidade do mercado.

O chef se esmera em provar que os pratos diretos podem ser os melhores, em geral, quando manuseados com simplicidade. Vegetais grelhados do Mediterrâneo em azeite de oliva virgem e ervas frescas são sempre ótimas entradas, seguidos por pratos principais como salmão grelhado ou filé de carne de porco com trufas negras. O menu é pequeno, mas grande em sabor, se você experimentar pratos como raviόli de manteiga e sálvia, tenros fígados de bezerro ou pannacotta.

39 Chepstow Place, W2. ✆ **020/7792-9033**. Exige reserva. Pratos principais £18-£24 (US$ 36-US$ 48). AE, MC, V. De segunda a sábado, das 12h30 às 14h30 e das 19h30 às 23h. Metrô: Bayswater.

MODERADO

Bush Bar & Grill ★ *Dicas* FRANCÊS/BRITÂNICO MODERNO Moderno, leve e procurado pelas semi-celebridades do mundo londrino da mídia e do entretenimento, este bar e brasserie foi fundado em 2000 pelos proprietários dos mais exclusivos clubes privados da cidade, Woody's e Groucho Club. Ambos são exclusivos para membros, em outras partes da cidade. Nas mesas perto de você neste restaurante (não um lugar apenas para membros), você provavelmente verá membros destes clubes, além de celebridades como Jerry Hall, Kate Moss, a autora de livros de culinária Nigella lawson, a cantora Kylie Minogue e escritores de revistas como *British Vogue* e *Tatler*. O cenário foi originalmente concebido como uma fábrica de embalagem de leite, mas desde que uma equipe de decoradores reformou o lugar, agora há um ar de bistrô em Manhattan com arte e com uma decoração neo-industrial, dutos de ar expostos e uma cozinha cheia que fica à vista. Os chefs aqui colocam ênfase em vegetais orgânicos, preparando pratos que incluem entradas como javali silvestre e terrina de foie gras com chutney de maçã, e lula pequena recheada com anchovas. Para um prato principal, tente o lombo de cordeiro assado com batatas Rösti ou mexilhões a casserole em sidra, com bacon e tomilho.

45a Goldhawk Rd., W12 8QP. ✆ **020/8746-2111**. www.bushbar.co.uk. Exige reserva. Pratos principais £8,95-£17 (US$ 18-US$ 34); menus de preço fixo servidos no almoço (diariamente) e jantar (de segunda a sábado) até 19h30 £23-£27 (US$ 46-US$ 54). AE, MC, V. De segunda a quarta, do meio dia às 23h; quinta, do meio dia à meia noite; sexta e sábado, do meio dia às 1h; domingo, do meio dia às 18h. Metrô: Goldhawk Rd.

Galvin ★ FRANCÊS Evocando os famosos bistrôs de Paris, este *bistro de luxe* de inspiração gaélica trouxe comensais para a Baker Street, famosa por Sherlock Holmes, e até então desprovidas de bistrôs. Chris e Jeff Galvin, dois irmãos, fornecem cozinha francesa direta por um preço decente (pelo menos para Londres). Os clássicos franceses aparecem em combinações de muito sabor, usando os melhores dos ingredientes sazonais.

Em um cenário despretensioso, você pode jantar uma excelente *soupe de poisons* (sopa de peixe) ou uma clássica salada de endívias com Roquefort, pera e castanhas. Uma entrada antiga, salada de língua de cordeiro escaldada com molho ravigote, também aparece no menu. Para grandes apetites, há uma variedade de pratos, como cérebro de vitela assado em *beurre noisette*, parte de uma porção que também inclui lombo de vitela assado e carne de vitela a casserole que derrete na boca.

6 Baker St., W1. ✆ **020/7935-4007**. Exige reserva. Pratos principais £13-£18 (US$ 26-US$ 36); menu de preço fixo £18 (US$ 36). AE, MC, V. De segunda a sábado, do meio dia às 14h30 e das 18h às 23h; domingo, do meio dia às 21h30. Metrô: Baker St.

Langan's Bistro FRANCÊS / BRITÂNICO TRADICIONAL Este despretensioso bistrô ainda está aí – embora, talvez, não seja mais a cena fervente que era quando o ator Sir Michael Caine o fundou, nos anos 60. Dos restaurantes desta rede (ver Langan's Brasserie, na página 89), é o menos caro, mas o mais atraente visualmente. Situado atrás de uma brilhante e colorida vitrine, o salão de jantar é decorado com aglomerações de guarda-chuvas japoneses, espelhos, quadros surrealistas e fotografias velhas. O menu é "principalmente inglês com influência francesa". Os pratos mudam com a estação, mas podem incluir entradas como figos assados e torta de queijo de cabra com salada de castanhas ou sardinhas no molho. Os pratos principais incluem salmão com molho de pepino e chili, um confeito de pato com vegetais refogados, e tartare italiano de carne com batatas frescas. Há muito os favoritos da brasserie, como marinada de mexilhões, costeletas na brasa e salmão defumado na massa são asseguradamente familiares e tão bons quanto nunca foram. Verifique o prato do dia. Viciados em chocolate devem concluir com a extravagância conhecida como "Mrs. Langan's Chocolate Pudding". São servidos apenas menus com preço fixo.

26 Devonshire St., W1. ✆ **020/7935-4531**. www.langanrestaurants.co.uk. Recomenda-se reservar. Almoço ou jantar de 2 pratos com preço fixo £20 (US$ 40), 3 pratos £22 (US$ 44). AE, DC, MC, V. De segunda a sexta, das 12h30 às 2h30; segunda a sábado, das 18h30 às 23h. Metrô: Regent's Park ou Baker St.

Mash ★ Dicas CONTINENTAL O que é isso, você pergunta: um bar? Uma deli? Uma microcervejaria? Na verdade, é tudo isso, além de um restaurante. O café da manhã e o brunch de fim de semana são os destaques, mas não ignore o jantar. Os proprietários do popular Atlantic Bar & Grill abriram esta "zona tranquila e baixa", criada pelo famoso designer John Currin. A atmosfera é moderna, badalada, arejada e cheia de arte. A decoração nova inclui linhas futuristas, curvas que podem lhe lembrar do cenário de *Star Trek*, e pendentes de iluminação no formato de olho de lagarto, mas de qualquer forma, a comida é a atração.

Fomos conquistados por pratos principais, como uma variedade de hambúrgueres, incluindo um feito de cordeiro e servido com queijo de cabra. Você pode ser surpreendido (felizmente) pelo risoto à Parmigiana ou o ragú de carne de cordeiro. Um filé de halibute frito na frigideira é servido com cogumelos silvestres, feijões e azeite de trufas.

19-21 Great Portland St., W1. ✆ **020/7637-5555**. Exige reservas. Pratos principais £12-£23 (US$ 24-US$ 46); almoço ou jantar de preço fixo £26-£33 (US$ 52-US$ 66). AE, DC, MC, V. De segunda a sexta, das 8h às 11h30, do meio dia às 15h e das 18h às 23h; sábado, das 18h às 23h. Metrô: Oxford Circus.

PADDINGTON & BAYSWATER

CARO

Royal China ★ Crianças CANTONÊS/SZECHUAN Pratos cantoneses e de Szechuan inesperadamente deliciosos estão disponíveis neste popular restaurante, um favorito das famílias. Venha aqui para o melhor dim sum em Londres. Esqueça a decoração espalhafatosa e concentre-se no que está em seu prato – você provavelmente teria de ir até Hong Kong para encontrar uma culinária chinesa tão autêntica como esta. O menu de oito páginas é surpreendente em suas opções, e muitos dos pratos clássicos são conhecidos apenas pelos estudiosos da culinária chinesa. Ficamos deliciados com os pastéis de Shanghai, cozidos a vapor de um lado e salteado no outro. Vários patos e frangos inteiros são preparados com habilidade passada de geração para geração através dos séculos. Percebemos uma mesa de chineses londrinos delirando com a medusa com azeite de gengibre, embora tenhamos optado pelos camarões grandes sautée com manga fresca.

13 Queensway, W2. ✆ **020/7221-2535**. www.royalchinagroup.co.uk. Recomenda-se reservar. Pratos principais £8-£32 (US$ 16-US$ 64); jantar de preço fixo £30-£38 (US$ 60-US$ 76). AE, DC, MC, V. De segunda a quinta, do meio dia às 23h; sexta e sábado, do meio dia às 23h30; domingo, das 11h às 22h. Metrô: Bayswater ou Queensway.

MODERADO

Halepi ★ Dicas CIPRIOTA/GREGO Administrado pela família Kazolides desde 1966, este estabelecimento é celebrado pela *Automobile Association of America Guide* como o melhor restaurante grego no mundo. Apesar de sua reputação, a atmosfera é informal, com fileiras de mesas com toalhas coloridas, música *bouzouki* de fundo e uma grande clientela nativa da Grécia. As porções são generosas. Os itens do menu baseiam-se muito em cordeiro e incluem kebabs, *klefticon* (filhote de cordeiro preparado com temperos aromáticos), moussaka (pedaços de cordeiro e berinjelas com molho bechamel) e *dolmades* (folhas de uva recheadas com cordeiro e arroz). Outros pratos principais incluem escalopes; salmão; halibute escocês; grandes camarões indonésios com suco de limão, azeite de oliva, alho e molho de cebolinha; e *afelia* (filé de carne de porco cozido com vinho e temperos, servido com batatas e arroz). A baklava caseira é recomendada para sobremesa. A maioria dos pratos tem preço moderado.

18 Leinster Terrace W2. ✆ **020/7262-1070**. www.halepi.co.uk. Exige reserva. Pratos principais £5,75-£29 (US$ 12-US$ 58). AE, DC, MC, V. Diariamente do meio dia às 00h15. Fecha dias 25 e 26 de dezembro. Metrô: Queensway.

Veronica's ★★ Dicas BRITÂNICO TRADICIONAL Chamado de "líder de mercado em salões de café", o Veronica's oferece pratos tradicionais e históricos a preços que você não se importará em pagar. É uma celebração da cozinha britânica por um período de mais de 2000 anos, com pratos baseados em receitas de tempos medievais, Tudor, e mesmo da era romana. O chef dá um toque moderno e criativo a estes pratos tradicionais. Em um mês, o foco está na Escócia, enquanto no próximo, o foco está em pratos Vitorianos, pratos do País de Gales ou um menu completamente irlandês, e por aí vai. Você pode começar com uma torta de cenoura perfumada com suco de laranja, e servida com um purê de batatas, baseado em uma receita irlandesa de 1746. Ou então, tente o peixe de isca escaldado com molho tartare (o escaldo se tornou popular no século 19 e, claro, o peixe de isca é consumido desde tempos medievais, quando era pescado no Tâmisa). Os pratos principais podem incluir cordeiro marinado em leite e mel e assado com vinho tinto (baseado em uma antiga receita romana).

3 Hereford Rd. W2. ✆ **020/7229-5079**. www.veronicasrestaurant.co.uk. Exige reserva. Pratos principais £13-£15 (US$ 26-US$ 30). AE, MC, V. De segunda a sábado, das 18h às 22h30; domingo, das 18h às 22h. Metrô: Bayswater.

NOTTING HILL GATE

CARO

The Ledbury ★★ EUROPEU O australiano Brett Graham merece sua aclamação culinária. Como é adequado a um chef que nasceu "down under", ele sutilmente incorpora ingredientes asiáticos como shiso e soja em sua cozinha. Ele não é um chef sofisticado ou vaidoso, mas gosta de destripar uma lula e outros horrores semelhantes. Ninguém faz melhores escalopes assados com licorice do que ele. Sua ballotine de fois gras com um refrescante purê de tâmaras é quase a melhor versão desta entrada que provavelmente você experimentará. Deixe espaço para a berinjela a casserole com miso e alho, ou para o ravióli de frango e morácea em um fondue de aspargos brancos. Ele também é habilidoso com peixes, especialmente seu tamboril assado com alecrim fresco. Para sobremesa, recomendamos a torta de tâmaras com baunilha.

127 Ledbury Rd., W11. ✆ **020/7792-9090**. Recomenda-se reservar. Almoço fixo £26-£56 (US$ 52-US$ 112) de segunda a sábado, £32-£56 (US$ 64-US$ 112) domingo; jantar fixo £48-£58 (US$ 96-US$ 116). AE, DC, MC. Diariamente do meio dia às 14h45 e das 18h30 às 22h30. Metrô: Westbourne Park.

MODERADO

The Cow ★ *Crianças* BRITÂNICO MODERNO Você não precisa ser uma jovem vítima da moda para apreciar a excelente cozinha servida aqui (embora muitos dos comensais sejam). Tom Conran (filho do empreendedor Sir Terence Conran) avança com esse restaurante cada vez mais badalado em Notting Hill. Parece com um pub irlandês, mas os sotaques que você ouvirá são "trustafarian" ao invés do das ruas de Dublin. Com uma cerveja Fuller's ou London Pride, você pode demorar no menu europeu, que muda diariamente, mas provavelmente incluirá língua de boi escaldada no leite; mexilhões no curry e creme; ou um grelhado misto de carne de cordeiro, fígado e pâncreas de bezerro. As seleções de frutos do mar são deleitáveis. "The Cow Special" – meia dúzia de mariscos irlandeses com uma cerveja Guiness ou uma taça de vinho por £11 (US$ 22) – é a estrela do show. Um bar rústico abaixo serve outras opções de frutos do mar frescos.

89 Westbourne Park Rd., W2. ✆ **020/7221-0021**. Exige reservas. Pratos principais £16-£20 (US$ 32-US$ 40). MC, V. Diariamente, do meio dia à meia noite. Metrô: Westbourne Grove.

BARATO

Prince Bonaparte INTERNACIONAL Este restaurante alternativo serve uma ótima comida de pub no que foi um boteco ordinário (quando Notting Hill ainda não estava na moda). Agora, pessoas bonitas e jovens aparecem, passeando pelas calçadas quando as noites estão quentes. O pub é cheio de móveis que não combinam, de escolas e igrejas; e CDs de jazz e blues lento enchem o ar, competindo com os murmúrios. Pode parecer, à primeira vista, que o atendimento não está bom, mas uma vez que a comida chega, você não se importa – os pratos servidos aqui são muito bons. O menu passeia pelo mundo em busca de inspiração: o frango marroquino com cuscuz é tão bom quanto os que você encontraria em Marrakesh, e o risoto de frutos do mar é delicioso. O Cordeiro assado, tenro e suculento, aparece no menu de domingo. Recomendamos a London Pride ou Grolsch para ajudar a descer tudo isso.

80 Chepstow Rd., W2. ✆ **020/7313-9491**. Não exige reservas. Pratos principais £8-£10 (US$ 16-US$ 20). AE, MC, V. De segunda a sábado, do meio dia às 22h30. Metrô: Notting Hill Gate ou Westbourne Park.

4

Explorando Londres

O Dr. Samuel Johnson disse, "Quando alguém se cansa de Londres, se cansa da vida, pois em Londres há tudo o que a vida pode proporcionar". Levaria uma vida inteira para explorar todas as vielas, ruas e praças desta cidade. Já que você não tem uma vida para gastar, escolhemos o que Londres tem de melhor para oferecer.

Para os visitantes, a principal pergunta não é o que fazer, mas o que fazer primeiro. A seção "Principais Atrações", abaixo, deve ajudar.

Um aviso sobre entrada e horas de funcionamento: Nas listagens abaixo, os preços para crianças geralmente se aplicam para aqueles com 16 anos ou menos. Para ter direito ao desconto para idosos, as mulheres devem ter 60 anos ou mais e os homens, 65 ou mais. Os estudantes devem apresentar uma carteira de estudante para obter descontos, quando disponíveis. Além de fechar em feriados bancários, muitas atrações fecham no Natal e no Ano Novo (e, em alguns casos, no começo de maio), portanto ligue antecipadamente se estiver visitando durante esses períodos. Todos os museus fecham na Sexta-Feira Santa, de 24 de dezembro até 26 de dezembro e no dia de Ano Novo.

1. As Principais Atrações

British Museum ★★★ Na acadêmica Bloomsbury, este imenso museu nasceu a partir de uma coleção privada de manuscritos adquirida em 1753, com o prêmio de uma loteria. Cresceu e cresceu, alimentado por legados, descobertas e aquisições, até que se tornou uma das mais abrangentes coleções de arte e de artefatos no mundo. É impossível percorrer todo o museu em apenas um dia.

O museu é dividido basicamente em coleções nacionais de antiguidades; impressões e desenhos; moedas, medalhas e cédulas; e etnografia. Mesmo em uma primeira visita apressada, veja as coleções asiáticas (a melhor coleção de vasos islâmicos fora do mundo islâmico), as porcelanas chinesas, as esculturas indianas e as coleções pré-históricas e romano-britânicas. Os tesouros especiais pelos quais você pode se interessar em sua visita incluem a **Pedra de Roseta**, no Salão Egípcio, cuja descoberta levou a decifrar os hieróglifos; as **Esculturas do Parthenon,** uma série de frontões triangulares, métopes e frisos do Parthenon em Atenas, na Duveen Gallery; e o lendário **Obelisco Negro**, datado de 860 AC, na Nimrud Gallery. Outros tesouros incluem o conteúdo das tumbas re-

Atrações em Londres

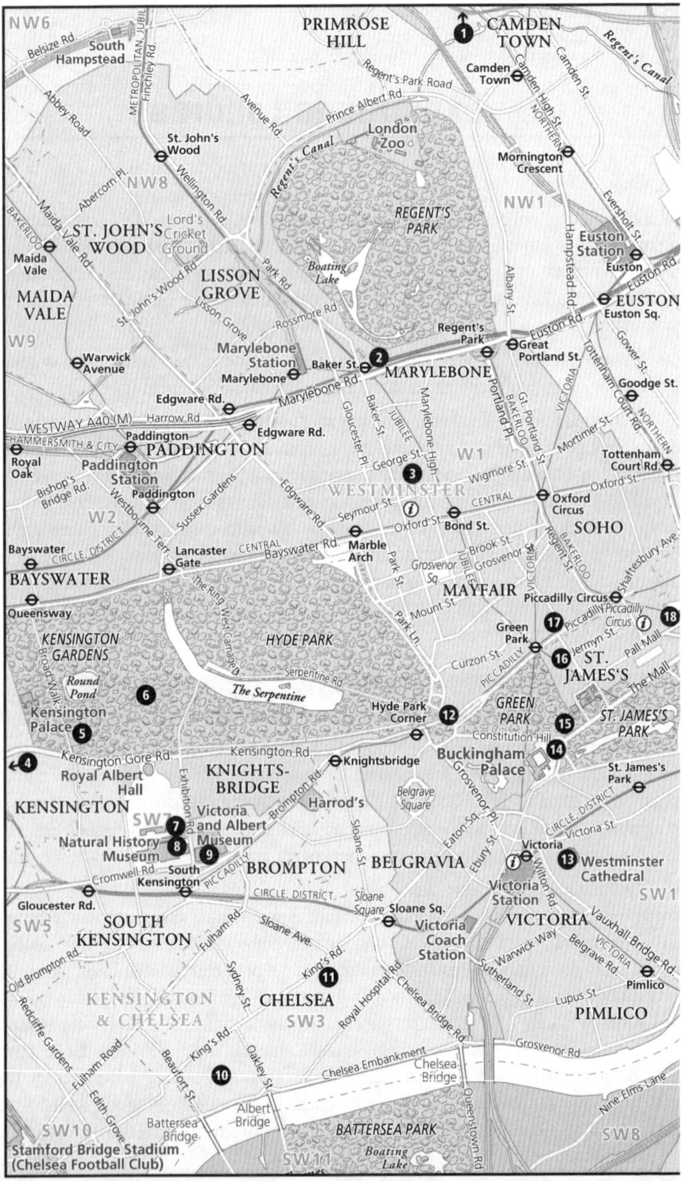

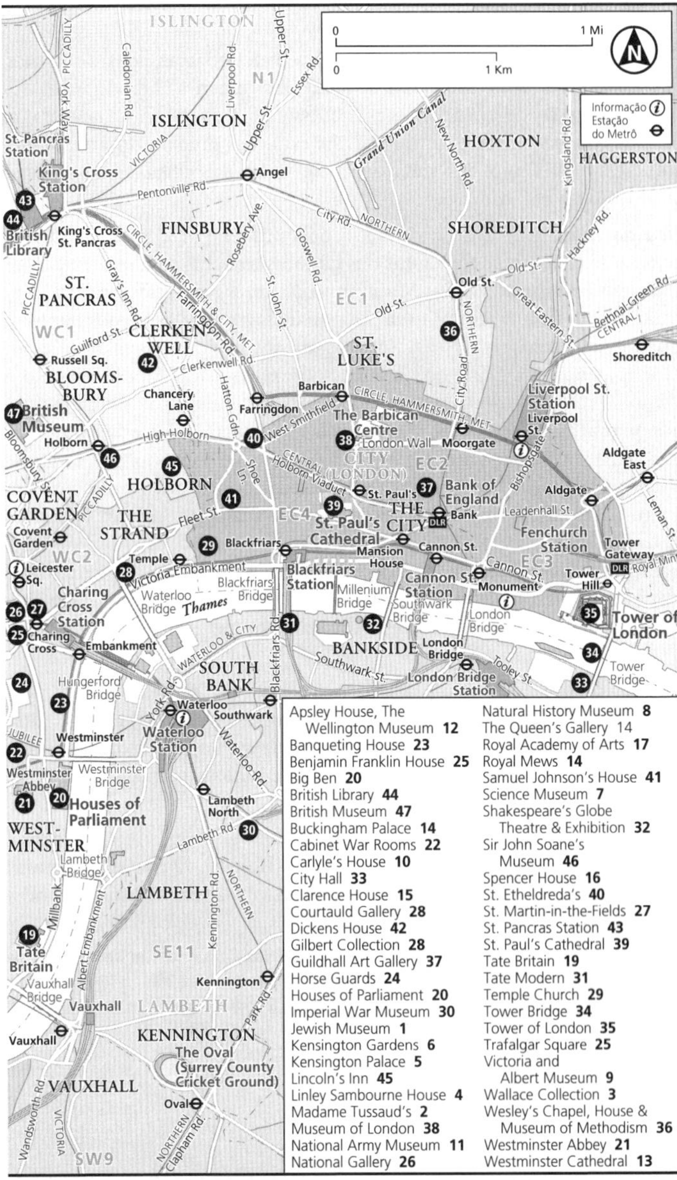

Apsley House, The Wellington Museum **12**
Banqueting House **23**
Benjamin Franklin House **25**
Big Ben **20**
British Library **44**
British Museum **47**
Buckingham Palace **14**
Cabinet War Rooms **22**
Carlyle's House **10**
City Hall **33**
Clarence House **15**
Courtauld Gallery **28**
Dickens House **42**
Gilbert Collection **28**
Guildhall Art Gallery **37**
Horse Guards **24**
Houses of Parliament **20**
Imperial War Museum **30**
Jewish Museum **1**
Kensington Gardens **6**
Kensington Palace **5**
Lincoln's Inn **45**
Linley Sambourne House **4**
Madame Tussaud's **2**
Museum of London **38**
National Army Museum **11**
National Gallery **26**
Natural History Museum **8**
The Queen's Gallery 14
Royal Academy of Arts **17**
Royal Mews **14**
Samuel Johnson's House **41**
Science Museum **7**
Shakespeare's Globe Theatre & Exhibition **32**
Sir John Soane's Museum **46**
Spencer House **16**
St. Etheldreda's **40**
St. Martin-in-the-Fields **27**
St. Pancras Station **43**
St. Paul's Cathedral **39**
Tate Britain **19**
Tate Modern **31**
Temple Church **29**
Tower Bridge **34**
Tower of London **35**
Trafalgar Square **25**
Victoria and Albert Museum **9**
Wallace Collection **3**
Wesley's Chapel, House & Museum of Methodism **36**
Westminster Abbey **21**
Westminster Cathedral **13**

ais egípcias (incluindo múmias); fabulosas variedades de joias, adornos, armas, móveis e ferramentas com 2000 anos de idade; instrumentos astronômicos dos babilônios; e estatuas de leões com asas (no Assyrian Transept), que guardavam o palácio de Ashurnasirpal, em Nimrud. As exibições mudam durante o ano, portanto, se quiser muito ver uma dessas relíquias específica, ligue para ter certeza de que está em exibição.

Dica do nativo: Se estiver visitando pela primeira vez, você vai querer, com certeza, se concentrar em alguns dos famosos tesouros citados acima. Mas o que fazemos é entrar no British Museum várias vezes em nossas visitas a Londres, mesmo se tivermos apenas uma hora ou duas para ver as menos famosas, mas igualmente fascinantes peças. Recomendamos percorrer as salas 33 e 34, e da 91 a 94, para ver a glória do Oriente, sobre o Taoísmo, Confuncionismo e Budismo. A coleção chinesa é particularmente forte. Esculturas indianas são tão boas quanto as que estão no The Victoria and Albert. A Galeria Mexicana, na sala 33C, acompanha a arte do México desde o segundo milênio antes de Cristo até o século 16. Uma galeria para a coleção norte-americana também está perto. Outra seção do museu é devotada à **Sainsbury African Galleries** *, uma das melhores coleções de arte africana, com mais de 200 mil objetos. Finalmente, a Money Gallery, na sala 68, traça a história do dinheiro. Você aprenderá que, por volta do ano 2000 a.C, na Mesopotâmia, grãos eram usados como unidade monetária, e que o dinheiro impresso apareceu no século 10, na China.

O pátio interno do museu é agora coberto por um telhado leve e transparente, transformando a área em uma praça coberta que abriga um Centre for Education, espaço de exibição, livrarias e restaurantes. O centro da Great Court apresenta a Round Reading Room, que é famoso como o lugar onde Karl Marx ficava enquanto escrevia *Das Kapital.*

Finalmente, um ***aviso:*** cuidado com a carteira enquanto estiver entre a multidão, particularmente em frente à Pedra de Rosetta. O museu é gratuito e tende a atrair alguns ladrões. Para mais informações sobre a British Library, veja a página 132.

Great Russell St., WC1. ✆ **020/7323-8299** ou 020/7636-1555 para informações gravadas. www.britishmuseum.org. Entrada grátis. De sábado a quarta, das 10h às 17h30; quinta e sexta, das 10h às 20h30. Metrô: Holborn, Tottenham Court Rd., Goodge St. ou Russell Sq.

Dicas **Para economizar tempo**

Com 4 km de galerias, o **British Museum** é surpreendente. Para ter uma ideia geral, recomendamos que você faça uma visita guiada de 1 hora e meia por £8 (US$ 16), £5 (US$ 10) para estudantes e crianças de dez anos ou menos, diariamente às 10h30, 13h ou 15h. Depois, você pode voltar às galerias que mais lhe interessam. Se tiver tempo limitado para passar no museu, concentre-se nas salas gregas e romanas (números 11-23, 69-73 e 77-85) que contêm os tesouros dourados de guerra, que foram comprados ou roubados das antigas colônias do Império. Para mais informações sobre a British Library, veja a página 132.

Palácio de Buckingham ★★ *Crianças* Este edifício imponente e grandioso é a residência oficial da Rainha. O palácio de tijolos vermelhos foi construído como uma casa de campo para o notório devasso Duque de Buckingham. Em 1762, o Rei Jorge III, que precisava de espaço para seus 15 filhos, o comprou. Porém, o palácio não se tornou a residência oficial real até que a Rainha Vitória ocupou o trono; ela o preferia ao Palácio de St. James. Desde o tempo de Jorge III, o edifício foi continuamente expandido e remodelado, com pedras de Portland na fachada e duas vezes bombardeado (durante a Blitz). Localizado em um jardim de 16 hectares, tem 108 metros de comprimento e contém 600 quartos. Você pode saber se a Rainha está em casa ao ver se a Bandeira Real está no mastro externo. Na maior parte do ano, você não pode visitar o palácio sem um convite oficial. Desde 1993, porém, muito do palácio se abriu para excursões durante um período de 8 semanas em agosto e setembro, quando a família real está de férias fora de Londres. Elizabeth II concordou em permitir que turistas conheçam a State Room, a Grand Staircase, o Throne Room e outras áreas projetadas por John Nash para Jorge IV, assim como a Picture Gallery, que exibe obras primas de Van Dyck, Rembrandt, Rubens e outros. É necessário comprar um bilhete de entrada temporária no mesmo dia em que deseja visitar o palácio. Os bilhetes começam a ser vendidos a partir das 9h, mas ao invés de pegar fila ao nascer do sol com todos os demais turistas – esta é uma das atrações mais populares de Londres – agende por telefone com um cartão de crédito e dê a si mesmo mais algumas horas de sono.

Durante as oito semanas do verão, os visitantes também podem passear pelo jardim da família real, uma caminhada de 4,5 km pelo lado sul da pro-

Dicas A Guarda Não Muda Todos os Dias

O calendário para a cerimônia de Troca de Guarda é variável, na melhor das hipóteses. Em teoria, pelo menos, a guarda é trocada diariamente desde maio até o meio de julho, quando entra em seu calendário de "inverno" – ou seja, dias alternados. Sempre verifique em sua cidade, com seu agente de viagens, para saber se há possibilidade de isso ocorrer durante sua visita. A cerimônia às vezes é adiada na última hora, deixando milhares de turistas sentindo que perderam uma atração obrigatória de Londres (embora digamos que isso é um exagero).

priedade, com vistas para um lago e a parte oeste do palácio, geralmente inacessível. O jardim é lar de 30 tipos de pássaros e 350 variedades de flores.

O espetáculo mais famoso do Palácio de Buckingham é a **Troca da Guarda** (diariamente de abril a julho e em dias alternados para o restante do ano). A nova guarda, marchando atrás de uma banda, vem tanto dos quartéis de Wellington ou Chelsea e rende a velha guarda no pátio de frente ao palácio. A cerimônia começa às 11h30, embora seja frequentemente cancelada devido ao mau tempo, eventos nacionais e outras razões difíceis de compreender. Gostamos mais da troca de guarda na Horse Guards (página 126), porque você pode ver de verdade os homens marchando e não é necessário pelejar contra a horda de turistas. Porém, alguns marinheiros de primeira viagem não resistirão ao fascínio (um tanto exagerado) da Troca de Guarda do Palácio de Buckingham. Se você está entre eles, chegue cedo, pelo menos às 10h30 e proclame direitos territoriais sobre o espaço defronte ao palácio. Se não estiver firmemente ancorado nele, você perderá muito da cerimônia.

Ao fim do Mall (na avenida que começa em Trafalgar Sq.). ✆ **020/7766-7300**. www.royalcollection.org.uk. Excursões pelo palácio £15 (US$ 30) adultos, £14 (US$ 28) 60 anos ou mais e estudantes, £8,50 (US$ 17) entre 5 e 16 anos, grátis para 4 anos ou menos. Bilhete familiar £39 (US$ 78). Troca da guarda grátis. De 26 de julho a 24 de setembro (datas podem mudar), e datas adicionais podem ser incluídas. Diariamente, das 9h45 às 18h. Troca da guarda diariamente a partir de abril até julho, às 11h30 e em dias alternados para o resto do ano, às 11h. Metrô: St. James's Park, Green Park ou Victoria.

Clarence House ★★ Desde 1953 até sua morte, em 2002, a Rainha Mãe viveu em Clarence House, em uma ala do Palácio de St. James. Foi construído entre 1825 e 1927 com projeto de John Nash. Hoje, é a residência oficial do

Príncipe de Gales, e é aberto ao público apenas durante um período determinado do ano (veja abaixo). A atual Rainha Elizabeth e o Duque de Edimburgo viveram aqui depois de seu casamento, em 1947.

Com a morte da Rainha Mãe, a casa foi reformada e redecorada com antiguidades e arte da coleção real. Os visitantes são levados por uma excursão guiada a cinco dos quartos, onde muito da coleção de arte e os móveis da Rainha estão em exibição, juntamente com peças acrescentadas pelo Príncipe Charles. A Rainha Mãe tinha uma impressionante coleção de arte britânica do século 20, incluindo trabalhos de John Piper, Augustus John e Graham Sutherland. Ela era também conhecida por sua excelente coleção de Fabergé e porcelana e prataria inglesas, especialmente peças da coleção de sua família (a família Bowes-Lyon).

Stable Yard Gate, SW1. ✆ **020/7766-7303**. www.royal.collection.org.uk. Entrada £7,50 (US$ 15) adultos, £6,50 (US$ 13) idosos e estudantes, £4 (US$ 8) crianças de idade entre 5 e 16 anos, grátis para menores de 4 anos. De 1 de agosto a 30 de setembro (datas podem mudar — ligue antes), diariamente das 10h às 17h30. Metrô: Green Park ou St. James's Park.

Houses of Parliament & Big Ben ★★* As Casas do Parlamento, junto com a torre do relógio característico, o Big Ben, são os maiores símbolos de Londres. São os pilares da democracia britânica, as assembleias que efetivamente cortaram as amarras do poder real. Tanto a Casa dos Comuns quanto a Casa dos Lordes estão no antigo Palácio Real de Westminster, que foi a residência do rei até que Henrique VIII se mudou para Whitehall. Os edifícios atuais em estilo Gothic Revival são de 1840 e foram projetados por Charles Barry (os edifícios anteriores foram destruídos por um incêndio em 1834). Há mais de 1000 salas e 3 km de corredores. O relógio da torre, nas casas mais a leste, abriga o relógio mais famoso do mundo. O **"Big Ben"** não é o nome da própria torre do relógio, mas o grande sino na cumeira, que pesa quase 14 toneladas e recebeu este nome por causa do primeiro gerente dos trabalhos, Sir Benjamin Hall.

Você pode observar debates de graça nas **Stranger's Galleries**, em ambas as casas. As sessões geralmente começam no meio de outubro e vão até o fim de julho, com recessos no Natal e na Páscoa. As chances de entrar na Casa dos Lordes durante a sessão são geralmente maiores do que na mais popular Casa dos Comuns. Embora não possamos lhe prometer a oratória de um Charles James Fox ou de um William Pitt the Elder, os debates na Casa dos Comuns são geralmente vivos e controversos (os assentos custam mais durante as crises).

Aqueles que gostam de agendar uma excursão podem fazê-lo, mas custa um pouco de trabalho. As duas casas abrem ao público em geral para visitas acompanhadas apenas para uma sessão limitada em julho e em agosto. O palácio abre às segundas, terças, sextas e sábados, das 9h15 às 16h30, durante estes dias. Todos os ingressos de excursão custam £12 (US$ 24) adultos; £8 (US$ 16) idosos, estudantes e crianças de 4 a 16 anos; e £30 (US$ 60) a entrada familiar. Crianças com 3 anos de idade ou menos entram de graça. Para ingressos antecipados, ligue para ✆ **08709/063773.**

Se você chegar apenas para assistir a uma sessão, estas são grátis. Você fica na fita na Stephen's Gate, optando por entrar pela esquerda, na Casa dos Comuns, ou à direita, na Casa dos Lordes. Os jornais diários de Londres anunciam as sessões do Parlamento.

Dica de nativo: O ingresso mais procurado e o período mais divertido para visitar é durante o "Prime Minister's Question Time", às quartas, que é apenas do meio dia às 12h30, mas que parece ser horas para o primeiro-ministro, que está com a batata quente, trocando farpas com os MP (membros do Parlamento). Visitantes estrangeiros e do Commonwealth devem solicitar, em suas embaixadas, ou na High Commission, no Reino Unido, por um cartão de apresentação, o que normalmente permite entrada por volta das 11h30. As embaixadas e as High Commissions pode emitir não mais que quatro cartões ao dia, portanto os visitantes de certos países podem descobrir que os cartões são reservados com muitas semanas de antecedência. Entenda que tais cartões não garantem sua entrada. Com frequência, portadores não são admitidos até *depois* do Question Time. As embaixadas britânicas no exterior não emitem estes cartões.

Cruzando a rua, está a **Jewel Tower** ★, Abingdon Street (**✆ 020/7222-2219**), um dos dois prédios sobreviventes do Palácio de Westminster medieval. Foi construída em 1365 como um lugar para que Eduardo III escondesse seu cofre do tesouro. A torre abriga uma exposição sobre a história do Parlamento e é uma grande introdução à máquina de funcionamento do governo britânico. A apresentação de vídeo no último andar é muito informativa. Um computador com tela sensível ao toque proporciona aos turistas uma excursão virtual pelas duas casas do Parlamento.

Westminster Palace, Old Palace Yard, SW1. House of Commons ✆ **020/7219-4272**. House of Lords 020/72219-3107. www.parliament.uk. Entrada grátis. House of Lords, do meio de outubro até agosto. Segunda a quarta, a partir das 14h30, quinta a partir das 11h e às vezes sexta (ligue para confirmar). House of Commons, do meio de outubro até agosto. Segunda, das 14h30 às 22h30, terça e quarta, das 11h30 às 19h30, quinta das 11h30 às 18h e nem sempre aberto às sextas — ligue com antecedência. Ambas as casas estão abertas para excursões (ver acima). Entre na fila da entrada de St. Stephen. Jewel Tower £2,90 (US$ 5,80) adultos, £2,20 (US$ 4,40) estudantes e idosos, £1,50 (US$ 3) crianças. Diariamente, das 10h às 17h. de abril a outubro, e das 10h às 16h de novembro a março. Metrô: Westminster.

Kensington Palace ★ Crianças Uma vez residência dos monarcas britânicos, o Palácio de Kensington não é a residência oficial dos reis vigentes desde Jorge II, que morreu em 1760. William III e Maria II o compraram em 1689 para escapar das úmidas salas reais às margens do Tâmisa. Desde o final do século 18, o palácio abrigou vários membros da família real, e os Apartamentos Reais estão abertos para excursões.

Foi aqui que, em 1837, uma jovem Victoria foi despertada com a notícia de que seu tio, William IV, falecera e ela era agora a Rainha da Inglaterra. É possível ver uma coleção Vitoriana aqui, incluído algo de sua memorabilia. Nos apartamentos da Rainha Maria II há uma surpreendente escrivaninha embutida do século 17, com uma couraça de tartaruga. Quadros da Coleção Real adornam as paredes. Um raro vestido de dama de 1750 e esplêndidos exemplos de roupas masculinas da corte do século 18 estão em exibição nos quartos adjacentes aos Apartamentos Reais, como parte da Royal Ceremonial Dress Collection, que apresenta roupas reais de até 200 anos atrás.

Kensington Palace foi o lar, em Londres, da finada Princesa Margaret, e a residência atual do Duque e da Duquesa de Kent. O palácio também foi o lar de Diana, Princesa de Gales, e de seus dois filhos (William e Harry agora vivem com seu pai no Palácio de St. James). O palácio é provavelmente mais conhecido pelas milhares de flores colocadas diante dele durante os dias que se seguiram à morte de Diana. O antigo apartamento da finada Princesa Margaret foi aberto ao público como um centro de educação e um espaço de exibição para roupas cerimoniais reais.

Aviso: Você não pode visitar os apartamentos onde a Princesa Diana viveu ou onde Diana e Charles viveram juntos até que se separaram. Muitos turistas acham que conseguirão dar uma espiada nestes quartos, mas se desapontam. Charles e Diana viveram no lado oeste do palácio, ainda ocupado hoje pela realeza menor.

Os **Kensington Gardens** estão abertos ao público para passeios de lazer através dos jardins cuidados e ao redor do Lago Real. Uma das vistas mais famosas é o controverso Albert Memorial, um resistente tributo não apenas ao consorte de Vitória, mas também ao questionável gosto artístico da era Vitoriana. Há um maravilhoso chá da tarde oferecido na Orangery.

The Broad Walk, Kensington Gardens, W8. ✆ **0870/7515-170**. Entrada £12 (US$ 24) adultos, £10 (US$ 20) idosos e estudantes, £10 (US$ 20) crianças de 5 a 15 anos, £34 (US$ 68) ingresso familiar. De março a outubro, das 10h às 18; de novembro a fevereiro, diariamente das 10h às 17h. Metrô: Queensway ou Notting Hill Gate; High St. Kensington ao sul.

Dado Engraçado **Trafalgar: A Praça Mais Famosa de Londres**

Londres é uma cidade cheia de praças históricas. Sem dúvida, a mais conhecida é **Trafalgar Square** ★★ (www.london.gov.uk/trafalgarsquare; Metrô: Charing Cross), que honra um dos maiores heróis militares ingleses, Horatio Viscount Nelson (1758-1805). Embora enjoasse no mar, ele entrou no mar com 12 anos e se tornou almirante aos 39. Nelson foi o herói da Batalha de Calvi, em 1794, onde ele perdeu um olho; da batalha de Santa Cruz, em 1797, onde perdeu um braço; e da batalha de Trafalgar, em 1805, onde perdeu a vida. Ele também é famoso pelo seu caso com Lady Hamilton, o assunto de livros e filmes (incluindo *"That Hamilton Woman"*, com Laurence Olivier e Vivien Leigh).

A praça é dominada pela escultura de 44 metros em granito, *Nelsons Column*, erguida por E. H. Baily em 1843. A coluna encara Whitehall na direção do Old Admiralty, onde jaz o corpo de Lord Nelson. A figura do herói naval mede 5 metros – nada mal para quem media 1,60 metro na vida real. O principal é de bronze, fundido a partir dos canhões recuperados do naufrágio do *Royal George*, que afundou em 1782. O pintor de animais predileto da Rainha Vitória, Sir Edward Landseer, acrescentou os quatro leões na base da coluna, em 1868. As piscinas e as fontes não foram adicionadas até 1939; foram a última obra de Sir Edwin Lutyens.

National Gallery ★★★ Este imponente prédio neoclássico contém uma coleção imcomparável de arte ocidental abrangendo sete séculos – do final do século 13 até o começo do século 20 – e cobrindo toda grande escola europeia. Pela clara habilidade de exibição e arranjo, ele supera seus semelhantes em Paris, Nova York, Madri e Amsterdam.

A maior parte da coleção é devotada aos italianos, incluindo os mestres de Siena, Veneza e Florença. Eles estão agora abrigados na Sainsbury Wing, que foi projetada pelos famosos arquitetos Robert Venturi e Denise Scott Brown, e inaugurada pela Rainha Elizabeth em 1991. Em exibição, estão trabalhos como *Virgem das Pedras*, de Leonardo da Vinci; *Baco e Ariadne*, de Tito; *Adoração da Magi*, de Giorgione; e telas inesquecíveis de Bellini, Veronese, Botticelli e Tintoretto. A tela *Vênus e Marte*, de Botticelli, é eternamente encantadora.

Do começo das obras góticas, o Wilton Diptych (escola francesa ou inglesa, final do século 14) é o tesouro mais raro; ele retrata Ricardo II sendo

Manifestações políticas ocorrem na praça e ao redor da coluna, que tem os pombos mais agressivos de Londres. Muito do mundo se concentra na praça via câmeras de TV no dia de Ano Novo, enquanto os foliões pulam nas frias águas das fontes. A árvore de Natal que é instalada aqui todo dezembro é um presente da Noruega ao povo britânico, como agradecimento à escolta britânica da família real norueguesa durante a Segunda Guerra Mundial. A árvore é cercada de rezadeiras, em muitas noites de dezembro. Por todo o ano, intérpretes de rua (agora devidamente licenciados) divertem na esperança de receber um sinal de agradecimento pelos seus esforços.

Ao sudeste da praça, na 36 Craven St., fica uma casa que foi ocupada por Benjamin Franklin de 1757 a 1774. Ao norte da praça ergue-se a National Gallery, construído nos anos 1830. Na frente do edifício está uma cópia da estátua de George Washington, por J. A. Houdon.

À esquerda de St. Martin's Place está a National Portrait Gallery, uma coleção de retratos de britânicos famosos – desde Chaucer e Shakespeare até Neil Gwynne, Margaret Thatcher e Lady Diana. Também na praça está o campanário de St. Martin-in-the-Fields, o lugar do descanso final de Sir Joshua Reynolds, William Hogarth e Thomas Chippendale.

apresentado à Virgem Maria e ao Menino Jesus por São João Batista e os reis saxões, Edmundo e Eduardo, o Confessor. Depois vêm os gigantes espanhóis: *Agonia no Paraíso*, de El Greco e retratos de Goya e Velázquez. A escolha flamenca é representada por Bruegel, Jan van Eyck, Vermeer, Rubens e de Hooch; os Rembrandts incluem dois de seus imortais autorretratos. Nada da arte de van Eyck cria tanta surpresa quanto o **Retrato Arnolfini**. A impressionante obra retrata Giovanni di Nicolao Arnolfini e sua esposa (que não está grávida, como geralmente se pensa; ela está apenas segurando seu vestido comprido na moda da época). Há também uma coleção imensa de impressionistas e pós impressionistas franceses que inclui obras de Manet, Monet, Degas, Renoir e Cézanne. Particularmente encantador é o gabinete *peep-show* de Hoogstraten em uma das salas holandesas: é como espiar pelo buraco da fechadura.

A arte britânica e a arte moderna são as especialidades da Tate Gallery (página 116), mas a National Gallery possui algumas obras primas britânicas do século 18, incluindo trabalhos de Hogarth, Gainsborough, Reynolds, Constable e Turner.

Excursões acompanhadas na National Gallery são oferecidas duas vezes ao dia, com um tour extra às quartas. A gravação da visita guiada na Galeria está disponível. Um CD player portátil fornece informações sobre as pinturas de sua escolha ao simples apertar de um botão. Embora o serviço seja grátis, contribuições são esperadas.

Dica de nativo: A National Gallery tem um centro de serviços de computador onde você pode desenhar seu próprio mapa gratuitamente. A sala de computadores, localizada na Micro Gallery, inclui uma dúzia de computadores a disposição. O sistema online lista 2.200 pinturas e tem notas explicativas para cada trabalho. Usando um computador de tela sensível ao toque, você pode planejar sua própria excursão ao selecionar um máximo de 10 telas que gostaria de ver. Após selecionar o que você deseja ver, é possível imprimir seu mapa particular com suas escolhas.

Lado norte da Trafalgar Sq., WC2. ✆ **020/7747-2885**. www.nationalgallery.org.uk. Entrada grátis. De quinta a terça, das 10h às 18h; quarta, das 10h às 21h. Metrô: Charing Cross ou Leicester Sq.

National Portrait Gallery ★★ Em uma galeria de retratos notáveis, e outros nem tanto (foram reunidos pelo seu tema, e não pelo seu valor artístico), alguns retratos são melhores que os demais, incluindo o primeiro retrato de Samuel Johnson feito por Sir Joshua Reynolds ("um homem da mais terrível aparência"), a miniatura feita por Nicholas Hilliard do belo Sir Walter Raleigh, um em tamanho natural de Elizabeth I e um desenho de Holbein de Henrique VIII. Há também um retrato de William Shakespeare (com um brinco de ouro) por um artista desconhecido que merece o crédito de ser "a mais autêntica semelhança contemporânea" de seu assunto. Um dos mais famosos quadros na galeria é o retrato em grupo das irmãs Brontë (Charlotte, Emily e Anne) pelo irmão delas, Bramwell. Um retrato idealizado de Lord Byron, por Thomas Phillips, também está em exibição.

As galerias de retratos Vitorianos e do século 20 foram radicalmente redesenhadas. Algumas das personalidades mais extravagantes dos dois últimos séculos estão à mostra: T. S. Elliot; Disraeli; Macmillan; Sir Richard Burton (o explorador, não o ator); Elizabeth Taylor e nossos dois prediletos, o famoso retrato de G.F. Watts, da grande atriz Ellen Terry, também sua esposa, e o retrato de Vanessa Bell de sua irmã, Virginia Woolf. Talvez não seja surpresa, mas um retrato da finada Princesa Diana na Royal Landing parece atrair a maioria dos visitantes.

No ano 2000, a Rainha Elizabeth inaugurou a Ondaatje Wing da galeria, aumentando o espaço de exibição da galeria em mais de 50%. O mais intrigante do novo espaço é a esplêndida Tudor Gallery, apresentando retratos de Ricardo III e de Henrique VII. Há também um retrato de Shakespeare, adquirido pela galeria em 1856. Uma Balcony Gallery adentra pelo culto de celebridades, exibindo rostos mais recentes, cuja fama durou mais que os 15 minutos de Warhol. Estes incluem todos, desde Mick Jagger até Joan Collins e, claro, a Baronesa Thatcher. A galeria também possui uma cafeteria e uma livraria de arte.

St. Martin's Place, WC2. ✆ **020/7306-0055**. www.npg.org.uk. Entrada grátis; uma taxa é cobrada para certas exibições temporárias. De sábado a quarta, das 10h às 18h; quinta e sexta, das 10h às 21h. Metrô: Charing Cross ou Leicester Sq.

St. Paul's Cathedral ★★★ Durante a Segunda Guerra Mundial, chegaram imagens aos Estados Unidos mostrando a St. Paul's Cathedral resistindo praticamente sozinha entre os destroços da City, seu domo aceso pelo incêndio causado pelos bombardeios ao seu redor. A catedral ter sobrevivido é um milagre, já que foi duramente atingida duas vezes durante os anos iniciais do bombardeio de Londres. Mas St. Paul está acostumada à calamidade, tendo sido incendiada três vezes e destruída por invasores normandos. A velha St. Paul foi arrasada pelo Grande Incêndio de 1666, abrindo espaço para uma nova estrutura desenhada por Sir Christopher Wren e construída entre 1675 e 1710. A catedral é a grande obra prima do gênio Wren.

O clássico domo de St. Paul domina a milha quadrada da City. A cruz dourada acima dela está a 110 metros acima do solo; a bola dourada sobre a qual está a cruz mede 2 metros em diâmetro, embora pareça uma bola de gude vista do chão. No interior da abóbada está a **Whispering Gallery**, uma maravilha acústica no qual o mínimo sussurro pode ser ouvido claramente do outro lado. Sente-se de um lado, deixe que seus companheiros de viagem vão para o outro, e sussurre. Você pode subir até o topo do domo para uma visão de 360 graus de Londres. Uma segunda escadaria, igualmente íngreme, leva da Whispering Gallery até a **Stone Gallery**, que se abre para uma visão panorâmica de Londres. Outros 153 degraus levam à **Inner Golden Gallery**, situada no topo do domo interior. Aqui, uma visão ainda mais panorâmica de Londres se revela.

St. Paul's Churchyard, EC4. ✆ **020/7246-8350**. www.stpauls.co.uk. Catedral e galerias £9,50 (US$ 19) adultos, £8,50 (US$ 17) idosos e estudantes, £3,50 (US$ 7) crianças de 6

Momentos **As Rosas São Vermelhas**

Uma das atividades mais prazerosas de uma visita a Londres na primavera é caminhar pelos jardins de St. Paul's quando as rosas estão florescendo.

---

a 16 anos, £23 (US$ 46) ingresso familiar. Excursões com guias £3 (US$ 6) adultos, £2,50 (US$ 5) idosos e estudantes, £1 (US$ 2) crianças de 6 a 16 anos; excursões gravadas £3,50 (US$ 7), grátis para crianças de 5 anos ou menos. Catedral (excluindo galerias) de segunda a sábado, das 8h30 às 16h; galerias, de segunda a sábado, das 9h30 às 16h. Não há visitas no domingo (apenas missas). Metrô: St. Paul's, Mansion House, Cannon St e Blackfriars.

Tate Britain ★★★ De frente para o Tâmisa, perto da Vauxhall Bridge, em Pimlico, o Tate parece uma versão menor e mais graciosa do British Museum. Considerada a galeria de mais prestígio no Reino Unido, ela abriga as coleções nacionais, com exemplos da arte britânica desde o século 16 até o dia de hoje, assim como uma gama de obras internacionais. A coleção de arte do Tate de arte dos séculos 20 e 21 está abrigada no **Tate Modern** (veja abaixo), mas a coleção do Tate Britain é ainda muito grande para ser exibida de uma só vez, assim os trabalhos em exposição mudam periodicamente.

As obras mais velhas incluem algumas das melhores de Gainsborough, Reynolds, Stubbs, Blake e Constable. William Hogart está bem representado, particularmente pela sua satírica *O the Roast Beef of old England* (também conhecida como *The Gate of Calais*). Você encontrará as ilustrações de William Blake, o incomparável poeta místico, incluindo trabalhos como "*O Livro de Jó*", "*A Divina Comédia*" e "*Paraíso Perdido*". A coleção de obras por J. M. W. Turner é a maior do Tate para um único artista – o próprio Turner legou a maior parte de seus quadros e aquarelas à nação.

Também em exibição estão obras de muitos dos principais pintores dos séculos 19 e 20, incluindo Paul Nash, Matisse, Dalí, Modigliani, Munch, Bonnard e Picasso. Realmente notáveis são as muitas enormes telas abstratas de Mark Rothko, o grupo de pinturas e esculturas de Giacometti e as pinturas de um dos mais conhecidos artistas modernos ingleses, Francis Bacon.

Dica do nativo: Depois de ver a grande arte, não vá embora correndo. Passe na Tate Gallery Shop para comprar alguns dos melhores livros de arte e cartões postais de Londres. A galeria vende divertidas camisetas com obras de arte estampadas. As universais bolsas de telas da Tate Gallery, que podem ser vistas por toda Londres, são vendidas aqui, como são os melhores cartazes de arte da cidade. Convide seus amigos para tomar chá no Coffee Shop, com seus excelentes bolos e doces, ou almoce no restaurante Rex Whistler (página 92). Você apreciará boa comida, a arte do Rex Whistler e a melhor carta de vinhos em Londres, com bons preços.

Millbank, SW1. ✆ **020/7887-8008**. www.tate.org.uk. Entrada grátis; exibições especiais às vezes cobram ingressos de £7-£11 (US$ 14-US$ 22). Diariamente, das 10h30 às 17h50. Metrô: Pimlico.

Tate Modern ★★★ Na transformada Bankside Power Station, em Southwark, este museu atrai cerca de dois milhões de visitantes ao ano para ver a maior coleção de arte internacional do século 20 no Reino Unido. Como poderíamos avaliar a coleção? Ao mesmo nível do Pompidou, em Paris, com uma pequena vantagem sobre o Guggenheim de Nova York. O Tate Modern é de fácil visitação, com quadros suspensos à altura dos olhos. Todas as grandes estrelas da pintura estão aqui – toda uma galáxia compreendendo desde Dalí até Duchamp, de Giacometti até Matisse e Mondrian, de Picasso e Pollock até Rothko e Warhol. O Modern também é uma galeria de arte do século 21, exibindo obras novas e excitantes.

O Tate Modern usa muito vidro, tanto em seu exterior, quanto em seu interior, oferecendo vistas panorâmicas. As galerias são distribuídas sobre três pisos e fornecem uma variedade de espaços para exibição. Ao invés de exibir a arte cronologicamente, e por escola, o Tate Modern, em uma quebra radical com a tradição, adota uma abordagem temática. Isso permite exibições que passam por vários movimentos.

Você pode cruzar a Millenium Bridge, uma passagem apenas para pedestres desde os degraus de St. Paul's, sobre o Tâmisa até a galeria. Ou você pode pegar o bote **Tate to Tate** (✆ **020/7887-8888**), que leva os amantes da arte em uma jornada de 18 minutos sobre o Tâmisa do Tate Britain até o Tate Modern, com uma parada na London Eye. Uma passagem do dia para o bote custa £4,30 (US$ 8,60), £11 (US$ 22) para famílias. Partindo de Millbank Pier, o catamarã é decorado pelos pontos coloridos que são característicos daquele artista *enfant terrible*, Damien Hirst.

Bankside, SE1. ✆ **020/7887-8888**. www.tate.org.uk. Entrada grátis. De domingo a quinta, das 10h às 18h; sexta e sábado, das 10h às 22h. Metrô: Southwark ou Blackfriars.

Tower Bridge ★★ Este é um dos marcos históricos mais celebrados do mundo, e possivelmente a ponte mais fotografada e retratada na terra (provavelmente, foi isso que o empresário do Arizona pensou quando comprou a London Bridge). Apesar de sua aparência medieval, a Tower Bridge foi construída em 1894.

Uma exibição dentro da ponte comemora sua história secular: ela lhe leva da torre norte até as passarelas superiores entre as duas torres, com vistas espetaculares de St. Paul's, da Torre de Londres e do Parlamento. Você é, depois, levado para a torre sul e para dentro da sala original de motores da ponte, contendo as caldeiras Vitorianas e os motores a vapor que elevavam e abaixavam a ponte para os navios passarem. Apresentações multimídia nas torres ilustram a história da ponte.

Na Tower Bridge, SE1. ✆ **020/7403-3761**. www.towerbridge.org.uk. Tower Bridge Experience £6 (US$ 12) adultos, £4,50 (US$ 9) estudantes e idosos, £3 (US$ 6) crianças de 5 a

15 anos, £14 (US$ 28) famílias, grátis para crianças com 4 anos ou menos. Tower Bridge Experience de abril a setembro, das 10h às 18h30; de outubro a março, diariamente das 9h30 às 18h. Fechado dias 24 e 25 de dezembro. Metrô: Tower Hill, London Bridge ou Fenchurch St.

Tower of London ★★★ *Crianças* Esta antiga fortaleza continua a atrair multidões com suas macabras associações com as lendárias figuras que foram presas ou executadas aqui. Há mais fantasmas por metro quadrado aqui do que em qualquer outro edifício do assombrado Reino Unido. Corpos sem cabeça, cabeça sem corpo, soldados fantasmas, jorros congelados, correntes que se arrastam – basta imaginar e a torre terá. Séculos após a última cabeça ter rolado em Tower Hill, uma atmosfera estremecida de terror premente ainda paira sobre as poderosas paredes da Tower. Planeje passar muito tempo por aqui.

A Tower é de fato um complexo de estruturas construída ao longo do tempo para vários propósitos, em sua maioria como demonstrações do poder real. A mais velha é a **White Tower**, iniciada em 1078 por William o Conquistador, para manter a população saxônica nativa de Londres sob controle. Reis posteriores acrescentaram outras torres, muros e portões fortificados, até que os edifícios se tornaram como uma pequena vila dentro da cidade. Até o reinado de Jaime I (começando em 1603), a Torre era também a residência real. Mas, acima de tudo, era uma prisão para cativos importantes.

Cada pedra da Torre conta uma história – geralmente, assustadora. Na **Bloody Tower**, de acordo com Shakespeare, os ajudantes de Ricardo III assassinaram dois pequenos príncipes (os dois filhos mais novos de seu irmão, Eduardo IV). Ricardo sabia que sua posição como rei estaria ameaçada enquanto seus sobrinhos estivessem vivos, e parece não haver dúvida de que os príncipes foram assassinados sob suas ordens. Alguns historiadores tentaram limpar sua reputação, mas Ricardo permanece como o principal suspeito, e seu ato fez com que ele perdesse "o coração do povo", segundo o *Chronicles of London* daquele tempo.

Sir Walter Raleigh passou 13 anos na Bloody Tower antes de seu encontro com seu executor. Nas paredes da **Beauchamp Tower**, ainda é possível ler as últimas mensagens arranhadas por prisioneiros desesperados. Embora pela **Traitor's Gate** tenha passado figuras românticas de má sorte, como Robert Devereux, o segundo Conde de Essex e um favorito de Elizabeth I. Uma placa marca o lugar assustador na **Tower Green** onde duas esposas de Henrique VIII, Ana Bolena e Catherine Howard, além de Sir Thomas More e a rainha por 9 dias, Lady Jane Grey, perderam suas vidas.

A Torre, além de ter sido um palácio real, uma fortaleza e uma prisão, foi também um depósito de armas e de tesouros, um jardim zoológico e, em 1675, um observatório astronômico. Reaberta em 1999, a White Tower abriga as **Armarias**, que datam do reino de Henrique VIII, assim como uma exibição de instrumentos de tortura e de execução que relembram alguns dos momentos mais terríveis da história da Torre. Na Jewel House, você encontrará a maior atração da Torre, as **Crown Jewels** – algumas das mais preciosas pedras do mundo, incrustadas em robes, espadas, cetros e coroas. A Coroa Imperial é a mais famosa coroa na terra; criada para Victoria, em 1837, é usada hoje pela Rainha Elizabeth II quando ela abre o Parlamento. Com cerca de 3.000 joias, ela inclui o Black Prince's Ruby, usado por Henrique V em Agincourt. O diamante de 530 quilates Star of Africa, incrustado no centro real em forma de cruz, faria Harry Winston girar no túmulo. Você terá de suportar longas filas para ver de relance as joias, enquanto você e centenas de outros caminham pelas esteiras rolantes, mas a espera vale a pena.

A suposta cela de Sir Thomas More está aberta ao público. More deixou a cela em 1535 para encarar seu executor depois que ele caiu em desgraça com o Rei Henrique VIII, por causa do desejo do monarca em se divorciar de Catarina de Aragão, a primeira de suas seis esposas. Acredita-se que More viveu na parte inferior da Bell Tower, nesta cela vazia, durante os últimos 14 meses de sua vida, embora alguns historiadores duvidem disso.

Um **palácio** habitado pelo Rei Eduardo I no final do século 13 está acima de Traitors' Gate. É o único palácio medieval sobrevivente no Reino Unido. Os guias no palácio se vestem com os trajes do período, e reproduções de móveis e decorações, incluindo o trono de Eduardo, evocam a era, junto com incensos e velas acesas.

Em 2004, várias melhorias foram feitas, incluindo a inauguração de um Centro de Turismo e a restauração de uma doca do século 13. A oeste da Torre está a recém criada Tower Hill Square, projetada por Stanton Williams, com uma série de pavilhões abrigando bilheterias, uma loja de souvenir e uma cafeteria.

Dicas **Dicas sobre a Torre**

Você pode passar o menor tempo possível nas longas filas para a Torre se comprar seu ingresso no quiosque na estação de metrô Tower Hill antes de sair ao ar livre. Ainda assim, escolha qualquer dia menos domingo – quando a multidão parece ser maior – e chegue o mais cedo possível pela manhã.

Ah, sim – não se esqueça de observar os corvos. Seis deles (além de duas andorinhas) são registrados como residentes oficiais da Torre. De acordo com a lenda, a Torre de Londres permanecerá enquanto estes pássaros pretos e sinistros continuarem por lá, portanto, para garantir, uma das asas de cada corvo foi cortada.

Visitas de uma hora com guias a todo o complexo são oferecidas pelos Yeoman Warders (também conhecidos como "Beefeaters") a cada meia hora, a partir das 9h30, desde a Middle Tower, próximo à entrada principal. O último passeio com guias começa por volta das 15h30 no verão, 14h30 no inverno – se o tempo permitir, é claro.

Você pode presenciar o evento noturno **Ceremony of Keys**, o fechamento cerimonial da Torre pelos Yeoman Warders. Para ingressos grátis, escreva para Ceremony of Keys, Waterloo Block, Tower of London, London EC3N 4AB, e solicite uma data específica, mas liste também outras alternativas. Exige-se antecedência de 6 semanas, pelo menos. Acompanhe todos os pedidos com um envelope endereçado a si mesmo e selado (selos britânicos, apenas) ou dois International Reply Coupons. Com o ingresso na mão, sua entrada será realizada por um Yeoman Warder às 21h35. Francamente, achamos que é muito trabalho para ver algo monótono, mas sabemos que há quem discorde de nós.

Tower Hill, EC3. ✆ **0870/751-5175**. www.tower-of-london.org.uk. Entrada £16 (US$ 32) adultos, £13 (US$ 26) estudantes e idosos, £9,50 (US$ 19) crianças, £45 (US$ 90) ingresso familiar para 5 (mas não mais do que 2 adultos), grátis para crianças com 4 anos ou menos. De março a outubro, de terça a sábado, das 9h às 18h, domingo e segunda das 10h às 18h; de novembro a fevereiro, de terça a sábado, das 9h às 17h, domingo e segunda das 10h às 17h. Metrô: Tube Hill.

Victoria and Albert Museum ★★★ O Victoria and Albert é o maior museu de artes decorativas do mundo. É, também, um dos museus mais animados e imaginativos de Londres.

As peças medievais incluem tesouros como o antigo candelabro Gloucester inglês; o caixão Veroli bizantino, com seus painéis de marfim baseados em peças gregas; e o Syon Cope, um bordado único feito na Inglaterra no começo do século 14. Uma área devotada à arte islâmica abriga o Tapete Ardabil, da Pérsia do século 16.

O V&A possui a maior coleção de esculturas da Renascença fora da Itália. Um destaque da coleção do século 16 é o grupo de mármore *Netuno com Tritão*, de Bernini. Os desenhos de Raphael, que foram concebidos como projetos para tapeçarias para a Capela Sistina, são de propriedade da Rainha e estão em exibição aqui. Uma exibição bem diferente, enorme e impressionante é a Cast Courts, modelos gigantescos em gesso de estátuas e arquitetura antigas e medievais.

O museu tem a maior coleção de arte indiana fora da Índia, além de galerias chinesas e japonesas. Em completo contraste estão os conjuntos de móveis ingleses, trabalhos em metal e cerâmica, e uma excelente coleção de miniaturas de retratos, incluindo a que Hans Holbein, o Jovem, fez de Anna de Cleves para proveito de Henrique VIII, que novamente procurava por uma esposa adequada. A Dress Collection inclui *corsets* que certamente fariam você piscar. Há também uma notável coleção de instrumentos musicais.

O V&A abriu 15 modernas galerias – as **British Galleries** ★★★ - contando a história do design britânico desde 1500 até 1900. Nenhum outro museu no mundo abriga uma coleção tão diversa de design e arte decorativa britânica. De Chippendale a Morris, todos os principais designers britânicos estão representados em cerca de 3.000 artigos, que vão desde uma Cama Melville de 5 metros (1697), com suas cortinas de seda em damasco e veludo vermelho, até clássicos do século 19, como os móveis de Charles Rennie Mackintosh. Uma das propriedades mais estimadas é a "Great Bed of Ware", mencionada na peça *Twelfth Night*, de Shakespeare. Também em exibição está o conjunto de casamento de Jaime II. As interativas mostras despertam interesse especial. Aprender heráldica é muito mais interessante quando você faz seu próprio brasão. E não perca a mais bizarra galeria do V&A, Fakes and Forgeries. Os falsificadores são surpreendentemente autênticos – na verdade, poderíamos julgar alguns deles como melhores que os próprios velhos mestres.

Não perca o conjunto de cinco galerias de quadros reformadas, que foram construídas originalmente em 1850. Três dessas galerias têm como foco as paisagens britânicas, como vistas pelos olhos de Turner, Constable e outros. Os rascunhos a óleo de Constable foram doados pela sua filha, Isabel, em 1888. Outra galeria exibe o legado de Constantine Ionides, um colecionador Vitoriano, com mestres como Botticelli, Delacroix, Degas, Tintoretto e Ingres. Há até mesmo um piano projetado pelo famoso Edward Burne-Jones, que uma vez pertenceu ao irmão de Ionides.

Cromwell Rd., SW7. ✆ **020/7942-2000**. www.vam.ac.uk. Entrada grátis. Exibições temporárias geralmente £10 (US$ 20). Diariamente das 10h às 17h45 (quarta até 22h); até 22h na última sexta de cada mês. Metrô: South Kensington.

Westminster Abbey ★★★ Com suas torres quadradas idênticas, e excelentes arcos, esta abadia pré-gótica inglesa é um dos maiores exemplos da arquitetura eclesiástica no mundo. Mas é bem mais do que isso: é o berço de uma nação, o símbolo de tudo o que Reino Unido defendeu e ainda defende, e o lugar onde a maioria de seus reis foram coroados e onde muitos estão enterrados.

Praticamente todas as figuras da história inglesa deixaram suas marcas na Abadia de Westminster. Eduardo, o Confessor, fundou a abadia Beneditina em 1065, neste lugar que dá para a Parliament Square. O primeiro rei inglês coroado na abadia pode ter sido Haroldo, em janeiro de 1066. O homem que o derrotou na batalha de Hastings, ao final daquele ano, William o Conquistador, realizou a primeira coroação registrada na abadia no Natal daquele mesmo ano. A tradição da coroação continuou até os dias atuais. A estrutura essencialmente pré-gótica inglesa que existe hoje deve mais aos planos de Henrique III do que dos de qualquer outro soberano, embora muitos arquitetos, incluindo Wren, tenham contribuído para a abadia.

Construída no local da velha Lady Chapel, no começo do século 16, a **Henry VII Chapel** é uma das mais encantadoras da Europa, com seu amplo domo, bandeiras dos Cavaleiros de Bath e uma tumba projetada por Torrigiani para o próprio rei, próxima da qual está suspensa um quadro de Vivarini do século 15, *Maddonna and Child.* Também ali, ironicamente enterrado na mesma tumba, estão a católica Maria I e a protestante Elizabeth I (cuja arquirival, Maria, Rainha da Escócia, está enterrada no outro lado da capela). Em uma ponta da capela, você pode ver a lápide de Cromwell e ver a **Royal Air Force Chapel** e sua janela memorial da Batalha da Bretanha, inaugurada em 1947 em homenagem à Royal Air Force.

Você também pode visitar o local mais sagrado da abadia, o **altar de Eduardo, o Confessor** (canonizado no século 12). Próximo à tumba de Henrique V está a Coronation Chair, feita sob as ordens de Eduardo I em 1300 para exibir a mística Stone of Scone (que alguns pensam ser a pedra sagrada mencionada no Gênesis e conhecida como o Pilar de Jacó). Os reis escoceses foram, uma vez, coroados sobre a pedra (desde então, foi devolvida à Escócia).

Quando você vir uma estátua do Bardo, com um braço apoiado sobre uma pilha de livros, você chegou ao **Poet's Corner.** O próprio Shakespeare está enterrado em Stratford-upon-Avon, mas descansando aqui estão também Chaucer, Samuel Johnson, Tennyson, Browning e Dickens. Há até mesmo um norte-americano, Henry Wadsworth Longfellow, assim como monumentos para quase todo mundo: Milton, Keats, Shelley, Henry James, T. S. Elliot, George Eliot e outros. O monumento mais estilizado é o busto esculpido por Sir Jacob Epstein de William Blake. Placas mais recentes comemoram o poeta Dylan Thomas e Sir Laurence Olivier.

Estadistas e cientistas – Disraeli, Newton, Charles Darwin – também estão enterrados na abadia ou honrados por monumentos. Próximo à porta oeste está o memorial, de 1965, para Sir Winston Churchill. Na vizinhança deste memorial está a tumba do **Soldado Desconhecido**, comemorando os britânicos mortos na Primeira Guerra Mundial.

Embora a maioria das estátuas da abadia comemore figuras notáveis do passado, 10 novas estátuas foram inauguradas em julho de 1998. Colocadas nos nichos góticos acima da porta frontal Oeste, estas estátuas homenageiam

10 mártires modernos em cada continente e religião. As esculturas incluem Elizabeth da Rússia, Janani Luwum e Martin Luther King, Jr., representantes daqueles que sacrificaram suas vidas pelas suas crenças.

Fora dos Claustros, o **College Garden** é o jardim mais velho da Inglaterra, sendo cultivado por mais de 900 anos. Fundado no século 11 como o primeiro jardim de enfermaria da abadia, o College foi uma magnífica fonte de frutas, vegetais e ervas medicinais. Cinco das árvores no jardim foram plantadas em 1850 e continuam fortes hoje. Cercadas por altos muros, árvores floridas pontilham os gramados, e bancos de praça dão conforto onde você mal pode ouvir o barulho do tráfego. O jardim abre apenas de terça a quinta, de abril até setembro, das 10h às 18h, e de outubro até março, das 10h às 16h.

Dica de nativo: Longe da pompa e da glória está a **Abbey Treasure Museum**, que exibe uma verdadeira coleção de bizarrices na parte subterrânea – cripta – dos monásticos edifícios erguidos entre 1066 e 1100. Você encontrará efígies reais que foram usadas em vez dos cadáveres para cerimônias oficiais, porque cheiravam melhor. Você verá a muito semelhante efígie do Almirante Nelson (sua amante ajeitou seu cabelo) e mesmo a de Eduardo III, seu lábio torcido pela hemorragia cerebral que o matou. Outras estranhezas incluem a armadura funérea de Henrique V, um corset único da efígie de Elizabeth I e o Anel de Essex que Elizabeth I deu ao seu favorito (Robert Devereux, o Conde de Essex) quando ela estava apaixonada por ele.

Aos domingos, a abadia não está aberta aos visitantes; o resto da igreja está aberto, a menos que uma missa esteja sendo conduzida. Para os horários das missas, ligue para o **Chapter Office (✆ 020/7222-5152).**

Broad Sanctuary, SW1. ✆ **020/7222-5152**. www.westminster-abbey.org. Entrada £10 (US$ 20) adultos; £7 (US$ 14) estudantes, idosos e crianças de 11 a 18 anos; £24 (US$ 48) famílias; grátis para crianças de 10 anos ou menos. Segunda e terça, e da quinta a sexta, das 9h30 às 15h45; quarta, das 9h30 às 18h; sábado, das 9h30 às 14h45. Metrô: Westminster ou St. James's Park.

2. Mais Atrações do Centro de Londres

IGREJAS & CATEDRAIS

Muitas igrejas de Londres oferecem concertos gratuitos no horário do almoço. Uma lista completa dos horários está disponível no London Tourist Board. É comum contribuir com uma pequenas doação.

St. Etheldreda É a mais antiga igreja católica romana em Londres. Localiza-se na Ely Place, saindo da Charterhouse Street em Holborn Circus. Construída em 1251 e mencionada por Shakespeare em *Ricardo II* e *Ricardo III*, escapou do grande incêndio de 1666. A igreja e sua área circundante pertenciam à diocese da cidade de Ely quando era comum bispos possuírem casas episcopais em Londres, assim como nas catedrais que eles administravam. A propriedade ainda possui uma estrada particular com impressionantes portões de bronze e um lugar para o vigia.

St. Etheldreda, cujo nome é muitas vezes reduzido para St. Audrey, era filha de um rei do século 7 que abandonou o marido e estabeleceu uma abadia na Ilha de Ely. A igreja de St. Etheldreda possui uma extraordinária tradição musical, com missas dominicais cantadas em latim às 11h. Outras missas acontecem aos domingos às 9h, de segunda a sexta às 8h e 13h e aos sábados às 9h30. O almoço, com boa variedade de pratos quentes e frios, é servido de segunda a sexta das 12h às 14h30 no Crypt Café.

14 Ely Place, Holborn Circus, EC1 ✆ **020/7405-1061**. www.stetheldreda.com. Entrada grátis. Diariamente das 7h30 às 18h; missas aos sábados às 9h30; aos domingos das 9h às 11h; e de segunda a sexta às 8h e 13h. Metrô: Farringdon ou Chancery Lane.

St. Martin-in-the Fields ★ Projetada por James Gibbs, discípulo de Christopher Wren, e construída em 1726, esta igreja clássica situa-se ao norte da Trafalgar Square, em frente à National Gallery. Sua torre, adicionada em 1824, é 56 metros (184 pés) mais alta do que a Coluna de Nelson, que também pode ser vista da praça. A torre tornou-se modelo para muitas igrejas da América colonial. Desde o início da Primeira Guerra Mundial (1914), os sem-teto procuram por "sopa e abrigo" em St. Martin, uma tradição que continua.

Por um tempo a cripta guardou os restos de Charles II (agora estão na Abadia de Westminster), que foi batizado em St. Martin, dando-lhe o título de paróquia real. Nell Gwynne, sua amante, e o fugitivo Jack Sheppard estão enterrados aqui. O chão da cripta é, na realidade, uma série de túmulos, e as suas paredes datam de 1500. O pequeno restaurante, **Café in the Crypt**, é ainda conhecido como "Field's" por seus devotos. Está também localizado na cripta o **London Brass Rubbing Centre** (✆ **020/7930-9306**; www2.stmartin-in-the-fields.org/page/visiting/brass.html), com 88 réplicas exatas de retratos de bronze. Papel, material para polimento de metais e instruções de como iniciar a cópia são fornecidos, e você pode apreciar música clássica enquanto realiza a tarefa.

Dica de nativo: Nos fundos da igreja há uma loja de artesanato. Concertos no horário do almoço e à noite são organizados segunda, terça e sexta às 13h05; terça e quinta a sábado às 19h30. Concertos no horário do almoço são gratuitos, mas à noite custam de £6 a £24 (U$12-U$48).

Trafagar Sq., WC1. ✆ **020/7766-1100**. www.stmartin-in-the-fields.org. Segunda a terça, das 9h às 18h; sábado a domingo, das 8h45 às 19h30, desde que nenhum outro serviço esteja ocupando o espaço. Concertos segunda, terça e sexta às 13h05; terça e quinta a sábado às 19h30. Metrô: Charing Cross.

Temple Church ★★ Uma das três igrejas normandas de forma esférica remanescentes na Inglaterra, terminada no século 12. Não é de surpreender que a igreja tenha sido restaurada. Procure pelas esfinges dos cavaleiros templários e pela porta normanda, e observe o conjunto de pintura de cabeças grotescas, inclusive um bode em um matadouro. Recitais de órgão são apresentados gratuitamente às quartas das 13h15 às 13h45. Na Inner Temple Lane, onde a Strand se torna Fleet Street a leste, você verá um monumento em forma de pilar chamado **Temple Bar**, que marca a fronteira da cidade de Londres.

The Temple (dentro do Inner Temple), King's Bench Walk, EC4. ✆ **020/7353-3470**. www.templechurch.com. Entrada grátis. Segunda, terça e sexta das 11h às 12h30 e das 13h às 16h; quarta das 14h às 16h; terça das 11h às 12h30 e das 14h às 15h30; sábado das 11h ao 12h30 e 13h às 15h; domingo das 13h às 15h30. Metrô: Temple.

Wesley's Chapel, House & Museum of Methodism John Wesley, fundador do metodismo, estabeleceu esta igreja em 1778 como sua residência em Londres. Wesley, que cavalgou pelo interior da Inglaterra e pregou ao ar livre, viveu no número 47, ao lado da capela. Ele está enterrado atrás da capela. A casa guarda muitos pertences de Wesley e sua cadeira de estudo. Depois de ter sobrevivido à blitz alemã, a igreja caiu em decadência. Restaurações importantes foram feitas na década de 1970. Na cripta, um museu mostra a história do metodismo até o presente.

No outro lado da rua, em Bunhill Fields, está localizado o **Cemitério dos Dissidentes,** onde Daniel Defoe, William Blake e John Bunyan estão sepultados.

49 City Rd., EC1. ✆ **020/7253-2262**. www.wesleychapel.org.uk. Entrada grátis para a capela. O ingresso para a casa e o museu também é franqueado, mas se espera a doação de £2 (U$4) por pessoa. Casa e museu de segunda a sábado das 10h às 16h; domingo das 12h às 13h45. Metrô: Old St. Ou Moorgate.

Westminster Cathedral ★ Esta espetacular igreja de tijolo aparente (1903) é a sede da Igreja Católica Romana no Reino Unido. Ornada no estilo bizantino primitivo, é grandiosa: 108 metros (354 pés) de altura e 47 metros (154 pés) de largura. O rico interior da igreja é composto de cem tipos de mármores e oito colunas sustentam sua nave. Outras oito colunas de mármore amarelo sustêm o teto sobre o elevado altar. Mosaicos embelezam as capelas e o arqueamento do santuário. Se você tomar o elevador até o topo do campanário, a 82 metros (269 pés), será recompensado com uma vista deslumbrante do Palácio de Buckingham, da Abadia de Westminster e da Catedral de St. Paul. Há um café que serve aperitivos leves e bebidas frias das 9h às 17h e uma loja de presentes que abre de segunda a sábado das 9h30 às 17h15 e domingo das 10h às 16h45.

Ashley Place, SW1. ✆ **020/7798-9055**. www.westminstercathedral.org.uk. Entrada grátis para a catedral. Guias com áudio custam £2,50 (U$5); torre £3 (U$6). Missas na catedral de segunda a sábado das 7h às 19h; domingo das 8h às 20h. Torre diariamente das 9h30 às 12h30 e das 13h às 17h. Metrô: Victoria.

PRÉDIOS HISTÓRICOS

Banquing House ★★ O salão de banquete do Palácio de Whitehall é provavelmente o mais suntuoso da Terra (infelizmente, você não pode jantar aqui, salvo se estiver visitando um chefe de Estado). Projetado por Inigo Jones e com o teto original pintado por Rubens, este salão é deslumbrante o suficiente para você esquecer da comida. Entre os eventos históricos que aqui aconteceram estão a decapitação do rei Charles I, que foi para a execução por uma janela que dava para o cadafalso, e a cerimônia de restauração de Charles II, marcando o retorno da monarquia após a breve Revolução Puritana. A casa geralmente fecha sem aviso prévio por causa de eventos oficiais, por isso é melhor ligar com antecedência caso você queira conhecer o salão.

Whitehall Palace, Horse Guards Ave., SW1. ✆ **0870/751-5178**. www.hrp.org.uk. Entrada £4,50 (U$9); adultos, £3,50 (U$7), idosos e estudantes, £2,25 (U$4,50) crianças menores de 15 anos. Segunda a sábado das 10h às 17h (última admissão às 16h30). Metrô: Westminster ou Embankment.

Benjamin Franklin House ★ A única casa remanescente de Benjamin Franklin em Londres foi inaugurada como museu em 2006. Saindo da Trafalgar Square, o modesto prédio de quatro andares era a residência de Franklin de 1770 a 1775, quando ele era o diplomata para assuntos da América colonialista. Os administradores da casa a consideram 'a primeira Embaixada, de fato, dos Estados Unidos'. O prédio era também o lugar de vários experimentos científicos de Franklin. Foi aqui que ele inventou as lentes bifocais e criou um instrumento musical de som suave, a harmônica de vidro. Franklin viveu confortavelmente, cercado de amigos e familiares. Pode-se ver o salão onde Franklin – que gostava muito de ar fresco – se sentava, nu, respirando o ar que entrava pela janela aberta. O museu exibe uma 'Experiência Histórica' a cada 45 minutos durante o dia. Os visitantes são conduzidos aos diversos quartos por atores que encenam a recriação da última noite de Franklin em Londres.

36 Craven St.; WC1 ✆ **020/7930-6601**. www.benjaminfranklinhouse.org. Entrada £9 (U$18) adultos, £6 (U$12) crianças, idosos e estudantes. Quarta a segunda das 10h às 17h; segundas de junho e setembro das 10h às 17h. Metrô: Trafalgar Sq.

Cabinet War Rooms ★ Os visitantes podem ver os **Cabinet War Rooms**, a suíte antibombas, exatamente como era quando foi abandonada por Winston Churchill e pelo governo britânico no fim da Segunda Guerra Mundial. Você pode ver o Map Room com sua parede repleta de mapas; o do Atlântico é um aglomerado de pequenos furos (cada furo representa pelo menos uma embarcação). Ao lado está o quarto com a cama e uma mesa com dois microfones da BBC – ele os usava para transmitir os famosos discursos que emocionaram a nação. Outros quartos incluem o Chiefs Staff Map Room, a cozinha e a sala de jantar de Churchill, o quarto particular dos detetives de Sir Winston e o quarto de Churchill. Aqui pode ser encontrado de tudo, desde um lápis usado na caricatura de Hitler até uma armadilha para rato na cozinha, ou os urinóis originais embaixo das camas (não havia descarga no banheiro). O **Transatlantic Telephone Room** é pouco mais que um armário, mas serviu como base do sistema de transmissão segura de voz da Bell Telephone Company conhecido como *Sigsaly*, pelo qual Churchill conversava com Roosevelt. Os visitantes dispõem de um guia de áudio passo a passo com a história detalhada e a funcionalidade de cada cômodo.

A Sala de Guerras abriga o **Churchill Museum**, o primeiro museu do mundo dedicado à vida de Sir Wiston Churchill. A saga do primeiro-ministro do Reino Unido durante a guerra é explorada em várias exibições e fotografias. A abertura marca o 40° aniversário da morte de Churchill. O museu, devido a sua história, apresenta aos visitantes o primeiro-ministro, mas também enfatiza seu papel como líder mundial.

Clive Steps, no final da King Charles St. (saindo da Whitehall, próximo ao Big Ben), SW1. ✆ **020/7930-6961**. www.iwm.org.uk/cabinet. Entrada £11 (U$ 22) adultos; £9 (U$18) idosos e estudantes; grátis para crianças até 15 anos. Diariamente das 9h30 às 16h (última admissão às 17h). Metrô: Westminster ou St. James.

City Hall Situado na margem sul do rio Tâmisa, próximo à Tower Bridge, é o prédio que abriga o gabinete do prefeito e a Assembleia de Londres. Inaugurado em 2002, o edifício circular e transparente, com dez andares em estrutura de vidro e metal, foi outorgado pela rainha. Esta nova sede do prefeito se tornou o mais recente – alguns dizem o mais controverso – ponto de referência de Londres. Metade do City Hall é aberto ao público e a vista da cobertura justifica a visita. Há um espaço cultural de luzes que se alternam e um café no local.

The Queen's Walk, SE1. ✆ **020/7983-4100**. www.london.gov.uk. Entrada grátis. Balcão de informações de segunda a sexta das 9h às 17h ; café de segunda a sexta das 8h às 20h. Metrô: London Bridge.

Horse Guards ★ Ao norte da Downing Street, a oeste de Whiteball, localiza-se o Horse Guards, sede do Exército britânico. A grande atração é o Regimento da Cavalaria Montada, uma combinação dos antigos regimentos do Exército britânico – os cavaleiros do regimento da Life Guards e do Blues and Royals. Em teoria, seu dever é proteger o rei. Os Life Guards usam túnicas vermelhas e plumas brancas. Dois membros da

Household Cavalry mantêm vigilância diária das 10h à 16h. Os guardas trocam de turno a cada hora por causa dos cavalos, enquanto os guardas a pé são substituídos a cada duas horas. O chefe inspeciona as tropas diariamente às 16h. A guarda é desmontada com elegância e ao som de trombetas às 17h.

Nós preferimos a **troca de guarda**, que ocontece uma vez ao dia, na mais famosa cerimônia do Palácio de Buckingham. Por volta das 11h de segunda a sábado e às 10h aos domingos, um oficial montado deixa o quartel em Hyde Park, desce o Pall Mall e chega ao Horse Guards em torno de 30 minutos. O guarda substituído retorna ao quartel.

Se você passar pelo arco do Horse Guards, finalmente encontrará a **Horse Guards Parade**, que parte do parque St. James. O lugar oferece a melhor vista dos mais variados estilos arquitetônicos de Whitehall. Infelizmente, o espaço virou um estacionamento.

A cerimônia militar – a mais famosa do Reino Unido – conhecida como **Trooping the Colour**, em comemoração ao aniversário da rainha, acontece em junho na Horse Guards Parade (veja o calendário de eventos de Londres no capítulo 1). As cores se referem à bandeira do regimento. Para quem gosta de pompa e circunstância, 'A Retirada' é encenada duas noites sucessivas em junho, apenas como ensaio da troca de roupa para o Trooping Colour.

Whiteball, SW1 ✆ **020/7414-2479**. www.army.mod.uk. Entrada grátis. Metrô: Charing Cross, Westminster ou Embankment.

Lincoln's Inn ★ É a mais velha das quatro hospedarias da corte. Entre a City e o West End, abrange 4,4 hectares (11 acres), incluindo campos, praças, jardins, uma capela do século 17 (aberta de segunda a sexta das 12h às 14h), uma livraria e dois salões. Um desses salões, o Old Hall, data de 1490 e está quase inalterado, com seus painéis talhados em madeira, imitando os traços de janelas, vidro colorido, e uma tela de Inigo Jones. Já foi a residência de Sir Thomas More e era onde os advogados se reuniam, comiam e debatiam 150 anos antes de o *Mayflower* embarcar para viagens épicas. O Old Hall é palco da abertura de *Casa Abandonada*, de Charles Dickens. O outro salão, o Great Hall, magnífico edifício remanescente do estilo Tudor Revival em Londres, foi inaugurado pela rainha Vitória em 1843.

Lincoln's Inn Fields, WC2. ✆ **020/7405-1393**. www.lincolninn.org.inn. Entrada grátis para as dependências. Segunda a sexta das 10h às 16h. Metrô: Holborn ou Chancery Lane.

St. Pancras Station O terminal de trens da Eurostar em Londres, St. Pancras Station (construído entre 1863 e 1867) é uma obra de arte de engenharia da época vitoriana. Projetado por W. H. Barlow com 207 metros de comprimento (679 pés), a estação, de vidro e ferro, tem 72 metros (236 pés) de largura e está 30 metros (98 pés) acima dos trilhos. As plataformas foram levantadas a 6 metros (20 pés) do chão, porque os trilham cruzam o Regent's Canal antes de chegar à estação. A maior atração da estação é a sala luxuosa de Sir George Gilbert Scott. Construída no estilo gótico alto, é repleta de pináculos, torres e cumeeiras. O espaço é agora um escritório. A fachada se estende por 170 metros (558 pés) e possui uma torre com relógio e uma torre oriental.

Euston Rd., NW1. Metrô : King's Cross/St. Pancras.

Spencer House ★★ É um dos prédios mais bonitos da cidade. Foi construído em 1766 pelo primeiro conde de Spencer, que queria construir um santuário para Georgina Poyntz, seu amor de infância, com quem se casara secretamente um ano antes. Deixou de ser uma residência particular desde 1927 e teve uma rica história até ser restaurado e abrir como museu em 1990. Os quartos estão repletos de mobília e arte do período, alguns emprestados pela rainha. O salão mais espetacular é o Palm Room, pintado de branco, dourado e verde.

27 St. Jame's Palace, SW1. ✆ **020/7499-8620**. www.spencerhouse.co.uk. Entrada £9 (U$18) adultos; £7 (U$14) estudantes, idosos e crianças de 10 a 16 anos; crianças menores de 9 anos não são permitidas. Entrada para o jardim £3,50 (US7). Domingo das 10h30 às 17h45 (última admissão às 16h45). Fechado em janeiro e agosto. Metrô: Green Park.

MARCO LITERÁRIO E MUSICAL

Além das casas dos escritores e compositores listados abaixo, você pode visitar a residência de outros renomados londrinos (detalhada em outras partes deste capítulo), incluindo a Apsley House, a mansão ancestral do duque de Wellington (pág. 130). Por último, a fascinante casa do legendário arquiteto Sir John Soane (pág.141) abriga um museu sobre Soane e está aberta ao público.

Carlyle's House De 1834 a 1881, Thomas Carlyle, autor de *A Revolução Francesa*, e Jane Baillie Welsh Carlyle, sua esposa, conhecida por sua correspondência, moraram nesta modesta casa com terraço de 1708. Decorada como na época de Carlyle, a casa está localizada a cerca de meio quarteirão do rio Tâmisa, perto da Chelsea Embankment, ao longo da King's Road. Foi descrita por sua esposa como "a mais antiga tradução do nosso humor; toda recoberta de madeira, esculpida, de aparência estranha, espaçosa, avantajada, confortável, com armários que agradariam qualquer Bluebeard". O cômodo mais interessante é a sala de estudos tida como à prova de som, localizada na claraboia. Mobiliada com os pertences de Carlyle – seus livros, uma carta de Disraeli, rascunhos, uma cadeira de estudo e até sua máscara da morte –, era onde o autor trabalhava.

24 Cheyne Row, SW3. ✆ **020/7352-7087**. Entrada £4,50 (U$9) adultos; £2,30 (U$4,60) crianças de 5 a 16 anos; grátis para crianças até 4 anos. Março de 14 de outubro, quarta a sexta das

14h às 17h; sábado e domingo e feriados nacionais das 11h às 17h. Fechado de novembro a 13 de março. Metrô: Sloane Sq. ou south Kensington.

Dickens House Em Bloomsbury está a modesta residência onde Charles Dickens escreveu *As aventuras de Oliver Twist* e terminou *As aventuras do senhor Pickwick* (os leitores americanos aguardavam no porto o navio que trazia os novos capítulos). O lugar é quase um santuário: o interior reconstruído guarda seus estudos, manuscritos e relíquias pessoais. Durante a semana natalina (incluindo o dia 25), o museu é decorado ao estilo do primeiro Natal de Dickens na casa. Durante o Natal, o ingresso é mais caro: £10 (U$20) adultos e £5 (U$10) crianças, incluindo bolos de carne e alguns copos de "smoking bishop", o ponche quente favorito de Dickens, assim como uma cópia do guia do museu.

48 Doughty St., WC1 ✆ **020/7405-2127**. www.dickensmuseum.com. Entrada £5 (U$10) adultos; £4 (U$8) estudantes e idosos; £3 (U$6) crianças; £14 (R$28) ingresso familiar. Segunda a sábado das 10h às 17h; domingo das 11h às 17h. Metrô: Russel Sq., Chancery Lane ou Holborn.

Um Bairro de uma só Pessoa: As Casas de Virginia Woolf

Nascida em Londres, a autora e ensaísta Virgina Woolf usou a cidade como palco para muitas de suas novelas, incluindo *O quarto de Jacob* – 1922 (título já traduzido no Brasil). Filha de Sir Leslie Stephen e Julia Duckworth, Virginia passou os anos de estudo na **22 Hyde Park Gate**, saindo da Kensington Road, a oeste do Royal Albert Hall. Sua mãe morreu em 1895 e seu pai em 1904.

Após a morte do pai, Virginia e sua irmã deixaram Kensington e foram para Bloomsbury, fixando-se perto do British Museum. Foi uma mudança interessante, já que Bloomsbury era um bairro malvisto pelos vitorianos de classe alta. Porém, Virginia adotou o bairro e, durante esse período, transformou o distrito em um centro literário internacionalmente conhecido. Em 1905, a família Stephen viveu na **46 Gordon Sq.**, a leste da Gower Street e da University College. Era ali que o famoso círculo literário e artístico, conhecido como o "Grupo Bloomsbury", se encontrava. No momento certo, o grupo adotaria o crítico de arte Clive Bell e o escritor Leonardo Woolf, futuros maridos, respectivamente, de Vanessa e Virginia. Mais tarde, Virginia foi morar na **29 Fitzroy Sq.**, a oeste da Tottenham Court Road, uma casa que já servira de residência a George Bernard Shaw.

Nas duas décadas seguintes, Virginia morou em diferentes endereços em Bloomsbury, incluindo **Brunswick Square**, **Tavistock Square** e **Me-**

cklenburg Square. Essas casas desapareceram ou foram totalmente reformadas. Durante esse tempo, o Grupo Bloomsbury se expandiu para incluir os artistas Roger Fry e Duncan Grant, e Virgina se tornou amiga do economista John Maynard Keynes e do autor E. M. Forster (*Uma passagem para a Índia*). Na Tavistock Square (1924-39) e na Mecklenburg Square (1939-40), Virginia administrou a editora Hogarth com Leonard. Publicaria seu primeiro trabalho, assim como *A terra devastada*, de T. S. Eliot.

Samuel Johnson's House ★★ O doutor Johnson e seus copistas compilaram o seu famoso dicionário na casa da rainha Ana, onde o lexicógrafo, poeta, ensaísta e escritor de ficção residiu de 1748 até 1759. Mesmo que Johnson tenha morado na Staple Inn, em Holborn e em vários outros lugares, a Gough Square é sua única residência que restou em Londres. O prédio do século 17 foi cuidadosamente restaurado. Vale a pena conferir.

Depois de visitar a casa, você pode parar no **Ye Olde Cheshire Cheese**, Wine Office Court na 145 Fleet St. ✆ **020/7353-6170**, lugar favorito de Johnson. Ele deve ter passado algumas noites no pub, porque quando compilou o seu dicionário já tinha gasto o adiantamento de 1,500 guinéus. G. K. Chesterton, autor de *O que há de errado com o mundo?* (1910) e *A supertição do divórcio* (1920), era também o patrono do pub.

17 Gough Sq., EC4. ✆ **020/7353-3745**. www.drjohnsonshouse.org. Entrada £4,50 (U$9) adultos, £3,50 (U$7) estudantes e idosos, £1,50 (U$3) crianças, £10 (U$20) ingresso família. Grátis para crianças até 10 anos. Outubro a abril de segunda a sábado das 11h às 17h; Maio a setembro de segunda a sábado das 11h às 17h30. Metrô: Blackfrias, Chancery Lane, Temple ou Holborn. Suba a New Bridge St. e vire à esquerda na Fleet St.; Gough Sq. é pequena e escondida, ao norte da Fleet St.

MUSEUS & GALERIAS

Apsley House, The Wellington Museum ★ Esta mansão foi a residência do duque de Wellington, o 'duque de ferro', um dos mais importantes generais do Reino Unido, que derrotou Napoleão Bonaparte na Batalha de Waterloo. Mais tarde, no curto período em que foi primeiro-ministro, o duque teve de reforçar com ferro as persianas de sua casa para se proteger da multidão enfurecida com sua oposição autocrática às reformas (contudo, sua impopularidade não durou muito tempo).

A casa é repleta de tesouros de arte, incluindo três quadros originais de Velázquez e lembranças que incluem as medalhas do duque e as ordens do campo de batalha. A Apsley House também guarda algumas das mais refinadas peças de prata e porcelana da Europa, exibidas na sala de pratos e porcelanas. Os soberanos europeus, gratos por Wellington ter salvado seus tronos, o recompensaram regiamente. A coleção inclui o serviço egípcio de porcelana de Sèvres, originalmente presente de divórcio de Napoleão a Josefina (que o recusou). Luís XVIII acabou oferecendo a porcelana a Wellington. Outro tesouro, o serviço de prata português, é tido como o mais importante artefato de prata do Portugal neoclássico.

149 Piccadilly, Hyde Park Corner, W1. ✆ **020/7499-5676**. Entrada £5,30 (U$11) adultos, £4 (U$8) idosos, £2,60 (U$5,20) crianças até 15 anos. Abril a outubro de terça a domingo das 10h às 17h; novembro a março de terça a domingo das 10h às 16h. Metrô: Hyde Park Corner.

British Library ★★ Em 1996, uma das maiores bibliotecas do mundo começou a transferir sua coleção de 12 milhões de livros, manuscritos e outros itens do British Museum para um prédio particular em St. Pancras. No novo prédio, você apreciará a beleza moderna do lugar em vez do glamour envelhecido e dos fantasmas de Karl Marx, William Thackeray e Virginia Woolf da biblioteca antiga no British Museum. Você também pode retirar o livro que desejar em uma hora, e não em três dias, como antes. Acadêmicos, estudantes, escritores e ratos de biblioteca do mundo todo vêm a esta biblioteca. Em uma recente visita, ficamos ao lado de um estudante que pesquisava a história dos pubs.

Valor **Um Passe Econômico**

O **London Pass** oferece um passe para mais de 55 atrações em Londres e vizinhanças, algumas admissões com tempo marcado (o que evita filas), viagens gratuitas nos transportes públicos (ônibus, metrô e trem) e um guia de bolso. O preço é de £39 (U$78) por um dia, £73 (U$146) por três dias e £112 (U$224) por 6 dias (crianças pagam £22 (44), £42 (U$84) ou £70 (U$140), e inclui a visita à Catedral de St. Paul, ao HMS *Belfast*, ao Jewish Museum, ao Thames Barrier Visitor Centre – e a muitas outras atrações. Este passe é um tanto caro, mas é útil àqueles que tentam condensar dois dias de atrações que podem ser vistas em um só dia. Se você é um turista mais detalhista, que gosta de parar e cheirar as rosas, talvez este passe não seja o mais indicado. Planeje quantas conduções e excursões você deseja e, usando este guia, calcule qual será o custo. É um pouco trabalhoso, mas o ajudará a decidir se o London Pass é vantajoso. Você também pode comprar o passe sem o pacote de transporte. Visite o site em **www.londonpass.com**.

O interior iluminado e espaçoso é muito mais atraente do que o exterior tedioso e de tijolos vermelhos sugere. A sala mais espetacular é a Humanities Reading, com três andares e teto transparente.

A fascinante coleção inclui itens de interesse histórico e literário, bem como duas das últimas quatro cópias da *Magna Carta* (1215), a *Bíblia* de Gutenberg, a última carta de Nelson a Lady Hamilton e os diários do capitão Cook. Quase todos os escritores importantes – Dickens, Jane Austen, Charlotte Brontë, Keats e centenas de outros – fazem parte do acervo da seção destinada à literatura inglesa. Embaixo da estátua de Shakespeare esculpida por Roubiliac em 1758, está uma caixa de documentos relacionados ao Bardo, incluindo uma hipoteca com sua assinatura e a cópia do Primeiro Fólio, de 1623. Há também uma incomparável coleção de selos e itens correlatos.

Através dos fones dispostos nas salas, é possível ouvir fragmentos emocionantes, como a leitura de uma passagem de *Finnegan's Wake*, de James Joyce. Particularmente intrigante é uma exibição chamada "Turning the Pages", onde você pode fazer, por exemplo, a leitura virtual de um livro de Leonardo da Vinci colocando as mãos na tela de um computador especial que vira automaticamente as páginas. Há uma cópia de *Os contos de Canteburry*, de 1410, e até manuscritos de *Beowulf* (cerca de 1000 d. C.). A seção de livros históricos contém cartas de Henry VIII até Napoleão, de Elizabeth I até Churchill. Na sala de música, você pode procurar partituras originais de Beethoven, Handel, Stravinski, Lennon e McCartney. Um dia inteiro será pouco para conhecer o museu.

Apesar da visita à biblioteca ser gratuita, a excursão a pé custa £8 (U$16) para adultos e £6,50 (U$13) para idosos, estudantes e crianças às segundas, quartas e sextas às 15h, e sábados das 10h30 às 15h. Excursões que incluem a visita até as salas de leitura acontecem aos domingos e feriados das 11h30 às 15h; £8 (R$16) adultos, £6,50 (U$13) idosos e estudantes. Reservas podem ser feitas com duas semanas de antecedência.

96 Euston Rd, NW1. ✆ **020/7412-7332**. www.boxoffice.bl.uk. Entrada grátis. Segunda e quarta a sexta das 9h30 às 16h; terças das 9h30 às 20h; sábado das 9h30 às 17h e domingo das 11h às 17h. Metrô: King's Cross/St. Pancras ou Euston Sq.

Courtauld Gallery O núcleo desta coleção foi adquirido por Samuel Courtauld, que após sua morte, em 1947, deixou a galeria para a Universidade de Londres. Hoje a galeria contém a maior coleção de quadros impressionistas e pré-impressionistas do Reino Unido, com obras-primas de Monet, Manet, Degas, Renoir, Cézanne, van Gogh e Gauguin. A galeria possui também uma grandiosa coleção dos antigos mestres da pintura e do desenho, incluindo trabalhos de Rubens e Michelangelo; pinturas e obras de marfim e maiólica da Itália antiga; a coleção Lee de mestres antigos, e quadros ingleses, franceses e britânicos do começo do século 20.

O segundo andar da galeria exibe quadros e esculturas do fim dos séculos 19 e 20, incluindo um extraordinário grupo de trabalhos fauvistas, de Matisse a Dufy. Uma vez por ano, revisitamos um trabalho em particular: o notável quadro de Manet **A Bar at the Folies-Bergère**★. Muitos quadros são expostos sem vidro de proteção, dando à galeria um ar de intimidade maior em comparação a outras galerias.

Somerset House, the Strand, WC2. ✆ **020/7848-2526**. www.courtauld.ac.uk. Entrada £5 (U$10) adultos, £4 (U$8) idosos e estudantes, grátis para crianças menores de 17. Diariamente das 10h às 18h (última admissão às 17h15). Metrô: Temple, Covent Garden, Charing Cross e Holborn.

Dulwich Picture Gallery ★ Dicas A apenas 12 minutos de trem da estação Victoria, este museu raramente visitado guarda uma das mais significativas coleções de obras de arte dos séculos 17 e 18. Em uma galeria projetada por Sir John Soane em 1811, a coleção é uma das mais antigas do Reino Unido, tendo sido reunida na década de 1790. Muitos dos quadros foram levados pelo polonês Stanislaus Augustus para sua terra natal. Antes de isso acontecer, seu reino foi dividido e desapareceu e os quadros permaneceram em Londres. Você pode conferir trabalhos de mestres como Rembrandt, Rubens, Canaletto, Gainsborough, Watteau e Pousin, entre outros. O *Sunday Telegraph* aclamou a Dulwich como 'a mais bonita galeria de pequeno porte do mundo'.

Gallery Road, Dulwich Village, SE21. ✆ **020/8693-5254**. www.dulwichpicturegallery.org.uk. Entrada £8 (U$16) adultos, £7 (U$14) idosos, grátis para estudantes e crianças. Segunda a sexta das 10h às 17h; sábado e domingo das 11h às 17h. Metrô: West Dulwich Station.

Gilbert Collection ★★★ Dicas Em 2000, a Somerset House se tornou a sede permanente da coleção de arte decorativa de Arthur Gilbert, uma das mais importantes heranças deixadas à Inglaterra. Sir Gilbert reuniu peças feitas de ouro, prata, mosaicos e uma tabaqueira de ouro doados à nação em 1996, cujo valor estimado era de £75 milhões (U$150 milhões). A disposição dos mosaicos é uma das mais completas já feitas. A coleção de ouro e prata tem uma quantidade excepcional, abrangendo obras do século 15 ao 19, da Índia até a América Latina. A coleção de prata é comprovadamente melhor que a da V&A – com importantes obras do século 18, como as de Paul de Lamerie. Amostras como as peças de marajás, o 'Golden Crown', e os portões reais de Catarina, a Grande, são fabulosas. A galeria também exibe uma das mais significativas coleções de tabaqueiras de ouro do mundo, com 200 itens, incluindo as usadas por Luís XV, Frederico, o Grande, e Napoleão.

Somerset House, the Strand. WC2. ✆ **020/7240-9400**. www.gilbert-collection.org.uk. Entrada £5 (U$10) adultos, £4 (U$8) idosos, grátis para pessoas até 17 anos. Diariamente das 10h às 18h. Metrô: Temple, Covent Garden, Charing Cross ou Embarkment.

Guildhall Art Gallery ★ Reaberta em 1999 (a galeria original pegou fogo em 1914 em um ataque aéreo), muitas das famosas e admiradas pinturas, que por muitos anos eram apenas conhecidas em exibições temporárias e cópias, estão novamente disponíveis para o público em um ambiente permanente. A obras de arte vão do período clássico ao moderno. Uma curiosidade é a parede alta construída para acomodar o maior quadro sobre a independência do Reino Unido, de John Singleton Copley, *The defeat of the Floating Batteries at Gibraltar, September 1782.* A Corporation of Londoné, na City, é proprietária desses trabalhos e vem reunindo essa arte desde o século 17. A arte mais conhecida é a coleção da época vitoriana, incluindo favoritos como *My first sermon* e *My second sermon*, de Millais, e *The first leap*, de Landseer. Há também a paisagem da *Salisbury Cathedral*, de John Constable. Desde a Segunda Guerra Mundial, todos os quadros adquiridos pela galeria versam sobre Londres.

Guildhall Yard, EC2. ✆ **020/7332-3700**. www.guildhall-art-gallery.org.uk. Entrada £2,50 (U$5) adultos, £1 (U$2) idosos e estudantes, grátis para crianças até 15 anos. Entrada grátis sábado e depois das 15h30 nos demais dias. Segunda a sábado das 10h às 17h; Domingo das 12h às 16h. Metrô: Bank, St. Paul's, Mansion House e Moorgate.

Imperial War Museum ★ Um dos poucos pontos de referência ao sul do rio Tâmisa, o museu ocupa um quarteirão inteiro, do tamanho de um quartel militar, exibindo armas de 38 cm (15 polegadas) dos couraçados *Resolution* e *Ramillies*. O grande prédio com cúpula foi construído em 1815, sendo o primeiro Bethlehem Royal Hospital para loucos, conhecido como 'Bedlam'.

Uma grande variedade de armas e equipamentos está em exibição, assim como maquetes, decorações, uniformes, pôsteres, fotos e pinturas. Você pode ver o tanque *Mark V*, o avião de guerra britânico *Spitfire*, e o submarino comandado por um general alemão, assim como rifles carregados por Lawrence da Arábia. Na sala de documentos, você pode conferir o suposto testamento político de Hitler ditado no bunker da chancelaria durante os últimos dias da Segunda Guerra Mundial, na presença de Joseph Goebbels e Martin Bormann, assim como a 'Paz no Nosso Tempo' acordo que Neville Chamberlain trouxe de Munique, em 1938. Há um mundo de espionagem e operações militares clandestinas na principal exposição permanentemente conhecida como 'Secret War Exhibition', onde você pode descobrir o que há por trás da imagem de James Bond – e por que o agente secreto real de guerra é mais estranho e fascinante do que na ficção. As mostras incluem muitos itens inéditos para o público: mensagens codificadas, documentos forjados, comunicações secretas e equipamentos usados por espiões desde a Segunda Guerra Mundial até hoje.

Patrocinada pela doação de £12,6 milhões (U$25 milhões) do Heritage Lottery Fund, uma exibição permanente sobre o Holocausto agora ocupa dois andares. Através de artefatos originais, documentos, filmes e fotografias, alguns emprestados ao museu por campos de concentração existentes na Alemanha e a Polônia, a exibição relata cruamente a história do nazismo na Alemanha e a perseguição aos judeus. Além disso, chama atenção para outros grupos perseguidos pelo regime de Hitler, incluindo prisioneiros de guerra poloneses e soviéticos, pessoas com deficiência e homossexuais. Entre os itens exibidos, há uma carro funerário usado no gueto de Varsóvia, um relicário da Bélgica, uma placa do campo de extermínio de Belzec e as cartas que um garoto judeu-francês de 8 anos que se escondeu em um orfanato antes de ser mandado para Auschwitz.

Outra exibição, chamada 'Crimes Against Humanity', explora a temática do genocídio.

Lambeth Rd., SE1. ✆ **020/7416-5321** ou 020/7416-5320 (info line). www.iwm.org.uk. Entrada gratuita. Diariamente das 10h às 18h. Fechado de 24 a 26 de dezembro. Metrô: Baker Lane até Lamberth North, Elephant e Castle ou southwark.

Jewish Museum Este museu conta a história dos judeus no Reino Unido. Chegando na época da conquista normanda, os judeus sobreviveram na Inglaterra até que o rei Edward I os expulsasse, em 1290. Desde aquele tempo, nenhum judeu (pelo menos nenhum judeu conhecido) viveu no Reino Unido até uma pequena comunidade retornar em 1656, durante o reinado de Elizabeth I. Recentemente, o museu teve sua importância reconhecida pela Museums and Galleries Commission por esta impressionante coleção de arte oficial judaica. Estão em exibição sinos prateados da Torá feitos em Londres e dois cupidos presenteados pelas Sinagoga Espanhola e Portuguesa ao prefeito no século 18. A Galeria de Arte Oficial do museu contém uma linda arca veneziana do século 16, uma das mais antigas do mundo. Um antigo lorde inglês comprou a arca de um vendedor de móveis sem saber o que era. Por anos ele usou a arca como guarda-roupa, até alguém descobrir sua verdadeira origem. O museu também patrocina **passeios a pé ao Jewish Museum**.

O Jewish Museum tem uma filial em Finchley, com foco na imigração judaica e seu estabelecimento em Londres. Estão em exibição réplicas de alfaiatarias e lojas de móveis do East End. Comprovar que o Holocausto ocorreu é o principal objetivo deste museu. A filial de Finchley abre de segunda a quinta das 10h30 às 17h e domingo das 10h30 às 16h30. Entrada £2 (U$ 4) adultos, idosos e estudantes. Crianças menores de 11 anos não pagam. Para maiores informações, ligue para **020/8349-1143.**

129-131 Albert St., NW1. ✆ **020/8371-7373**. www.jewishmuseum.org.uk. Na matriz, entrada £3,50 (U$7) adultos, £2,50 (U$5) idosos, £1,50 (U$3) estudantes e crianças, £8 (U$16) ingresso familiar. Matriz: domingo das 10h às 17h; segunda a quinta das 10h às 16h. Fecha na sexta e sábado, em feriados e festivais judaicos. Metrô: Camden Town ou Finchley Central.

Linley Sambourne House ★ *Dicas* É possível voltar à época da rainha Victoria visitando esta casa que se manteve intacta por mais de um século. Construídos no fim dos anos 1860, os cinco andares de tijolo de Suffolk eram a residência de Linley Sambourne, famoso cartunista de *Punch*. No salão de entrada, chamam atenção a profusão de estilos e vários objetos da era vitoriana, como cortinas de veludo, uma lareira, copos usados e um grande número de chifres. A sala de desenho sozinha contém um impressionante número de itens da era vitoriana. Um ator vestido a caráter serve de guia. Planeje gastar pelo menos 1,5 hora na visita. **Dica de nativo**: É melhor agendar a visita por telefone.

18 Starford Terrace, W8. ✆ **020/7602-3316**. www.rbkc.gov.uk/linleysambournehouse. Entrada £6 (U$12) adultos, £4 (U$8) idosos e estudantes, 1 (U$2) crianças até 17 anos. Sábado e domingo das 11h às 15h30; Sábado e domingo somente excursões com guia (11h15, das 13h às 14h15 e 15h30). Fecha de meados de março a meados de junho. Metrô: High St. Kensington.

Madame Tussaud's *Superestimado* A casa de Madame Tussaud não é somente um museu de cera ou um parque de diversões. Uma estranha, animada, às vezes assustadora (para crianças) exibição de colagens, panoramas e cenários pode ser muitas coisas para muitas pessoas na maior parte das vezes.

Madame Tussaud frequentou a corte de Versalhes e aprendeu artesanato na França. Recolheu pessoalmente as máscaras das cabeças de Luís XVI e Maria Antonieta (que estão expostas) quando eles foram decapitados. Ela transferiu o museu original de Paris para a Inglaterra em 1802. Sua arte tem sido imitada em todas as partes do mundo, mas nunca com o mesmo realismo e a mesma imaginação. Madame Tussaud moldou as feições de Benjamin Franklin, que conhecera em Paris. Todo o resto – de George Washington a John F. Kennedy, da rainha escocesa Mary a Sylvester Stallone – é tema de meticulosas (e muitas vezes de tirar o fôlego) réplicas.

Na conhecida Sala do Horror – um tipo de calabouço subterrâneo – estão inúmeros instrumentos mortíferos, junto com a expressão de suas vítimas. A presença de Jack, o Estripador, assombra na penumbra enquanto você caminha por uma rua vitoriana em Londres. Criminosos contemporâneos são retratados dentro das prisões. A mais recente atração é o "O Espírito de Londres", um passeio musical que descreve os 400 anos da história de Londres, com efeitos especiais que incluem figuras animadas que falam e se movem. Os visitantes viajam em "táxis do tempo" que permitem ver e escutar "Shakespeare", enquanto ele escreve e recita seus versos, ao ser recebido pela "Rainha Elizabeth I", e também sentir e cheirar o Grande Incêndio que destruiu Londres em 1666.

Vimos essas metamorfoses tantas vezes ao longo dos anos que elas hoje parecem um pouco ordinárias, mas ainda lembramos da primeira vez, quando éramos crianças. Achamos o truque fascinante naquela época.

Dica de nativo: Para evitar as longas filas – muitas vezes a espera é de mais de uma hora no verão –, ligue com antecedência e reserve os ingressos para retirá-los na entrada. Se você não quiser se preocupar com isso, seja esperto, forme um grupo de nove pessoas e aguarde na fila. Grupos de nove ou mais pessoas podem ir quase todos de uma vez pela "porta dos grupos". Caso contrário, vá quando a galeria estiver abrindo ou no fim da tarde, com as filas já reduzidas.

Marylebone Rd., NW1. ✆ **0870/999-0393**. www.madame-tussauds.com. Entrada £23 (U$43) adultos, £20 (U$40) idosos, £19 (U$38) crianças menores de 15 anos. Aviso: Os ingressos podem ter o preço aumentado em alguns períodos do ano. Segunda a sexta das 9h30 às 17h30; sábado e domingo das 9h às 18h. Metrô: Baker St.

Museum of London ★★ No distrito londrino de Barbicam, perto da catedral de St. Paul e com vista para a cidade romana e os muros medievais, o museu apresenta a história de Londres da pré-história ao século 20 através de descobertas arqueológicas, pinturas, impressões, artefatos sociais, industriais e históricos, trajes, mapas e maquetes. As exibições são organizadas para que você possa começar e terminar seu passeio cronológico de 250 mil anos na entrada principal do museu. A grande atração do museu é a Lord Mayor'd Coach, uma carruagem de conto de fadas amarelo-avermelhada construída em 1757 que pesa mais de 3 toneladas. Você também pode conferir o Grande Incêndio em Londres em cores vivas e som graças a uma apresentação audiovisual; a máscara de morte de Oliver Cromwell; as portas da prisão de Newgate, tornada famosa por Charles Dickens; e, mais impressionante que tudo, uma loja com os preços antes da Segunda Guerra Mundial. A World City Gallery mostra a vida em Londres de 1789 a 1914, início da Primeira Guerra Mundial. Estão expostos cerca de 2 mil objetos.

150 London Wall, EC2. ✆ **087/0444-3851**. www.museumoflondon.org.uk. Entrada gratuita. Segunda a sábado das 10h às 17h50; domingo das 11h30 às 17h50 Metrô: St. Paul's ou Barbican.

National Army Museum ★ *Crianças* O National Army Museum ocupa um prédio contíguo ao Royal Hospital, para soldados aposentados. Apesar de o Imperial War Museum se ocupar das guerras do século 20, o National Army Museum conta a gloriosa história do Exército britânico desde 1485. Aqui você achará uniformes usados por soldados britânicos em cada canto do mundo, além de armas e outros equipamentos, bandeiras e medalhas. Até o esqueleto do cavalo de guerra favorito de Napoleão está aqui. Estão também em exposição as joias de Florence Nightingale, a mesa de telefone do bunker de Hitler (capturada em 1945) e ordens e medalhas do duque de Windsor. "The Rise of the Redcoats" mostra detalhes da vida dos soldados britânicos de 1485 a 1793, além de abordar a guerra civil inglesa e a Guerra de Independência dos Estados Unidos.

Royal Hospital Rd., SW3. ✆ **020/7730-0717**. www.national-army-museum.ac.uk. Entrada gratuita. Diariamente das 10h às 17h30. Fecha na Sexta-Feira Santa, 1° domingo de maio e de 24 a 26 de dezembro. Metrô: Sloane Sq.

Natural History Museum ★★ *Crianças* É a coleção nacional de plantas e animais vivos ou fósseis e minerais, com magníficos espécimes em exibição. A exposição zoológica é maravilhosa – não como a do Smithsonian, em Washington D.C., mas ainda vale a pena conferir. Mostras excitantes foram montadas para encorajar as pessoas de todas as idades a aprender sobre história natural, incluindo 'Human Biology – An Exhibition of Ourselves', 'Our Place in Evolution, 'Origin of the Species', 'Creepy Crawlies' e 'Discovering Mammals'. A Galeria dos Minerais contém incríveis cristais e pedras preciosas. Visite o Pavilhão do Meteorito, que exibe fragmentos de rochas que caíram na Terra de lugares remotos da galáxia. A seção dos dinossauros atrai mais visitas, pois tem 14 esqueletos completos. A 'Galeria da Terra' descreve a relação do ser humano com seu planeta. Aqui, na seção 'Terra Hoje e Amanhã', os visitantes são convidados a explorar a dramática história do planeta, desde o Big Bang até sua inevitável destruição. A mais recente seção é o Centro de Darwin. Dedicado ao grande naturalista Charles Darwin, mostra as pesquisas científicas do museu e outras instalações e atividades. Você receberá a uma visão de dentro – incluindo 22 milhões de espécimes preservados – e dos laboratórios do museu. Há 14 anos excursões gratuitas (para maiores de 10 anos apenas) são oferecidas diariamente; é aconselhável reservar imediatamente antes de entrar no museu, caso você se interesse.

Cromwell Rd., SW7. ✆ **020/7942-5000**. www.nhm.ac.uk. Entrada gratuita. Segunda a sábado das 10h às 17h50; sábado das 11h às 17h50. Metrô: S. Kensington.

The Queen's Gallery ★★ A remodelada galeria localiza-se na frente do Palácio de Buckingham e foi aberta novamente ao público em 2002 para a celebração do jubileu de ouro da rainha Elizabeth II. O prédio, construído em 1831 por John Nash, foi transformado em capela pela rainha Victoria em 1843 e posteriormente destruído por um ataque aéreo em 1940. Atualmente, a galeria é dedicada a exposições que mostram a grande variedade de tesouros que formam a Royal Collection. Você encontrará exibições especiais de pinturas, impressos, desenhos, aquarelas, mobílias, porcelanas, miniaturas, joias, entre outros trabalhos artísticos. Em certos períodos, você pode conferir trabalhos soberbos como o retrato equestre de Charles feito por Van Dyck; o internacionalmente conhecido *Lady at the Virginal*, de Vermeer; deslumbrantes conjuntos de tabaqueiras de ouro, pinturas de Monet desde a coleção da primeira rainha, joias particulares, estudos de Leonardo da Vinci e até o mais recente, mas controverso, retrato da atual rainha, de Lucian Freud.

Buckingham Palace, Buckingham Palace Rd., SW1. ✆ **020/7766-7301**. www.royalcollecion.org.uk. Entrada £8 (U$16) adultos, £7 (U$14) estudantes e idosos, £4 (U$8) crianças de 5 a 16 anos, gratuita para crianças até 4 anos. Diariamente das 10h às 17h30. Metrô: Hyde Park Corner, Green Park ou Victoria.

Royal Academy of Arts Estabelecida em 1768, esta organização contou com Sir Joshua Reynolds, Thomas Gainsborough e Benjamin West entre os membros fundadores. Desde a inauguração, cada membro tem de doar uma obra. Assim, com o tempo, a academia tem reunido uma coleção de razoável tamanho. O mais impressionante tesouro é o belo relevo *Madona com menino*, de Michelangelo. A mostra de verão acontece há mais de 200 anos. Veja o "London Calendar of Events" no capítulo 1 para mais detalhes. O maior foco da galeria, contudo, está nas exposições temporárias não relativas ao Royal Academicians.

Burlington House, Piccadilly, W1. ✆ **020/7300-5760**. www.royalacademy.org.uk. Ingressos variam de £7 (R$14) a £10 (U$20) dependendo da exibição. Sábado a quinta das 10h às 18h (última admissão às 17h30); sexta das 10h às 22h (última admissão às 21h30). Metrô: Piccadilly Circus ou Green Park.

Royal Mews ★★ Aqui é onde você pode conhecer de perto a carruagem de Sua Majestade, construída em 1761 por Sir William Chambers e decorada com pinturas de Cipriani. Tradicionalmente puxada por oito cavalos pardos, foi usada pelos soberanos quando estes viajavam para a primeira sessão do Parlamento e outras ocasiões solenes; foi o meio de transporte utilizado pela rainha Elizabeth em sua coroação, em 1953, e na celebração de seu jubileu de prata, em 1977. Você também pode pagar por uma visita à carruagem real.

Buckingham Palace, Buckingham Palace Rd., SW1. ✆ **020/7766-7322**. www.royalcollection.org.uk. Entrada £8,50 (U$17) adultos, £7,50 (U$15) idosos e estudantes, £4,25 (U$8,50) crianças de 5 a 17 anos, £22 (R$44) ingresso familiar, gratuito para crianças até 4 anos. De 25 de março a 26 de julho e de 26 de setembro a 31 de outubro de segunda a quinta e sábado e domingo das 11h às 16h; de 27 de julho a 25 de setembro diariamente das 10h às 17h. Metrô: Green Park ou Victoria.

Science Museum ★★★ Este museu acompanha o desenvolvimento da ciência e da indústria e sua influência na vida diária. As coleções científicas estão entre as maiores e mais significativas. Estão em exposição o míssil original fabricado por Stephenson e o protótipo em miniatura de uma locomotiva ferroviária; você também pode conferir o motor a jato e o módulo espacial da *Apollo 10*. A coleção de instrumentos científicos do rei George III é o ponto alto da ciência do século 18. O museu tem duas galerias interativas, assim como modelos para trabalho e monitores de vídeo.

O museu também oferece um tour científico e tecnológico pelos bastidores do filme *O senhor dos anéis*, exibindo artefatos e animações, vestimentas e personagens da fábula. A mostra também compreende um grande número de vídeos interativos – por exemplo, você pode ser reduzido ao tamanho de um hobbit.

Dica de nativo: Uma grande vantagem desse museu é que ele explora temas da genética, da tecnologia digital e da inteligência artificial. Os quatro andares do novo Welcome Wing abrigam meia dúzia de áreas de exibição e 450 poltronas do cinema IMAX. No andar superior, os visitantes podem aprender como o DNA era usado para identificar parentes vivos do Bleadon Man, homem de 2 mil anos da Idade do Ferro. No terceiro andar está o computador que Tim Berners-Lee usou para projetar a World Wide Web fora de Genebra, produzindo o primeiro software em 1990.

Observe os sensacionais painéis interativos colocados em locais estratégicos de todo o museu. Estas telas incluem roteiros das galerias para famílias, adolescentes, adultos e para aqueles com interesses específicos.

Exhibition Rd., SW7. ✆ **087/0870-4868**. www.sciencemuseum.org.uk. Entrada gratuita. Diariamente das 10h às 18h. Fecha de 24 a 26 de dezembro. Metrô: S. Kensington.

Shakespeare's Globe Theatre & Exhibition ★ Esta é a recente recriação do que foi, provavelmente, o mais importante teatro público já construído, o Shakespeare Globe, no mesmo local onde muitas das peças shakespearianas estrearam. O diretor americano Sam Wanamaker trabalhou cerca de 20 anos para arrecadar fundos para reconstruir o teatro nos moldes da época elizabetana, com telhado de palha e tudo o mais. Uma fascinante exibição conta a história da construção do Globe, usando material (inclusive pelo de bode no gesso), técnicas e trabalhos artesanais de mais de 400 anos. O novo Globe não é uma réplica exata: comporta 1.500 espectadores e não 3 mil lugares apertados, como no começo de 1600, e o telhado de palha foi especialmente construído com uma substância que retarda a velocidade das reações químicas.

Veja o calendário de eventos na página 5 para saber como assistir a uma peça no Globe.

21 New Globe Walk, SE1. ✆ **020/7902-1500**. www.shakespeares-globe.org. Entrada £9 (U$18) adultos, £7,50 (U$15) idosos e estudantes, £6,50 (U$13) crianças menores de 15 anos. Diariamente de outubro a abril das 10h às 19h30; maio a setembro das 9h às 12h e das 12h30 às 17h. Metrô: Mansion House ou London Bridge.

Sir John Soane's Museum ★ Esta foi a casa de Sir John Soane (1753-1837), arquiteto que reconstruiu o Banco da Inglaterra (mesmo não sendo a estrutura atual). Com seus múltiplos andares, espelhos, arcos e cúpulas, Soane era um mestre perceptivo e um gênio dos espaços interiores (sua galeria, por exemplo, possui um número de pinturas três vezes maior do que caberiam em uma sala de dimensões similares). Uma preciosidade de sua coleção é a série satírica *The Rake's Progress,* que inclui o imitadíssimo *Orgy and The Election,* uma sátira à política de meados do século 18. Soane também incluiu na casa esculturas clássicas. O sarcófago do faraó Seti I, encontrado em uma sepultura no Vale dos Reis, também está aqui.

13 Lincoln's Fields, WC2. ✆ **020/7405-2107**. www.soane.org. Entrada gratuita (doações são bem-vindas). Terça a sábado das 10h às 17h; 1ª terça de cada mês das 18h às 21h. Excursões oferecidas sábado às 14h30. Ingressos a £5 (U$10) são distribuídos às 14h por ordem de chegada (excursões em grupo mediante reserva). Metrô: Holborn.

Wallace Collection ★★ *Dicas* Localizado em um ambiente suntuoso (modestamente descrita como "casa da cidade" por Lady Wallace), esta coleção é uma contraditória reunião de arte e armamentos. Evoca o Frick Museum de Nova York e o Musée d'Jacque André de Paris. A coleção de arte inclui trabalhos de Watteau, Boucher, Fragonard e Greuze, além de clássicos como *O cavaleiro risonho,* de Franz Hals, e o retrato de Rembrandt de seu filho Titus. As pinturas das escolas holandesa, espanhola e italiana são impressionantes. A coleção também contém importantes amostras de arte decorativa da França do século 18, inclusive mobília de palácios reais, porcelana de Sèvres e caixas de ouro. Os armamentos europeus e asiáticos, no subsolo, são obras de arte por si sós.

Manchester Sq., W1. ✆ **020/7563-9500**. www.the-wallace-collection.org.uk. Entrada gratuita (algumas exibições requerem admissão). Diariamente das 10h às 17h. Metrô: Bond St. ou Baker St.

PARQUES & JARDINS

Os parques de Londres possuem o mais avançado sistema de áreas verdes das grandes cidades. Mesmo que não sejam rigidamente preservados como os de Paris (os bretões tradicionalmente preferem um aspecto mais natural), são tratados com carinho e abundantes cuidados manuais que deixariam os parques americanos com inveja.

O maior parque no centro de Londres é o **Hyde Park** ★★ (Metrô: Marble Arch, Hyde Park Corner ou Lancaster Gate), lugar favorito para a caça ao cervo de Henry VIII. Com o vizinho Kensington Gardens (mais abaixo), a área compreende 246 hectares (608 acres) do centro de Londres, com gramados aveludados intercalados de lagos, canteiros de flores e árvores. Percorrendo toda a extensão está o lago de 17 hectares (41 acres) conhecido como **Serpentine**, onde você pode remar, comandar um barco ou nadar (desde que não se importe com a temperatura da água, menores que na Flórida). **Rotten Row**, uma trilha de areia para equitação, atrai profissionais aos domingos. Você pode alugar um barco com pedal ou um barco a remo na casa dos barcos (aberta de março a outubro) ao norte da **Hyde Park's Serpentine**. (✆ **020/7262-1330)**

A nordeste do Hyde Park, perto da Marble Arch, está localizado o **Speakers Corner** (www.speakercorner.net). Desde 1855 (antes de os direitos de se reunir serem garantidos), qualquer cidadão pode trazer seus discursos sobre os mais variados assuntos. Você já deve ter ouvido discursos de Karl Marx, Frederick Engels ou Lenin e possivelmente de William Morris e George Orwell. O cadáver de Oliver Cromwell foi pendurado neste palco para que as pessoas pudessem olhar ou jogar ovos podres. O rei queria alertar a população do que poderia acontecer a todos que tentassem acabar com a monarquia. Os hecklers, geralmente agressivos, são parte da diversão. Qualquer cidadão pode fazer discursos. Só não pode blasfemar, usar vocabulário impróprio ou iniciar um tumulto.

Localizado ao lado do Hyde Park, colado ao Palácio de Kensington, o impecável **Kensington Garden** (Metrô: High St. Kensington ou Queensway) abriga a famosa estátua de Peter Pan, com coelhos de bronze que as crianças tentam capturar. O parque também foi a casa da rainha Victoria e é sede do Albert Memorial. O laranjal é um lugar perfeito para o chá da tarde.

A leste do Hyde Park, atravessando o Piccadilly, estão o **Green Park** ★ (Metrô: Green Park) e **St. James's Park** ★ (Metrô: St. James's Park), formando uma maravilhosa cadeia montanhosa. O parque é ideal para fazer piqueniques. Pode ser difícil acreditar que já foi um pântano ao lado de um hospital para leprosos. Há um lago com patos e pelicanos que descendem dos presenteados pelo embaixador russo a Charles II em 1662.

Regent's Park ★★★ (Metrô: Regent's Park ou Baker Street) cobre todo o distrito de mesmo nome ao norte da Baker Street e da Marylebone Road. Projetado no século 18 pelo gênio John Nash para demarcar a área do palácio do príncipe regente (que nunca foi de fato construído), é o parque londrino de estilo clássico mais bonito. O centro do parque é um jardim de rosas plantadas ao redor de um lago com aves aquáticas e traspassado por pontes de estilo japonês. No começo do verão, você pode sentir o perfume das rosas. O parque abriga o **Open-Air Theatre** e o **London Zoo.** Assim como em qualquer parque local, centenas de cadeiras estão dispostas ao redor do gramado à espera dos usuários. Os atendentes que alugam as cadeiras a preços irrisórios são geralmente estudantes em férias escolares. Barcos a remo e pequenos barcos estão disponíveis no Regent's Park (✆ **020/7724-4059**; www.royalpark.org.uk). Passeios de barco e canoa custam £6,50 (U$13) por adulto e £4,40 (U$8,80) por criança pelo período de uma hora.

Talvez a maior horticultura do mundo esteja localizada em Surrey, no **Royal Botanic Garden at Kew** (também conhecido como Kew Gardens; ✆ **020/8332-5655**; www.rgbkew.org.uk).

3. Explorando Londres de Barco

PASSEIOS DE BARCO PELO RIO TÂMISA

Uma viagem de leste a oeste e vice-versa ao longo do rio oferece uma visão completamente diferente de um passeio a pé. Você verá como a cidade cresceu ao redor do rio e como muitos prédios foram construídos de frente para ele. Muitas empresas operam lanchas partindo do píer Westminster (Metrô: Westminster) que oferecem uma visão panorâmica de um dos canais mais históricos da Europa.

Thames River Service, Westminster Pier, Victoria Embarkment, SW1 ✆ **020/7930-4097**. Somente com tráfego descendo o rio, do píer em Westminster a outros destinos com Greenwich. A excursão mais popular acontece diariamente saindo do píer Greenwich, a cada 40 minutos das 10h40 às 15h20. Passagens só de ida custam £7,20 (U$14) para adultos, £6 (U$12) para idosos, £3,60 (U$7,20) para crianças de até 15 anos. Passagens de ida e volta custam £9,40 (U$19) para adultos, £8 (U$16) para idosos, £4,70 (U$9,40) para crianças. Ingresso-familia para dois adultos e para crianças de até 14 anos custa £21 (U$42) só ida e £25 (U$50) ida e volta.

Vista Panorâmica de Londres

A maior roda-gigante de observação do mundo, a **British Airway London Eye** ✭, Millennium Jubilee Garden (✆ **0870/5000-600**; www.ba-london-eye.com), foi inaugurada em 2000. É a quarta maior construção de Londres, oferecendo uma visão panorâmica que abrange 40km (25 milhas) se a água estiver limpa. Os passageiros são levados em cabines e a volta completa pode levar em torno de 30 minutos. No decorrer da viagem você verá as mais famosas construções pela "bird's-eye view".

Construída em aço por um consórcio europeu, foi concebida e projetada pelos arquitetos londrinos Julia Barfield e David Marks, que afirmam ter se inspirado na Estátua da Liberdade de Nova York e na Torre Eiffel de Paris. 2 milhões de visitantes são esperados anualmente.

A London Eye está localizada próximo à Westminster Bridge (não há como se perder). O ingresso custa £13 (U$26) adultos, £10 (U$20) idosos e estudantes, £6,50 (U$13) crianças de 5 a 15 anos. Diariamente de outubro a maio das 10h às 20h; junho a setembro das 10h às 21h. Metrô: Westminster ou Waterloo.

Westminster Passenger Association (no alto do rio) Ltd., Westminster Pier, Victoria Embarkment, SW1 ✆ **020/7930-2062** ou 020/7930-4721; www.wpsa.co.uk), oferece o único serviço rio acima da Westminster Brigde a Kew, Richmond e Hampton Court, com barcos que partem diariamente na segunda antes da Páscoa até o fim de outubro em barcos tradicionais, todos com licenças. O tempo médio de cada viagem é de 30 minutos de Kew e entre 2,5 e quatro horas ao Hampton Court, dependendo da maré.

Os cruzeiros do Westminster Pier ao Hampton Court via Kew Gardens partem diariamente das 10h30 às 11h15 e meio-dia. Viagens de ida e volta custam £20 (U$40) para adultos, £13 (26) idosos, £9,75 (U$20) crianças de 4 a 14 e £49 (U$98) o ingresso família. Entrada gratuita para até uma criança de até 3 anos.

4. Passeios Planejados

PASSEIOS DE ÔNIBUS

Para marinheiros de primiera viagem, o modo mais rápido e econômico de conhecer a cidade é por passeio de ônibus. Um dos mais populares é o **Original London Sightseeing Tour,** que passa por todos os pontos turísticos principais em menos de uma hora e meia. O passeio – que usa um ônibus convencional de dois andares com guia – custa £19 (U$38) adultos, £12 (U$24) crianças de 5 a 15 anos. Crianças de até 4 anos não pagam. É permitido descer ou subir do ônibus a qualquer momento do passeio sem custo adicional.

A partida acontece em pontos de fácil acesso. Você pode escolher o lugar de saída ao comprar o ingresso. Os ingressos podem ser adquiridos no ônibus ou com desconto em qualquer London Transport ou London Tourist Board Information Centre. Alguns hotéis com *concierge* também vendem ingressos. Para informações ou compra por telefone, ligue para ✆ **020/8877-1722**. É possível reservar pelo site **www.theoriginaltour.com.**

Big Bus Company Ltd., Waterside Way, London SW 17 (✆ **020/7233-9533**; www.bigbus.co.uk), opera um passeio de duas horas no verão, partindo entre 8h30 e 16h30 diariamente do Marble Arch do Speakers Corner, Green Park do Royal Wetminster Hotel). O passeio cobre os principais pontos – 18 no total –, desde o Parlamento e a Abadia de Westminster até a Torre de Londres e o Palácio de Buckingham (somente do lado de fora), acompanhado por guia ao vivo. O preço é de £22 (U$44) para adultos e £10 (U$20) para crianças. Um passeio de uma hora passa pelo mesmo caminho, mas cobre somente 13 pontos. Os ingressos valem para o dia inteiro. Você pode entrar e sair do ônibus quantas vezes quiser.

PASSEIOS A PÉ

O **Original London Walks**, 87 Messina Ave., PO. 1708, London NW6 4LW (✆ **020/7624-3978**; www.walks.com), a mais antiga empresa de passeio a pé de Londres, é administrada pelo casal de jornalistas e atores anglo-americanos David e Mary Tucker. Seu diferencial é a variedade, a confiabilidade e a alta qualidade dos guias para pequenos grupos. O renomado historiador do crime, Donald Rumbelow, maior autoridade sobre o Jack, o Estripador, e autor do livro *London walks*, é um guia regular, assim como grandes atores (incluindo Edward Petherbridge). Os passeios são geralmente agendados diariamente e custam £6 (U$12) para adultos, £5 (U$10) para estudantes e idosos; crianças até 14 anos não pagam. Ligue para conferir a programação. Não é necessário fazer reserva.

5

Compras

Embora Londres seja uma das melhores cidades do mundo para compras, às vezes parecr que é apenas para os turistas ricos. Para encontrar bons preços, faça como a maioria dos londrinos: espere pelas liquidações ou procure lojas que oferecem descontos.

O estilo norte-americano de fazer compras invadiu o Reino Unido, no conceito (lojas enormes e shopping centers) e nos nomes: a um quarteirão de Hamleys, você encontrará a Disney Store. A Gap está em todos os lugares, e a Tiffany vende mais presentes de casamento do que a Asprey, hoje em dia. Porém, a melhor opção é se concentrar em mercadorias britânicas. Você pode se dar bem com produtos franceses também; os preços são quase tão bons quanto em Paris.

1. Compras no Centro de Londres

Ainda bem, para aqueles sem tempo, que várias das principais ruas oferecem algumas (ou mesmo todas) das melhores lojas de Londres, localizadas em uma mesma rua ou em um bairro, para que você possa apenas caminhar e comprar.

THE WEST END Como um bairro, o The West End inclui Mayfair e é o lar das principais grandes lojas de Londres. A maioria das lojas de departamentos, butiques e lojas multimarcas tem suas principais lojas nesta área.

As principais ruas são **Oxford Street** (nas duas direções), para compras a preços razoáveis (comece pela estação Marble Arch se você é ambicioso, ou pela estação Bond St. se quiser ver apenas algumas lojas), e a **Regent Street,** que cruza a Oxford Street em Oxford Circus (Metrô: Oxford Circus). A loja símbolo da Marks & Spencer, loja de departamentos independente ("Marks & Sparks", como dizem os nativos) compensa a visita, com seus produtos de qualidade. A Regent Street, que se estende até Piccadilly, tem lojas de departamento mais sofisticadas (incluindo a famosa Liberty of London), redes (Laura Ashley) e lojistas especializados.

Paralela a Regent Street, a **Bond Street** (Metrô: Bond St.) conecta Piccadilly a Oxford Street e é sinônimo de luxo. Dividida em Nova e Velha, a rua viveu um recente renascimento e é o endereço do momento para designers internacionais – Donna Karan possui duas lojas nela. Um grande número de destaques internacionais, desde Chanel até Ferragamo, passando por Versace, tem lojas ao redor.

Dicas **Como Obter Reembolso do VAT**

Você *deve* pegar um formulário de restituição do VAT (sigla em inglês para Imposto sobre Valor Agregado) com o lojista. Vários leitores relataram que os lojistas lhes disseram que os formulários de restituição podem ser obtidos no aeroporto, ao embarcar de volta. *Isso não é verdade.* Não deixe a loja sem o formulário – ele deve ser preenchido pelo lojista na hora. Depois de perguntar se a loja restitui o VAT e for determinado o valor mínimo, preencha a papelada.

Global Refund (www.globalrefund.com) é sua melhor opção para obter restituição do VAT no aeroporto. Compre onde você vir o sinal de Global Refund Tax-Free Shopping, e peça um cheque Global Refund Tax-Free ao comprar seus produtos.

Preencha seu formulário e então o apresente – com as mercadorias, notas fiscais e passaportes – na Alfândega, no aeroporto. A fila costuma levar uma hora. ***Lembre-se:*** Você será solicitado a mostrar os produtos, portanto, coloque-os no seu carrinho de mão.

Após carimbar toda a papelada, você tem duas opções: enviar os papéis pelo correio (lembre-se de trazer um selo) e receber sua restituição como um cheque britânico (não!) ou uma restituição em seu cartão de crédito (sim!), ou ir até o guichê Cash VAT Refund, no aeroporto, e receber sua restituição em dinheiro. Saiba que, se aceitar outra moeda que não libras esterlinas, você perderá dinheiro na conversão.

Muitas lojas cobram uma taxa para processar sua restituição, portanto algo entre £3 e £5 (US$ 6-US$ 10) pode ser deduzido do total que você receberá. Mas como o VAT no Reino Unido é de 17,5%, vale a pena tentar pegar o dinheiro de volta.

Atenção: Se estiver indo a outros países da União Europeia, você deve enviar todos os seus pedidos de restituição de VAT de uma vez no seu destino final na UE.

Burlington Arcade (Metrô: Piccadilly Circus), a famosa passagem que sai de Piccadilly, com telhado de vidro ao estilo regencial, parece-se com uma exibição de época e repleta de lojas e butiques. Iluminada por lâmpadas de ferro polido e decorada com samambaias e flores, suas pequenas e descoladas lojas são especializadas em moda, joias, lençóis de cama irlandeses, cashmere e mais. Se ficar por aqui até as 17h30, poderá ver os "beadles" (os últimos representantes da mais velha força policial de Londres), em seus uniformes negros e amarelos, com chapéus-coco, colocar cerimoniosamente as grades de ferro que fecham a passagem até 9h, quando eles, igualmente cheios de cerimônia, removem as grades para começar um novo dia útil (restam apenas 3 "beadles"). Também às 17h30, uma sineta, chamada Burlington Bell, é tocada, marcando o fechamento do comércio.

Para um contraste total, vá até **Jermyn Street** (Metrô: Piccadilly Circus), ao lado oposto de Piccadilly, uma pequena rua de dois quarteirões, dedicada a lojas sofisticadas de cuidados pessoais e artigos para homens; muitas estão abertas há séculos. Várias possuem distinções reais, incluindo a Turnbull & Asser, onde sua majestade, o Príncipe Charles, manda fazer suas abotoaduras. Um pouco para noroeste, a Savile Row (entre as ruas Regent e New Bond) é sinônimo da melhor qualidade em roupas sob medida para homens.

O distrito de teatros no The West End bordeja outras duas áreas de compras: o **Soho**, que ainda não está pronta para ser de primeira linha (Metrô: Tottenham Court Rd.), pois os sex shops estão sendo lentamente convertidos em butiques modernas de designers, e **Covent Garden** (Metrô: Covent Garden), um grande destaque para compras, cheio de moda, comida, livros e tudo o mais. O mercado original de Covent Garden transbordou seus limites e dominou o bairro adjacente; é divertido passear pelas ruas estreitas e fazer compras. Covent Garden fica lotada aos domingos.

Bem ao lado de Covent Garden está **Monmouth Street**, que é um certo tipo de segredo das compras de Londres: os londrinos sabem que podem encontrar uma ampla gama de lojas em um espaço de apenas dois quarteirões. Muitas lojas aqui são *outlets* de designers britânicos, e algumas, ao longo da rua, vendem roupas usadas e novas. Além do mais, as lojas são especializadas em tudo, desde instrumentos musicais do Extremo Oriente até leituras de mão e bolas de cristal.

KNIGHTSBRIDGE & CHELSEA Knightsbridge (Metrô: Knightsbridge), o lar da Harrods, é o segundo bairro mais famoso para compras de Londres (Oxford St. está acima). A Sloane Street, próxima, é recheada de butiques.

Caminhe a sudoeste pela **Brompton Road** (na direção do The Victoria and Albert Museum) e você encontrará **Cheval Place**, orlada com butiques de roupas usadas, e Beauchamp (*Bee*-cham) Place. É apenas um quarteirão, mas é muito "Sloane Ranger" ou "Sloanie" (como os nativos diriam), apresentando os tipos de lojas onde os jovens aristocratas britânicos compram suas roupas para a "temporada".

Se você caminhar adiante pela Brompton Road, você chegará a **Brompton Cross**, outra área quente para butiques, que se tornou popular quando a Michelin House foi reabilitada por Sir Terence Conran, tornando-se a Conran Shop. Busque a **Walton Street,** uma pequena rua curva saindo de Brompton Cross na direção dos museus. A maioria das lojas aqui se especializam em produtos de luxo supérfluos, o tipo que um moralista vitoriano severo e crítico poderia desprezar, por ser vaidade e bobagem. Aqui é o lugar onde você encontrará produtos de aromaterapia, por Jo Malone, bordados e joias para roupas. **King's Road** (Metrô: Sloane Sq.), a rua principal de Chelsea, sempre será um símbolo dos anos 60. Ainda é popular com a turma jovem, mas há menos penteados *mohawk*, botas Bovver e gorros eduardianos de bailes do que antes. Mais e mais, King's Road é uma fileira de lojas e "multilojas", conglomerados de estandes internos, boxes e cabinas dentro de um anexo ou um prédio. Cerca de um terço da King's Road dedica-se aos mercados de antiquários "multilojas", outro terço abriga *showrooms* de designers e lojas de saldos, e o último terço é fiel às raízes adolescentes.

Finalmente, não se esqueça de todos os museus em **South Kensington**, que fica perto – todos eles têm ótimas lojas de souvenires.

KENSINGTON, NOTTING HILL & BAYSWATER **Kensington High Street** (Metrô: High St. Kensington) é o ponto de encontro da classe nobre de adolescentes, aquela graduada em Carnaby Street e que está pronta para a elegância das ruas. Embora haja alguns resíduos de moda básica britânica, a maioria das lojas na rua apresenta artigos com stretch e são muito, muito curtos, muito, muito apertados e muito, muito escuros.

De Kensington High Street, você pode caminhar até **Kensington Church Street** que, assim como a Portobello Road é uma das principais avenidas da cidade para antiquários, vende de tudo, desde móveis antigos até pinturas impressionistas.

Kensington Church Street termina na estação de metrô Notting Hill Gate, ponto de transferência para Portobello Road, cujos vendedores de antiguidades e a feira de final de semana ficam a duas quadras.

Não muito longe de Notting Hill Gate está **Whiteleys of Bayswater,** 151 Queensway, W2 (**© 020/7229-8844;** www.whiteleys.com; Metrô: Bayswater ou Queensway), um centro comercial Eduardiano cujo principal inquilino é Marks & Spencer. Whiteleys também abriga de 75 a 85 lojas, a maioria *outlets* específicos, além de restaurantes, cafés, bares e um cinema com oito salas de projeção.

2. As Lojas de Departamento

Contrariamente à crença popular, a Harrods não é a única loja de departamentos em Londres. Os britânicos inventaram a loja de departamentos, e eles têm muitas delas, a maioria em Mayfair, e cada uma tem seu próprio perfil de consumidor.

Fortnum & Mason ★★★ Atraindo clientes com boa situação financeira como uma loja de departamentos de serviço completo desde 1707, a Fortnum & Mason está melhor do que nunca. A loja oferece um dos mercados mais completos para delicatessens e alimentos em Londres, além de papelaria, presentes, louças e cristais, e muita, mas muita roupa masculina, feminina e infantil. 181 Piccadilly, W1. ✆ **020/7734-8040**. www.fortnumandmason.com. Metrô: Piccadilly Circus.

Harrods A Harrods continua sendo uma instituição, mas por volta da última década, tornou-se cada vez mais fora de moda, e não é nem um pouco tão moderna quanto costumava ser. Para a última moda, compre em outro lugar. Porém, sempre paramos aqui em nossas visitas a Londres. Tão inserida na vida britânica quanto o Palácio de Buckingham e as Ascot Races, é ainda um empório elaborado. Os produtos estão distribuídos por 300 departamentos, e a coleção, a variedade e a qualidade ainda surpreenderão os visitantes.

Todo o quinto andar é dedicado a esportes e lazer, com uma ampla variedade de equipamentos e trajes. O Toy Kingdom fica no quarto andar, junto com as roupas infantis. O Egyptian Hall, no térreo, vende cristais de Lalique e Baccarat, junto com louças e porcelenas.

Há também uma barbearia, um departamento de joias e um departamento de moda para clientes jovens. Você terá 18 restaurantes e bares à sua escolha. O melhor de tudo são os **Food Halls**, com uma grande variedade de alimentos e vários cafés. A Harrods começou como uma mercearia em 1849, e a comida e a bebida ainda são o coração da empresa. O lema continua "se é algo para beber ou comer, você o encontrará na Harrods". 87-135 Brompton Rd., SW1. ✆ **020/8479-5100**. www.harrods.com. Metrô: Knightsbridge.

Harvey Nichols Os habitantes locais costumar chamá-la de "Harvey Nicks". Já foi a predileta da finada Princesa Di, e esta loja é enorme, mas não compete diretamente com a Harrods porque tem uma imagem mais moderna e da moda. A Harvey Nicks tem seu próprio corredor de alimentos gourmet e um restaurante sofisticado, o **Fifth Floor**, e está cheia do melhor em móveis domésticos, presentes e moda para todos, embora as roupas femininas sejam o maior segmento da empresa. A loja vende muitas marcas de designer norte-americanas; evite-as, já que são mais caras em Londres do que nos EUA. 109-125 Knightsbridge, SW1. ✆ **020/7235-5000**. www.harveysnichols.com. Metrô: Knightsbridge.

Liberty ★★ Esta loja de departamento é celebrada pelos seus Liberty Prints: tecidos de primeira categoria, geralmente em padrões florais, estimados por decoradores pelo modo como acrescentam uma sensação de tradição inglesa a uma sala. A parte frontal da loja em Regent Street não é particularmente distinta, mas não se engane: outras partes da loja foram restauradas ao esplêndido estilo Tudor, que inclui meio madeiramento e painéis interiores. Há seis andares de moda, porcelana e móveis, incluindo a famosa Liberty Print para tecidos da moda, tecidos para estofamento, cachecóis, gravatas, malas, presentes e mais. 210-220 Regent St., W1. ✆ **020/7823-3900**. www.liberty.co.uk. Metrô: Oxford Circus.

Peter Jones Fundada em 1877 e reconstruída em 1936, a Peter Jones é conhecida pelos seus produtos para casa, tecidos e cortes domésticos, porcelanas, vidros, móveis estofados e roupas de cama. O departamento de roupas de cama é um dos melhores em Londres. Sloane Sq., SW1. ✆ **020/7730-3434**. www.peterjones.co.uk. Metrô: Sloane Sq.

3. Produtos de A a Z

ANTIGUIDADES

Verifique também a descrição de **Portobello Market,** na página 167.

Alfie's Antique Market Este é o maior (e um dos melhores estoques) dos conglomerados de antiquários em Londres, comprimida nas instalações de uma loja do século 19. Possui mais de 370 estandes, *showrooms* e oficinas em mais de 3.252 metros quadrados de espaço. Você encontrará aqui a maior coleção Susie Cooper (uma bem conhecida designer de louças e cerâmica de Wedgwood) na Europa. Todo um distrito de antiquários cresceu ao redor de Alfie's, pela Church Street. 13-25 Church St., NW8. PRODUTOS DE A A Z ✆ **020/7723-6066**. Fax 020/7724-0999. www.alfiesantiques.com. Metrô: Marylebone ou Edgware Rd.

Bond Street Antiques Centre ★★ Este lugar, no coração do melhor distrito para compras em Londres, tem a reputação de ser o mais proeminente centro de Londres para joias, prataria, relógios, porcelana e vidros antigos, além de quadros e antiguidades asiáticas. 124 New Bond St., W1. ✆ **020/7351-5353**. www.bondstreetantiques.com. Metrô: Bond St. ou Green Park.

Grays Antiques e Grey Mews Estes mercados foram convertidos em estandes com vendedores independentes. Aqui, o termo *antiguidades* vai desde pinturas a óleo até, digamos, a edição de 1894 da *Encyclopedia Britannica.* Aqui também são vendidas joias, prataria, ouro, mapas e impressos, bronzes e marfins, armas e armaduras, brinquedos das eras Vitoriana e Eduardiana, móveis, artigos Art Nouveau e Art Deco, rendas, instrumentos científicos, ferramentas de artesanato antigas e cerâmica, porcelana, miniaturas e antiguidades asiáticas, persas e islâmicas. Há um café em cada prédio. Veja o **Victory Café**, em estilo anos 50, na Davies Street e confira seus bolos caseiros. 58 Davies St. e 1-7 Davies Mews, W1. ✆ **020/7629-7034**. www.graysantiques.com. Metrô: Bond St.

ARTES E ARTESANATO

Acava *Dicas* Esta organização londrina, especializada em artes visuais, fornece estúdios e outros serviços para artistas profissionais, e representa cerca de 250 artistas trabalhando em espaços por toda Londres. Ligue para saber o cronograma dos estúdios, assim como as datas do final de semana em que ocorre o anual Open Studios. 54 Blechynden St., W1. ✆ **020/8960-5015**. www.acava.org.

Contemporary Applied Arts ★ Esta associação incentiva trabalhos de arte contemporâneos tradicionais e progressivos. Muitos dos mais renomados artesões do Reino Unido, assim como talentos promissores, estão representados neste espaço de ar contemporâneo. A galeria abriga uma mostra diversa de vidro, cerâmica, tecidos, madeira, móveis, joias e trabalhos em metal – tudo por artesões contemporâneos. Um programa de exibições especiais, incluindo exposições individuais ou em pequenos grupos, concentra-se em inovações em artesanato. Há novas exibições a cada 6 semanas. 2 Percy St., W1. ✆ **020/7436-2344**. www.caa.org.uk. Metrô: Tottenham Court Rd.

England & Co. Sob a orientação de Jane England, esta galeria é especializada em Outsider Art e em Art in Boxes (ou seja, arte que incorpora uma estrutura de caixas na composição ou a estrutura de um trabalho em 3D). A galeria tem como foco os artistas britânicos do pós-guerra e que foram negligenciados, como Tony Stubbings e Ralph Romney. Exposições de pequenos grupos ou individuais são montadas frequentemente, e muitos jovens artistas fazem suas primeiras exposições aqui. 216 Westbourne Grove, W11. ✆ **020/7221-0417**. www.englandgallery.com. Metrô: Notting Hill Gate.

Gabriel's Wharf Este complexo de lojas, restaurantes e bares em South Bank fica aberto de terça a domingo, das 11h às 18h (restaurantes e bares ficam abertos até mais tarde). A dois minutos de caminhada de Oxo Tower Wharf, o complexo está cheio de alguns dos mais habilidosos artesões de Londres, produzindo peças originais de escultura, joalheria, cerâmica, arte e moda. Comida, moda, arte e artesanatos lhe esperam aqui, tornando este um lugar muito divertido para visitar. 56 Upper Ground, SE1. ✆ **020/7021-1686**. www.gabrielswharf.co.uk. Metrô: Blackfriars, Southwark, Waterloo ou Embankment.

Grosvenor Prints O maior estoque em Londres de impressos antigos, do século 17 até o 20, está a venda aqui. Obviamente, as imagens de Londres são os itens que mais são vendidos. Alguns impressos mostram momentos significativos da história da cidade, incluindo o Grande Incêndio. Claro, os britânicos são apaixonados por animais, portanto espere muitas impressões de cães e cavalos. 19 Shelton St. WC2. ✆ **020/7836-1979**. www.grosvenorprints.com. Metrô: Covent Garden.

Kelly Hoppen A imprensa britânica classificou a designer de interiores minimalista Kelly Hoppen com a sua própria Martha Steward (antes do escândalo, lógico). O empório de Hoppen em Fulham Road abriu com muita festa, e até a própria Hoppen ficou feliz com o "estoque sendo vendido rapidamente". Espere por um pouco de tudo aqui, incluindo sua própria e encantadora mescla de cerâmicas (algumas desenhadas para Wedgwood), móveis e acessórios originais, como botões de buzina gigantes ou bolsas de pele de pônei da Argentina. 177 Fulham Rd., SW3. ✆ **020/7351-1910**. www.kellyhoppen.com. Metrô: S. Kensington.

CORPO & BANHO

The Body Shop Há uma loja The Body Shop em toda área de compras e zona de turistas em Londres. Algumas são maiores que outras, mas todas estão cheias com produtos de beleza, para banho para aromaterapia ecologicamente e politicamente corretos. Os preços são muito mais baixos no Reino Unido do que nos EUA. Há uma linha infantil completa, uma linha masculina e muitos produtos para viagem, com tamanho para sua mala. 374 Oxford St., W1. ✆ **020/7409-7868**. www.bodyshop..com. Metrô: Bond St. Outros endereços por toda Londres.

Boots the Chemist Esta loja tem filiais por todo o Reino Unido. Os produtos de beleza com a marcas da casa são geralmente os melhores, incluindo a linha original Boots (tente a máscara facial de pepino), as versões da Boots para a Body Shop (duas linhas, Global e Naturalistic), e as versões da Boots para maquiagem da Chanel (chamada No. 7). Eles também vendem películas, meias-calças (chamadas de "*tights*") sanduíches e todas as demais pequenas necessidades da vida. 490 Oxford St., W1G. ✆ **020/7491-8546**. www.boots.com. Metrô: Marble Arch. Outros endereços por toda Londres.

Culpeper the Herbalist ★ Você terá de suportar um espaço lotado para ver todos os alimentos e produtos para banho e aromaterapia, mas vale a pena. Encha a cesta de óleos essenciais ou prefira os travesseiros para sonhos, velas e saches. The Market, Covent Garden, WC2. ✆ **020/7379-6698**. www.culpeper.co.uk. Metrô: Covent Garden.

Floris ★★ Uma variedade de artigos e fragrâncias para banheiros enchem os gabinetes de mogno do Floris, que vão do piso até o teto – curiosidades arquitetônicas por si próprios. Foram instalados relativamente tarde na história do estabelecimento – ou seja, 1851 – bem depois de a loja receber as honras reais, como fornecedores de artigos de toucador para o Rei e a Rainha. 89 Jermyn St., SW1. ✆ **0845/702-3239**. www.florislondon.com. Metrô: Piccadilly Circus.

Penhaligon's ★★★ Esta perfumaria Vitoriana, fundada em 1870, possui recomendação real de HRH Duque de Edimburgo e do Duque de Edimburgo e do Príncipe de Gales. Todos os produtos vendidos são exclusivos do Penhaligon's. A loja oferece uma grande seleção de perfumes, loções pós-barba, sabonetes e óleos de banho para homens e mulheres. Os presentes incluem frascos de fragrâncias em prata antiga, acessórios de beleza e artigos de viagem em couro. A Penhaligon's agora está em mais de 20 lojas da Saks Fifth Avenue em todos os Estados Unidos. 41 Wellington St., WC2. ✆ **020/7621-3444**. www.penhaligons.co.uk. Metrô: Covent Garden.

LIVROS, MAPAS & GRAVURAS

Além das lojas abaixo, a **Waterstone's** ★★★, 203-206 Piccadilly, SW1 (✆ **020/7851-2400;** www.waterstones.com) é a maior livraria da Europa – e tem até mesmo um bar.

Children's Book Centre Com milhares de títulos, este é o melhor lugar para comprar livros infantis. As obras são organizadas de acordo com a idade, até 16 anos. Há também vídeos e brinquedos para crianças. 237 Kensington High St., W8. ✆ **020/7937-7497**. Metrô: Kensington.

Foyle's Bookshop Alegando ser a maior livraria do mundo, a Foyle's tem uma impressionante variedade de livros em capa dura e edições populares, assim como mapas de viagem, discos, CDs, fitas de vídeo e partituras novas. A loja tem também um café e uma "*jazz shop*", que, às vezes, apresenta música ao vivo. A Foyles também tem uma tradição de acolher livrarias locais independentes, forçadas a fechar por causa dos altos aluguéis – por exemplo, ela agora apresenta o estoque da Silver Moon, que já foi a mais conhecida livraria feminina em Londres. 113-119 Charing Cross Rd., WC2. ✆ **020/7437-5660**. www.foyles.co.uk. Metrô: Tottenham Court Rd. ou Leicester Sq.

Gay's the Word A principal livraria para gays e lésbicas no Reino Unido oferece uma grande seleção de livros, assim como revistas, cartões e guias. Há também uma seção de livros usados. 66 Marchmont St., WC1. ✆ **020/7278-7654**. www.gaystheword.co.uk. Metrô: Russell Sq.

Hatchards Ao sul de Piccadilly, a Hatchards oferece uma ampla gama de livros em todos os assuntos, e é particularmente famosa nas áreas de ficção, biografia, viagem, culinária, jardinagem, arte, história e finanças. Além disso, a Hatchards é insuperável em sua variedade de livros sobre a realeza. 187 Piccadilly, W1. ✆ **020/7439-9921**. www.hatchards.co.uk. Metrô: Piccadilly Circus ou Green Park.

The Map House of London O lugar ideal para encontrar um souvenir alternativo. A Map House vende mapas e gravuras antigas, além de uma vasta seleção de velhas impressões de Londres e da Inglaterra, tanto originais quanto reproduções. Uma gravura original do século passado custa a partir de £24 (US$ 48). 54 Beauchamp Place, SW3. ✆ 020/7589-4325. www.themaphouse.com. Metrô: Knightsbridge.

Murder One Dicas A livraria de Maxim Jakubowski é dedicada aos gêneros policial, romance, ficção científica e horror. Revistas policiais e de ficção científica, algumas delas obscuras, também estão disponíveis. 76-78 Charing Cross Rd., WC2. ✆ **020/7734-3483**. www.murderone.co.uk. Metrô: Leicester Sq.

Stanfords Fundada em 1852, a Stanfords é a maior loja de mapas do mundo. Muitos mapas, incluindo os de viagens pelo mundo e os de pesquisas, não estão disponíveis em nenhum outro lugar. Também é a melhor livraria de viagens de Londres (com uma seleção completa dos guias da Frommer's!). 12-14 Long Acre, WC2. ✆ **020/7836-1321**. www.stanfords.co.uk. Metrô: Covent Garden.

CASHMERE & LÃ

Belinda Robertson Algumas das mais belas e elegantes cashmere, em cores encantadoras, são vendidos neste *outlet* de excelente localização em Knightsbridge. Cores fortes são a marca registrada dos designs da Sra. Robertson, variando de vermelho carnaval até amarelo canário. Ela desenha para mulheres, homens e crianças. 4 W. Halkin St., SW1. ✆ **020/7235-0519**. www.belindarobertson.com. Metrô: Knightsbridge.

Berk Esta loja possui uma das maiores coleções de *sweaters* de cashmere em Londres – pelo menos, das marcas principais. A loja também tem capas, cachecóis, echarpes e *sweaters* de pele de camelo. 46 Burlington Arcade, W1. ✆ **020/7493-0028**. www.berkcashmere.co.uk. Metrô: Piccadilly Circus ou Green Park.

PORCELANA, VIDRO E PRATARIA

London Silver Vaults ★ Dicas Não deixe que a localização fora do seu caminho ou a falta de charme da fachada lhe desanime. Descendo as escadas, você entrará em cofres – 40 ao todo – recheados com toneladas de prataria e utensílios de prata, além de mais coleções de joias. È uma seleção espantosa de velho e novo, com preços excelentes e vendedores amigáveis. Chancery House, 53-64 Chancery Lane, WC2. ✆ **020/7242-3844**. www.thesilvervaults.com. Metrô: Chancery Lane.

Reject China Stop Valor Não espere muitos produtos rejeitados ou muitas barganhas, apesar do nome. Esta loja vende peças de porcelana de segunda mão (às vezes) e peças de primeira qualidade de nomes como Royal Doulton, Spode e Wedgwood. Você também pode encontrar uma variedade de cristais, vidraria e cutelaria. Se quiser que suas compras sejam enviadas diretamente para sua casa, a loja pode fazer isso cobrando uma taxa. 183 Brompton Rd., SW3. ✆ 020/7581-0739. Metrô: Knighhtsbridge. Outros endereços por toda Londres.

Royal Doulton ★★★ Fundada nos anos 30, esta companhia tem um dos maiores estoques de porcelana no Reino Unido. Uma grande variedade de porcelana inglesa, assim como cristais e presentes, é vendida. A empresa (www.royaldoulton.com) não opera mais sua própria loja em Londres. Mas seus produtos são vendidos em muitas lojas sofisticadas, notavelmente a **Selfridges** na 400 Oxford St., W1 (✆ **0870/837-7377;** Metrô: Bond St.) e **John Lewis,** 278-306 Oxford St., W1 (✆ **020/7629-7711;** Metrô: Bond St.).

Thomas Goode ★★ Este é um dos empórios mais famosos do Reino Unido; vale a pena visitá-lo apenas pelo seu valor arquitetônico e seu apelo nostálgico. Construído originalmente em 1876, o Goode's possui 14 salões cheios de porcelana, presentes, velas, prataria, utensílios de mesa e até um museu particular. Há também um restaurante com salão de chá, na esquina. 19 S. Audley St., W1. ✆ **020/7499-2823**. www.thomasgoode.co.uk. Metrô: Bond St., Green Park, Marble Arch ou Hyde Park.

MODA

Dividimos esta categoria em "Clássica", "Moderna" e "Retrô e Brechó", abaixo.

CLÁSSICA

Embora todo estilista internacionalmente conhecido que valha seu peso em seda Shantung tenha uma loja em Londres, as melhores compras são do robusto estilo inglês que dura para sempre. Veja também as seções separadas "Casimira e Lãs", "Bolsas de Mão", "Joias" e "Sapatos".

Austin Reed Há muito que Austin Reed é sinônimo de roupas de qualidade superior e caimento perfeito. Ternos exclusivos da Chester Barrie, por exemplo, podem ter caimento como que personalizado. Os polidos empregados são honestos como ninguém ao lhe dizer o que cai bem. A loja sempre teve uma ampla variedade de paletós e ternos de primeira qualidade, e os homens encontram de pijamas a sobretudos. Para as mulheres, há ternos, conjuntos, casacos, saias, malhas e acessórios. 103-113 Regent St., W1. ✆ **020/7534-7777**. www.austinreed.co.uk. Metrô: Piccadilly Circus.

Beau Monde Esta loja ganha sua fama vendendo elegante "*nouvelle couture*" para mulheres – personalizadas e ajustadas ao seu corpo. Todos os desenhos são feitos pela famosa estilista londrina Sylvia Young. A filosofia de seu desenho é a de que uma mulher ocupada deve estar dentro da moda, mas não como uma vítima de seus caprichos, e as roupas devem lhe ajudar – e não incomodar. Suas roupas são confortáveis e modernas, mas não enfadonhas. 20 Kingly St., W1. ✆ **020/7734-6563**. www.beaumonde.uk.com. Metrô: Piccadilly Circus.

Burberry ★★★ O nome é sinônimo de sobretudos desde que Eduardo VII ordenou seu ajudante a "trazer meu Burberry", quando os céus estavam ameaçadores. Uma equipe impecavelmente treinada vende os famosos sobretudos, além de excelentes camisas masculinas, roupas esportivas, malhas e acessórios. Os sobretudos estão disponíveis em tamanhos e estilos femininos também. Os preços são altos, mas você também leva qualidade e prestígio. 157-167 Regent St., SW1. ✆ **020/7806-1328**. www.burberry.com. Metrô: Piccadilly Circus.

Designer Sale UK *Valor* Surpreendentemente, você pode comprar roupas de estilistas com 90% de desconto, para homens e mulheres, nesta loja. Claro, você terá de filtrar entre 140 trilhos de roupas e acessórios, muitos dos quais não teriam uma razão para serem vendidos. A loja alega que seu público alvo é tanto o amante entendido de etiquetas quanto o caçador de descontos. Sim, os trilhos carregam Stella McCartney, Vivienne Westwood, Alexander McQueen e muitos das luzes menores da alta moda. Uma entrada de £2 (US$ 4) é cobrada para ter acesso aos descontos. Studio 85, Old Truman Brewery, 95A Brick Lane, E1. ✆ **01273/470880**, em Lewes. Metrô: Aldgate E. ou Liverpool St.

Hilditch & Key ★★ O melhor nome em camisas masculinas, a Hilditch & Key está funcionando desde 1899. As duas lojas nesta rua oferecem roupas masculinas (incluindo um serviço personalizado de camisas) e saias prontas femininas. Há também uma impressionante coleção de gravatas. As camisas saem pela metade do preço durante os dois saldões anuais (em janeiro e em junho); os homens voam de todas as partes do mundo para aproveitá-los. 37 e 73 Jermyn St., SW1. ✆ **020/7734-4707**. www.hilditchandkey.co.uk. Metrô: Piccadilly Circus ou Green Park.

Jigsaw São numerosas as lojas desta rede de roupas, mas a de Long Acre possui roupa feminina moderna e de preços razoáveis. 21 Long Acre, WC2. ✆ **020/7240-3855**. www.jigsaw-online.com. Metrô: Covent Garden.

Next Esta rede de lojas de "moda acessível" viu seu auge nos anos 80, quando foi celebrada pelo seu sucesso em promover ideias de vanguarda a um amplo segmento dos consumidores britânicos. Embora não mais em seu pico, ainda merece uma visita. A aparência permanece muito contemporânea, com um ar continental, e há roupas para homens, mulheres e crianças. 15-17 Long Acre, WC2. ✆ **0844/844-5325**. www.next.co.uk. Metrô: Covent Garden. Outros endereços por toda Londres.

Thomas Pink ★★★ Esta camisaria em Jermyn Street, que recebeu o nome de um alfaiate de Mayfair no século 18, deu ao mundo a frase "*in the pink*". A loja tem uma grande reputação por suas bem feitas camisas de algodão, tanto masculinas quanto femininas. As camisas são confeccionadas com as melhores popelinas de algodão egípcio ou de Sea Island. Alguns desenhos são clássicos, outros, novos e diferentes. Todas as camisas são generosamente cortadas com grandes caudas e acabadas com uma escolha de abotoaduras duplas ou de botão único. Um pequeno quadrado cor de rosa na cauda diz tudo. 85 Jermyn St., SW1. ✆ **020/7930-6364**. www.thomaspink.com. Metrô: Green Park ou Piccadilly Circus.

MODERNA

Aviso: Com a atual taxa de câmbio entre o dólar norte-americano e a libra inglesa, a moda moderna tem preços fora do alcance para o comprador médio, a menos que você seja casada com Bill Gates. Se exigir o melhor, pelo menos procure por descontos, ou então procure por um dos nossos estabelecimentos com preços mais democráticos, ou até lojas de segunda mão. Às vezes, chapéus ou vestidos ainda na moda foram usados apenas duas ou três vezes, no máximo.

Atualmente, a área de compras mais moderna em Londres é a **Conduit Street**, W1, em Mayfair (Metrô: Oxford Circus ou Green Park). A rua já foi conhecida pelos seus desalinhados escritórios de companhias aéreas, mas agora é a rua mais descolada de moda. Lojas modernas estão abrindo entre a Regent Street e as butiques "*blue-chip*" da New Bond Street. As atuais estrelas incluem **Vivienne Westwood**, 44 Conduit St., W1 (✆ **020/7924-4747;** www.viviennewestwood.com), que deixou para trás suas origens punk e é agora a grande dama da moda inglesa. Veja abaixo mais informações sobre sua loja. **Krizia**, 25 Conduit St. W1 (✆ **020/7491-4987;** www.krizia.net), o destaque da moda de Roma desde os anos 50, exibe não apenas as linhas de vestuário da Krizia, mas também seus artigos domésticos de luxo.

Para uma elegância discreta, é difícil competir com, **Yohji Yamamoto,** 14-15 Conduit St., W1 (✆ **020/7491-4129**). E **Issey Miyake,** 52 Conduit St., W1 ✆ **020/7851-4620;** www.isseymiyake.com) é o mestre japonês do minimalismo.

Accessorize *Valor* Esta loja, de nome conveniente, fica geralmente lotada de mulheres em busca de descontos, mas que desejam o melhor estilo. A loja está atualizada com as últimas modas e tendências, especialmente em bolsas de noite, que variam de antigas até a alta moda. Todos os tipos de tesouros estão estocados aqui, tudo, desde lixa de unha com hologramas até echarpes de seda. 123A Kensington High St., W8. ✆ **020/7937-1433**. www.monsoon.co.uk. Metrô: High St. Kensington.

Anya Hindmarch Embora suas modernas bolsas sejam vendidas na Harvey Nichols, Liberty, Harrods e por todo os Estados Unidos e Europa, este é o único lugar para ver toda a coleção das bolsas, carteiras e porta-chaves de Anya Hindmarch. Os itens menores custam a partir de em £45 (US$ 90), enquanto as bolsas custam a partir de em £165 (US$ 330), com a *alligator* sendo a mais cara. A loja é famosa por sua *merchandise* "Be a Bag". Você lhes envia uma foto que será impressa na bolsa que escolher. Leva 6 semanas para a entrega, mas eles despacham para fora do país. A loja também imprime frases pessoais nas bolsas. 15-17 Pont St., SW3. ✆ **020/7838-9177**. www.anyahindmarch.com. Metrô: Sloane Sq. ou Knightsbridge.

H&M Hennes Aqui há cópias de modas recém saídas da passarela a preços razoáveis. Embora a qualidade não seja de se gabar, os preços são. Para moda

O Retorno de Carnaby Street

O que aconteceu com Carnaby Street? É apenas um eco desaparecendo dos anos 60? Isso foi verdade por um bom tempo. Mas Carnaby está ressurgindo. Um novo fluxo de estilistas talentosos e lojas alternativas estão surgindo não apenas em Carnaby, mas por todas as ruas adjacentes – Newburgh; Foubert's Place; Kingly Street; Marlborough Court e Lowndes Court. Butiques inovadoras parecem abrir todas as semanas por trás das pequenas vitrines Georgianas.

Entre os zilhões de lojas estão algumas favoritas, como a **Lambretta Clothing,** 29 Carnaby St., W1 **(020/7437-7078;** www.lambrettaclothing.co.uk), que mantém a filosofia do estilo de vida *mod* e lançou uma linha de roupas casuais masculinas e de sapatos para homens e mulheres. A linha tem um ar retrô, mas usa as últimas fibras e acabamentos em tecidos de hoje. **Stella McCartney,** 30 Bruton St., W1 **(020/7518-3100;** www.stellamccartney.com; Metrô: Bond St.) é uma amostra dos desenhos de moda da filha de Paul McCartney. Os vegetarianos e os apaixonados por animais adoram sua "política nada de couro, camurça ou pele", enquanto os *fashionistas* procuram o ar elegante de seus desenhos. Tanto homens quanto mulheres são levados a uma sala de desenho no segundo andar desta glamourosa residência em Mayfair, onde são apresentados a cerca de 50 ilustrações para calças, paletós, camisetas e sobretudos – tudo muito caro. Outra loja recomendada é a **Office**, 16 Carnaby St. **(020/7434-2530;** www.office.co.uk), vendendo calçados elegantes e bem desenhados para homens e mulheres.

Para chegar às lojas acima, pegue o metrô até Oxford Circus.

moderna e dispensável, não é possível encontrar melhor. 271 Regent St., W1. ✆ **020/7493-4004**. www.hm.com. Metrô: Oxford Circus.

The Library Apesar do nome, este é um exemplo de alguns dos melhores estilistas jovens para homens. É moderna sem mergulhar nos extremos da moda masculina. The Library é famosa por ter apresentado Helmut Lang a Londres, e agora apresenta estilistas como Fabrizio del Carlo e Kostas Murkudis. 268 Brompton Road, SW3. ✆ **020/7589-6569**. Metrô: S. Kensington.

Paul Smith's Westbourne House Esta loja foi convertida de uma imponente residência Eduardiana de três andares para uma vitrine das roupas de Paul Smith, cujo vestuário, pronto para usar e bem feito, masculino (e, a um grau menor, feminino e infantil) desafia os conceitos dos alfaiates de Savile Row, que acreditam que apenas roupas feitas sob medida caem bem. As cores preferidas, com exceções ocasionais, incluem cinza, marrom e preto, embora haja um *medley* de estampas de veludo inspiradas pela Carnaby Street dos anos 60. Procure por roupas e acessórios femininos no térreo, e pelas roupas e acessórios masculinos nos dois andares superiores. 122 Kensington Park Rd., W11. ✆ **020/7727-3553**. www.paulsmith.co.uk. Metrô: Notting Hill Gate ou Kensington Park Rd.

Topshop ★★ Esta é a maior loja de moda no mundo. É similar a Miss Selfridge, mas com melhor desenho e qualidade, embora a Topshop permaneça com bons preços. Suas mercadorias versáteis e em constante transformação são direcionadas para compradores jovens, mas isso não impede mulheres em seus 30 e 40 anos de comprar aqui. A loja foi a primeira a lançar uma linha de produtos de Kate Moss. A loja, embora principalmente direcionada às mulheres, tem também um andar masculino. Calçados femininos, roupas antigas e outras marcas de estilistas são vendidos no porão. 216 Oxford St., W1. ✆ **020/7636-7700**. www.topshop.co.uk. Metrô: Bond St.

Vivienne Westwood ★★ Ninguém, na moda britânica, é mais comentado do que a obstinada Vivienne Westwood. Embora seja possível comprar algumas peças Westwood em todo o mundo, suas lojas no Reino Unido são os melhores lugares para encontrar todos os seus produtos. O principal endereço (na Conduit St.) concentra em sua linha de alta costura, conhecida como Gold Label. Uma das estilistas mais observadas da Grã Bretanha, Westwood cria roupas que conseguem ser elegantes, atraentes e cheias de estilo, tudo ao mesmo tempo. Muitos tecidos e acessórios para suas roupas são feitos no Reino Unido, e pelo menos alguns deles são confeccionados e cortados aqui também. A linha de vestuário Anglomania, de Westwood, se concentra em desenhos casuais para corpos jovens, incluindo camisetas, jeans e roupas esporte. A loja também tem uma lista de vestuário masculina. 44 Conduit St., W1. ✆ **020/7924-4747**. Metrô: Oxford Circus. Também em 430 King's Rd., SW3. ✆ **020/7352-6551**. www.viviennewestwood.com. Metrô: Sloane Sq.

RETRÔ & BRECHÓ

Não há reembolso de impostos na compra de roupas usadas.

Annie's Vintage Clothes Dicas Esta loja se concentra em vestidos cuidadosamente preservados dos anos 20 e 30, mas também uma variedade de roupas e tecidos desde os anos 1880 até os 1960. Um vestido repleto de contas sairá por £335 (US$ 670), mas há echarpes por £21 (US$ 42), camisolas por £30 (US$ 60) e uma variedade de peças excepcionais com preços entre £50 e £70 (US$ 100- US$ 140). O vestuário fica no piso principal; tecidos, incluindo rendas antigas, roupas de cama e tapeçarias, ficam no andar de cima. 12 Camden Passage, N1. ✆ **020/7359-0796**. Metrô: Northern Line até Angel.

Pandora *Valor* Uma instituição londrina desde os anos 40, a Pandora fica na moderna Knightsbridge, a um passo da Harrods. Os choferes passam, várias vezes por semana, com pacotes enviados anonimamente para a nobreza inglesa. A mulher eleita a mais bem vestida nas Ascot Horse Races anos atrás, usava um vestido de segunda mão comprado aqui. Os preços são, em geral, de um terço à metade do valor de loja. Chanel e Anne Klein são alguns dos estilistas com peças na loja. Os trajes, em geral, não têm mais do que duas temporadas. 16-22 Cheval Place, SW7. ✆ **020/7589-5289**. Metrô: Knightsbridge.

PRESENTES & SOUVENIRS

Asprey & Garrard Este é um nome muito conhecido e respeitado em presentes de luxo, oferecendo tudo o que você provavelmente encontrará em todo o Reino Unido, e com uma clientela que inclui o Sultão de Brunei e a Rainha Elizabeth. Espalhada por quatro andares de um digno edifício Vitoriano, a loja é cheia de antiguidades, porcelana, artigos de couro, cristais, relógios e objetos bem diferentes, de distinta elegância para decorar toda uma casa de campo inglesa. 167 New Bond St., W1. ✆ **020/7493-6767**. www.asprey.com. Metrô: Green Park.

Muji Um empório para artigos japoneses, esta loja é conhecida pelos seus descontos. Entre os produtos, o comprador frugal encontrará de tudo, desde roupas "elegantes, simples e funcionais" até utensílios de mesa, a maioria de vanguarda, em estilos minimalistas completamente livres de qualquer influência tradicional ou barroca da Velha Inglaterra. Os sabonetes são uma delícia, com fragrâncias diferentes como uva e laranja mandarim. Guarda-chuvas divertidos e uma variedade de mercadorias em constante mudança tentam os compradores. 157 Kensington High St., W8. ✆ **020/376-2484**. www.muji.co.uk. Metrô: High St. Kensington.

HOME DESIGN, MÓVEIS & ARTIGOS DOMÉSTICOS

Veja também "Joalheria" e "Artes & Artesanato".

The Conran Shop Você encontrará o grande estilo de Sir Terence Conran a preços acessíveis nesta loja. A imprensa especializada menciona Conran como "o diretor" do gosto de classe média inglês desde os anos 60. Este lugar é ótimo para presentes, móveis domésticos e utensílios de mesa – ou apenas para ficar embasbacado. Michelin House, 81 Fulham Rd., SW3. ✆ **020/7589-7401**. www.conranshop.co.uk. Metrô: S. Kensington.

Designers Guild Depois de mais de 3 décadas no mercado, a diretora criativa Tricia Guild e seus jovens designers ainda ditam a tendência em tudo o que é brilhante e caprichoso. Eles são frequentemente copiados, mas nunca superados. Há uma linha exclusiva de móveis caseiros e acessórios no endereço do número 267-271, e papéis de parede e mais de 2.000 tecidos na loja vizinha, no número 275-277. As cores permanecem vívidas para sempre, e os desenhos são sempre irreverentes. Também estão disponíveis acessórios e brinquedos infantis, além de louças de artigos em cerâmica e talheres. 267-271 e 275-277 King's Rd., SW3. ✆ **020/7351-5775**. www.designers.guild.com. Metrô: Sloane Sq.

JOALHERIA

Asprey & Garrard Antigamente conhecida como Garrard & Co., esta joalheria que se fundiu recentemente, especializa-se em joias antigas e modernas, além de prataria. Os ourives da casa também produzem peças sob pedido e fazem reparos. Você pode ter um par de brincos de pérola, ou abotoaduras de prata, por £60 (US$ 120) – mas os preços todos só sobem a partir daí. 167 New Bond St., W1. ✆ **020/7493-6767**. www.asprey.com. Metrô: Green Park.

Butler & Wilson Há outras lojas desta rede, mas preferimos o endereço em Mayfair. A rede construiu sua reputação em joias para roupas antigas, mas oferece muito mais. Além de braceletes, broches, brincos e colares, também vende joias masculinas, junto com bolsas de mão, acessórios e presentes. 20 S. Molton St., W1. ✆ **020/7409-2955**. Metrô: Bond St.

Dinny Hall No ramo há 20 anos, Dinny Hall gosta de dizer que ela faz joias para serem vestidas – não para serem colocadas em um cofre. Para muito de sua inspiração, ela se volta à natureza, com muitas ideias nascendo de grama, botões, frutas, sementes e vagens. Grande parte de suas jóias são em ouro e prata, com desenhos simples. 200 Westbourne Grove, Notting Hill, W11. ✆ **020/7792-3913**. Metrô: Notting Hill Gate.

Lesley Craze Gallery/Textiles Este complexo estabeleceu uma reputação de vitrine do melhor design de joias e têxteis contemporâneos do Reino Unido. A loja da galeria se concentra em metais preciosos e inclui peças por designers renomados, como Wendy Ramshaw. Os preços são a partir de £60 (US$ 120). A galeria também oferece joias para roupas em materiais variando de bronze ao papel. Os têxteis apresentam desenhos contemporâneos, incluindo cortinas, echarpes e gravatas, por artistas como Jo Barker, Dawn DuPree e Victoria Richards. 33-35A Clerkenwell Green, EC1. ✆ **020/7608-0393** (jóias), 020/7251-9200 (têxteis). www.lesleycrazegallery.co.uk. Metrô: Farringdon.

Sanford Brothers Ltd. Em operação desde 1923, esta empresa familiar vende todos os tipos de joias (desde a era Vitoriana até a moderna), prata e uma fina seleção de relógios e relógios de parede. Old Elizabeth Houses, 3 Holborn Bars, EC1. ✆ 020/7405-2352. www.sanfords.co.uk. Metrô: Chancery Lane.

LOJAS DE MUSEU

Victoria and Albert Museum Gift Shop ★★ Esta é a melhor loja de museu em Londres – de fato, uma das melhores no mundo. Vende cartões, uma seleção fabulosa de livros de arte e os itens habituais, juntamente com reproduções dos arquivos do design do museu. Cromwell Rd., SW7. ✆ **020/7942-2696**. www.vandashop.com. Metrô: S. Kensington.

MÚSICA

Colecionadores devem vasculhar **Notting Hill**, porque há um punhado de boas lojas perto da estação de metrô Notting Hill Gate. Vasculhe também o **Soho**, na área ao redor de Wardour Street, perto da estação de metrô Tottenham Court Road. Às vezes, vendedores aparecem em Covent Garden nos finais de semana.

Dress Circle Esta loja é única em Londres, por ser dedicada ao teatro músical e a vocalistas *standard*, como Frank Sinatra ou Judy Garland. Depois de meio século, as gravações no Reino Unido entram em domínio público – daí os preços mais baixos em CDs relançados dos musicais de West End e da Broadway dos anos 50. Os preços são baixos porque não há mais direitos autorais a serem pagos. Os novos lançamentos, claro, custam pelo menos três vezes mais. Gravações para karaokê, e mesmo souvenires de teatro são vendidos – talvez uma boneca de Bette Davis como Margo Channing em *All About Eve*. 57-59 Monmouth St., WC2. ✆ **020/7907-7000**. www.dresscircle.co.uk. Metrô: Covent Garden.

Flashback ★ Dicas Esta pequena e apertada loja, bem no coração de Islington, é dedicada às *golden oldies*. Para o amante de música, especialmente o devotado aos sucessos de ontem, é uma joia e uma descoberta – e um dos melhores lugares de Londres para passar uma tarde procurando por raridades. 50 Essex Rd., N1. ✆ **020/7354-9356**. www.flashback.co.uk. Metrô: Angel.

Fopp Nascida em Glasgow no ano de 1981, esta loja é a melhor dentre várias filiais, e é a terceira maior loja especializada em música no Reino Unido. O nome Fopp vem do título de uma canção dos Ohio Players. A loja ficou famosa pelos preços mais baixos em lançamentos e em seu catálogo alternativo de CDs, DVDs e livros. O endereço é em uma movimentada esquina defronte o Palace Theatre. 1 Earlham St., WC1. ✆ **020/7379-0883**. www.fopp.co.uk. Metrô: Covent Garden.

HMV ★★ Esta é a principal varejista especializada em música, DVD/vídeo, jogos de computador e outros produtos do Reino Unido. O celebrado compositor Sir Edward Elgar lançou a primeira loja em 1921. Aqui, em um vasto empório de entretenimento, você terá a maior variedade possível de música, incluindo os últimos lançamentos, junto com jogos de computador e outras tentações, como títulos tanto em CD quanto em vinil. Do rock ao pop, de música independente ao rhythm'n'blues, de reggae ao hip-hop, está tudo aqui. Desça as escadas para verificar a disponibilidade em música clássica e em jazz, e utilize todos os dispositivos de audição para verificar o CD antes de comprá-lo. 150 Oxford St., W1. ✆ **020/7631-3423**. www.hmv.co.uk. Metrô: Oxford Circus.

zavvi ★ A famosa Virgin Megastore se recriou como zavvi, uma das maiores varejistas independentes do Reino Unido. É como uma gigante mercearia – até mesmo *rock stars* vêm aqui para comprar os últimos lançamentos. Jogos, DVDs e livros também são vendidos, e a equipe está expandindo constantemente sua variedade de títulos em Blu-Ray. Camisetas, pôsteres e iPods também irão lhe tentar. 14-16 Oxford St., W1. ✆ **020/7631.1234**. Metrô: Tottenham Court Rd.

SAPATOS

Natural Shoe Store Uma ampla variedade de calçados masculinos e femininos está estocada nesta loja, que também faz consertos. A seleção inclui todos os calçados de qualidade e confortáveis, de Birkenstock até os clássicos britânicos. 21 Neal St., WC2. ✆ **020/7836-5254**. www.thenaturalshoestore.com. Metrô: Covent Garden.

Office Apesar de seu nome bobo, esta é uma excelente loja para quem quer estilo sem gastar muito. Suas imitações de alguns dos melhores estilistas de calçados do mundo ganharam a reputação de serem a "Madame Tussaud dos calçados". Todos os estilistas de calçados da moda, desde Kenneth Cole até Patrick Cox, foram imitados aqui. 107 Queensway, W2. ✆ **020/7792-4000**. www.office.co.uk. Metrô: Queensway ou Bayswater.

Shelly's A principal loja da Shelly's em Oxford Circus é a maior loja de calçados em Londres, vendendo calçados para indivíduos que se importam com o estilo e jovens dentro da moda, a preços acessíveis. 266-270 Regent St., W1. ✆ **020/7287-0927**. www.shellys.co.uk. Metrô: Oxford Circus ou king's Rd. Outros endereços por toda Londres.

CHÁ

Claro, não se esqueça de visitar a **Fortnum & Mason** também para chá (veja a seção "As Lojas de Departamento", acima).

The Tea House Esta loja vende de tudo que é associado a chá, a beber chá e a hora do chá. Possui mais de 70 infusões de ervas, incluindo *blends* de frutas, o melhor chá da China (Gunpowder, e jasmin com flores), Índia (Assam leaf, e o melhor Darjeeling), Japão (Genmaicha Green) e do Sri Lanka (pure Ceylon), além dos chás mesclados como o Earl Grey, há muito um favorito dos ingleses. A loja também tem potes e canecas de chá diferentes. 15A Neal St., WC2. ✆ **020/7240-7539**. Metrô: Covent Garden.

BRINQUEDOS

Hamleys Esta loja símbolo é a melhor para brinquedos no mundo – mais de 35 mil brinquedos e jogos em sete andares de diversão e magia. A enorme seleção inclui bichinhos de pelúcia fofos, assim como bonecas, carros de controle remoto, trens, kits de montagem, jogos de tabuleiro, brinquedos de quintal, jogos de computador, entre outros. 188-196 Regent St., W1. ✆ **0800/2802-444**. www.hamleys.com. Metrô: Oxford Circus ou Piccadilly Circus. Também em Covent Garden e no Aeroporto de Heathrow.

4. Feiras e Mercados de Rua

Se as lojas de Mayfair não lhe agradaram, não se preocupe. Você se divertirá mais, e pagará menos, em qualquer uma das feiras e dos mercados de rua da cidade.

THE WEST END **Covent Garden Market** * (✆ **020/7836-9136;** www.coventgardenmarket.com; Metrô: Covent Garden), o mercado mais famoso em toda a Inglaterra oferece vários mercados de segunda a sábado, das 10h às 18h (achamos mais divertido aos domingos, das 11h às 18h). Pode ser um pouco confuso até que você entre no clima e comece a explorar. O **Apple Market** é a feira mais agitada do local, onde vendedores oferecem – bem, de tudo. Muitos dos produtos são o que os ingleses chamam de nostalgia colecionável: uma grande variedade de artigos em vidro e cerâmica, produtos em couro, brinquedos, roupas, chapéus e joias. Alguns dos produtos são genuinamente nada convencionais. Muitos são feitos à mão, com alguns dos artesões vendendo seus próprios artigos – exceto às segundas-feiras, quando antiquários dominam. Alguns produtos são novos, outros, muito velhos. Bem ao fundo está **Jubilee Market (020/7836-2139)**, também um mercado de antiguidades às segundas. De terça a domingo, o lugar se transforma em um tipo de mercado hippie, com roupas e livros baratos. Bem à frente há algumas barracas com coisas baratas, menos às segundas.

A seção interna da feira de Covent Garden Market (em um salão extremamente bem reformado) é um dos melhores locais para compras em Londres. Lojas especializadas vendem modas e ervas, presentes e brinquedos, livros e casas de bonecas, charutos e muito mais. Há livrarias e filiais de lojas famosas (Hamleys, Body Shop) e os preços são moderados.

St. Martin-in-the-Fields Market (Metrô: Charing Cross) é bom para adolescentes e *hipsters* que não querem viajar até Camden Market e que estão interessados em importados da Índia e da América do Sul, artesanato e souvenirs dos times locais de futebol. Está localizado perto de Trafalgar Square e Covent Garden; funciona de segunda a sábado, das 11h às 17h e, no domingo, do meio dia até às 17h.

Berwick Street Market (Metrô: Oxford Circus ou Tottenham Court Rd.) pode ser o único mercado de rua no mundo que está flanqueada por clubes de strip tease, lojas pornô e cabines de filmes eróticos. Não deixe que isso lhe desanime. Pulsando por 6 dias da semana no coração escarlate do Soho, esta faixa de estandes e cabinas vende as melhores e mais baratas frutas e legumes da cidade. Também comercializa discos, fitas, livros antigos e revistas velhas, os quais podem se tornar artigos de colecionadores um dia. Fica aberta de segunda a sábado, das 8h às 17h30.

Nas manhãs de domingo, artistas penduram seus trabalhos nos trilhos que correm por 1,5 quilômetros de **Bayswater Road**, junto ao Hyde Park e Kensington Gardens. Se o clima estiver bom, comece em Marble Arch e caminhe. Você verá as mesmas coisas nos trilhos de Green Park, ao longo de Piccadilly, nas tardes de sábado.

NOTTING HILL **Portobello Road** (Metrô: Notting Hill Gate) é um ímã de colecionadores de praticamente tudo. É, principalmente, um acontecimento aos sábados, das 6h às 17h. Você não precisa estar aqui ao raiar do dia; às 9h, está bom. Já foi conhecida principalmente pelas suas frutas e pelos seus legumes (ainda vendidos aqui por toda a semana), mas nas últimas 4 décadas, Portobello se tornou sinônimo de antiguidades. Mas não acredite na conversa do vendedor, de que o violino que ele tem em mãos é um legítimo Stradivarius que lhe foi deixado pelo seu tio-avô italiano; pode ser que o instrumento tenha sido "surrupiado" de uma casa de penhores no East End.

O mercado é dividido em três seções principais. A mais cheia é a de antiguidades, que vai de Colville Road e Chepstow Villas para o sul (***Aviso:*** há uma grande concentração de batedores de carteira nesta área). A segunda seção (e a parte mais velha) é o mercado de frutas e legumes, que fica entre Westway e Colville Road. Na terceira e última seção, há uma feira de trocas, onde os londrinos vendem bricabraques e muita coisa de segunda mão que não querem mais, de fato. Mas andar e olhar ainda é uma diversão interessante.

Note: Cerca de 90 antiquários e lojas de arte na Portobello Road ficam abertas durante a semana, quando o mercado de rua está fechado. Este é, certamente, o melhor horário para o colecionador sério fazer compras, porque você terá mais atenção dos vendedores e não será distraído pelo músico de rua.

6 Londres à Noite

De East End ao centro de West Brompton, Londres possui uma vida noturna mais agitada que qualquer outra capital da Europa. Bette Midler disse certa vez, que "quando são três da manhã em Nova York, ainda estamos em 1938 em Londres". Mas isso foi há muito tempo. Os tempos mudaram. Hoje, a noite de Londres é uma festa.

As leis que proíbem o consumo de bebidas já não são tão severas. Se o seu pub favorito fechar às 23h, haverá ainda outros estabelecimentos abertos. Os bares não são apenas lugares para uma passadinha, viraram ponto de encontro. Muitos deles são restaurantes badalados que oferecem jantar, pista de dança e até DJs, com ar de casa noturna.

Há uma infinidade de opções: uma noite no teatro, um clube onde você pode comer, uma casa noturna, uma noite na ópera do Convent Garden ou no Royal Ballet, um concerto de música clássica no Albert Hall, um clube de jazz relaxante, a estreia de um filme ou uma festa gay em um bar. Tudo o que você procurar Londres oferece.

O metrô fecha cedo, mas sempre há ônibus para deixá-lo no hotel. Táxis são caros, mas estão disponíveis 24 horas.

Publicações semanais, como a *Time Out*, trazem os pontos de entretenimento, incluindo informações sobre restaurantes, casas noturnas e bares. Você também encontrará sugestões nos jornais diários, principalmente o *Times* e o *Telegraph*.

1. A Peça é Tudo: A Cena Teatral Londrina

INGRESSOS

Para ver um determinado espetáculo, especialmente os mais populares, compre o ingresso com antecedência. A melhor forma é adquiri-lo na bilheteria, ou então por telefone, usando cartão de crédito. Paga-se o preço normal e retira-se o ingresso no dia do espetáculo. Você também pode conseguir ingressos com desconto, como os vendidos pela **Society of London Theatre** (© **020/7557-6700**; www.officiallondontheatre.co,uk) a sudoeste da Leicester Square, de segunda a sábado das 10h às 21h e aos domingos das 12

Teatros do Centro de Londres

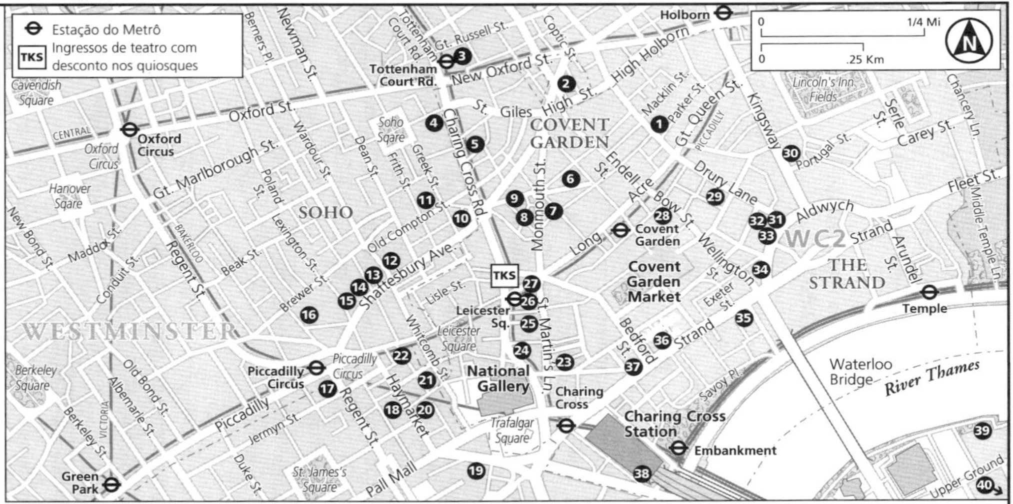

- Adelphi **37**
- Albery **27**
- Aldwych **31**
- Almeida **32**
- Ambassadors **9**
- Apollo **14**
- Astoria **4**
- Cambridge **7**
- Coliseum **23**
- Comedy **21**
- Cottesloe **39**
- Criterion **17**
- Dominion **3**
- Donmar Warehouse **6**
- Duchess **34**
- Duke of York **25**
- Fortune **29**
- Garrick **24**
- Gielgud **13**
- Her Majesty's **18**
- Lyric **15**
- Lyttleton **39**
- New London **1**
- Old Vic **40**
- Olivier **39**
- Palace **10**
- Peacock **30**
- Phoenix **5**
- Piccadilly **16**
- Playhouse **38**
- Prince Edward **11**
- Prince of Wales **22**
- Queen's **12**
- Royal National Theatre **39**
- Royal Opera House **28**
- Savoy **35**
- Shaftesbury **2**
- St. Martins **8**
- Strand **33**
- Theatre Royal Haymarket **20**
- Vaudeville **36**
- Whitehall **19**
- Wyndhams **26**
- Young Vic **40**

às 15h. Será cobrada uma taxa de 2 (US$4). Quiosques vendem ingressos de shows esgotados pela metade do preço, que devem ser adquiridos pessoalmente e não por telefone. Para reservas, ligue para **Ticketmaster** no ✆ **0870/060-2340**.

Para ingressos e informações, vá à **Keith Prowse**, 234 W. 44th St., Ste. 1000, Nova York, NY 10036 (✆ **800-669-8687** ou 212/398-1468; www.keithprowse.com). Seu escritório em Londres, o Global Tickets and First Call Tickets, fica no British Visitor Centre, 1 Regent St., SW1 Y4XT (✆ **0870/906-3860**). Eles enviam o ingresso pelo correio, confirmam por fax ou deixam o ingresso na bilheteria. É possível reservar o ingresso para a maior parte dos espetáculos. Uma taxa de reserva e frete de até 20% do valor é adicionada ao valor do ingresso.

Applause Theatre and Entertainment Service, 311 W. 43rd. St., Ste. 601, New York, NY 10036. (✆ **800/451/9930** ou 212/307-7050; fax 212/397-3729; www.applause-tickets.com) podem ter os ingressos que a Prowse não tiver. Em funcionamento há duas décadas, é uma companhia eficiente e confiável.

Outra opção é o **Theatre Direct Internacional** (TDI; ✆ **800/BROADWAW** [2762-3929] ou 212/541-8457, apenas nos Estados Unidos; www.broadway.com). O TDI é especializado em ingressos para a periferia de Londres, mas também para produções maiores, incluindo as do Royal Nacional Theatre e o Barbican. O serviço permite que você chegue a Londres já com o ingresso ou o retire na bilheteria.

Se você estiver hospedado em um hotel de cinco estrelas ou com serviço de concierge, pode ligar e reservar o ingresso antes de chegar a Londres, com cartão de crédito.

Quase todos os maiores teatros oferecem ingressos a preço reduzido para estudantes, mas não para o público em geral. Quando disponíveis, são vendidos 30 minutos antes do início do show. É aconselhável chegar com antecedência para shows populares, pois os ingressos se esgotam rapidamente.

PRINCIPAIS COMPANHIAS DE TEATRO

Nós temos a lista das empresas e teatros mais populares. Para acessar a programação dos teatros periféricos e principais, consulte o *Time Out London*, *Where*, jornal londrino diário, ou os panfletos do "The Official London Theatre Guide" (online em www.officiallondontheatre.co.uk), disponíveis nos quiosques e em todos os teatros doWest End.

Uma das companhias mais extravagantes do mundo, o **Royal Shakespeare Company** ★★★, se apresenta em vários teatros de Londres. Visite o website em **www.rsc.org.uk** para saber quais os espetáculos atuaise onde ocorrem ou telefone ✆ **0844/800-1110** de segunda a domingo das 9h às 20h.

A companhia, especializada nas peças do Bardo, apresenta-se em Londres no inverno. No verão, faz turnês pela Europa e pelo mundo.

Cadogan Hall Localizada no centro de Chelsea, esta igreja desativada, a primeira igreja de Ciência Cristã do mundo, fundada em 1893, foi transformada em um salão de concertos para a Royal Philharmonic Orchestra. Completamente restaurada e bastante alterada, tem mais de 900 lugares e possui acústica do século 21. A bilheteria abre de segunda a sexta das 10h às 21h e aos domingos das 10h às 21h apenas em dias de apresentações. 5 Sloane Terrace, SW 1. ✆ **020/7730-4500**. www.cadoganhall.com. Ingressos variam de acordo com o concerto. Metrô: Sloane Sq.

Open-Air Theatre A fachada do teatro dá para o Regent's Park. A construção é idílica e o palco e a acústica são excelentes. A maior parte das apresentações é de Shakespeare, com trajes da época. O bar, o maior de Londres, serve bebida e comida. Nas apresentações ao ar livre, em caso de chuva, o ingresso vale para outro dia. A temporada vai de junho até a metade de setembro, de segunda a sexta às 20h, e matinês quarta, quinta e sábado às 14h30. Inner Circle, Regent's Park, NW1. ✆ **020/7935-5756**. www.openairtheatre.org. Entrada £10 - £33 (US$ 20 - US$ 66). Metrô: Baker St.

Royal Court Theatre É considerado o pioneiro das produções de vanguarda e da recente dramaturgia. Nos anos 1950, exibiu peças do polêmico John Osborne, particularmente a sensacional *Look Back in Anger*, e já estreou peças de George Bernard Shaw. O teatro abriga o English Stage Company, criado para promover importantes produções. A bilheteria funciona de segunda a sábado das 10h às 18h. Sloane Sq., SW 1. ✆ **020/7565-5000**. www.royalcourttheatre.com. Entrada £10 - £25 (US$ 20 - US$ 50). Ligue para saber a programação atual. Metrô: Sloane Sq.

Royal National Theatre Sede permanente de uma das maiores companhias teatrais, é formado por três teatros – o Oliver, construído como um anfiteatro grego, com palco ao ar livre, o tradicional Lyttelton e o Cottesloe, com palco e estrutura adaptáveis. A companhia apresenta o que há de melhor no mundo, desde dramas clássicos até recentes peças premiadas, incluindo comédias, musicais e shows para o público mais jovem. Há sempre pelo menos seis peças em cartaz.

É também um centro teatral de funcionamento ininterrupto, com espantosa seleção de bares, cafés, restaurantes, uma sala de música e espetáculos gratuitos, peças vespertinas de pequena duração, livrarias, passeios, caminhadas às margens do rio e terraços. Você pode provar uma refeição de três pratos no Mezzanine, o restaurante do teatro. Faça uma refeição leve no pequeno café Terrace ou tome um aperitivo em um dos bares. A bilheteria abre de segunda a sábado das 10h às 20h. South Bank, SE1. ✆ **020/7452-3000**. www.nationaltheatre.org.uk. Entrada £10 - £38 (US$ 20 - US$ 76), matinês durante a semana e aos sábados e estreias são mais baratas. Metrô: Waterloo, Embankment ou Charing Cross.

Shakespeare's Globe Theatre Em maio de 1947, o teatro – réplica do teto original de palha da época de Elizabeth I – encenou o primeiro conjunto de peças (*Henry V* e *A Winter's Tale*) fora do teatro do século 16 onde o Bardo apresentou seu trabalho.

As produções variam em estilo e estrutura: nem todas as apresentações reconstroem a época elizabetana. Fiel ao ambiente histórico, a luz não é utilizada no palco, mas a iluminação com holofotes nas apresentações noturnas simula a luz do dia. Amantes do teatro se sentam em antigos bancos de madeira – em galerias com teto de palha –, mas já é possível alugar almofadas para ter mais conforto. Em torno de 500 apreciadores podem assistir em pé às peças no espaço aberto ao redor do palco, assim como na época do Bardo.

De maio a setembro, a companhia encena apresentações de terça a sábado das 14h às 19h. Há uma programação limitada no inverno. Em qualquer estação do ano, as apresentações podem variar de acordo com o clima, por causa do teatro aberto. As apresentações variam de 2 horas e meia a quatro horas, dependendo da peça.

Para detalhes da exibição que conta a história da reconstrução do Globe, assim como passeios orientados, veja a pág. 140. New Globe Walk, Bankside, SE1. ✆ **020/7902-140** para a bilheteria. www.shakespeare-globe.org. Entrada de £5 (US$10) para o espaço aberto e £15 a £32 (US$30 a US$64) para a galeria; ingressos para a exibição de £9 (US$18) adultos, £7,50 (US$15) idosos e estudantes, £6,50 (US$13) crianças de 5 a 15 anos. Metrô: Mansion House ou Blackfriars.

TEATROS ALTERNATIVOS

Alguns dos melhores teatros em Londres estão localizados fora da região do West End – dezenas de teatros dedicados a peças alternativas, novas produções, dramas contemporâneos e musicais. Essas apresentações são geralmente mais ousadas que as produções do West End, além de serem mais baratas. Muitos desses teatros oferecem descontos para estudantes e idosos e estão espalhados por Londres, assim é melhor conferir a programação no *Times Out* e nos sites www.officiallondontheatre.co.uk e www.londontheatre.co.uk.

Almeida Theatre É conhecido pelas polêmicas produções de peças clássicas e contemporâneas. O status legendário do teatro é confirmado por consistentes produções de qualidade a preços baixos. As produções geralmente acontecem de segunda a sábado. O teatro abriga o Festival de Música Contemporânea (também conhecido por Almeida Opera), que acontece de meados de junho a meados de julho, abrangendo desde jazz atonal até salas de concertos em 12 tons. A bilheteria funciona de segunda a sábado das 10h às 18h. Almeida St., N1. ✆ **020/7359-4404**. www.almeida.co.uk. Entrada de £6 a £30 (US$12 a US$60). Metrô: Northern Line até Angel ou Victoria Line até Highbury & Islington.

Young Vic Conhecida pela sua programação clássica e moderna, a famosa companhia de teatro voltou a sua sede original após dois anos de reforma. A acústica, o palco e os equipamentos estão melhores que nunca. O teatro promove o talento dos jovens mais do que sua filial **Old Vic** (www.oldvictheatre.com), que investe mais em profissionais experientes. Dependendo da peça, os ingressos podem custar uma pechincha. A entrada custa geralmente entre £7,50 e £25 (US$15 e US$50) e descontos são oferecidos aos estudantes e pessoas até 26 anos. A bilheteria abre de segunda a sexta das 10h às 19h. 66 The Cut, SE1. ✆ **0870/060-6628**. www.youngvoc.org. Metrô: Oval.

2. Música Clássica, Dança e Ópera

AS DEMAIS PERFORMANCES DE ARTE CÊNICAS

Atualmente, Londres patrocina cinco orquestras principais – a **London Symphony**, a **Royal Philharmonic**, a **Philhamonia Orchestra**, a **BBC Symphony** e a **BBC Philharmonic** -, com diversos coros e pequenos grupos de câmara e grupos instrumentais históricos. Procure pela **London Sinfonietta**, a **English Chamber Orchestra** e, claro, pela **Academy of St. Martin-in-the-Fields**. As apresentações acontecem no South Banks Art Centre e no Barbican. Recitais de curta duração ocorrem no Wigmore Hall e na St. John's Smith Square.

Barbican Centre (sede da London Symphony Orchestra e outras)
Maior centro artístico e de exibição da Europa ocidental, o espaçoso e confortável Barbican é o lugar perfeito para apreciar música e teatro. É sede da London Symphony Orchestra e recebe orquestras e apresentações de estilos diferentes, de clássico a jazz, música folclórica e world music.

Além da sala e dos dois teatros, o Barbican Centre abriga o Barbican Art Gallery, a Curve Gallery e salas de exibição; os cinemas One e Two, que exibem filmes e séries importantes; a Barbican Library, uma biblioteca geral com ênfase em obras artísticas; o Conservatory, uma das maiores estufas de Londres; restaurantes, cafés e bares. A bilheteria funciona de segunda a sábado das 9h às 20h. Sil St., EC2. ✆ **020/7638-8891**. www.barbican.org.uk. A entrada varia de acordo com o evento. Metrô: Barbican ou Moorgate.

London Coliseum (abriga a English National Opera) Construído em 1904 como teatro de variedades e transformado em casa de ópera em 1904, é o maior teatro londrino. Em comemoração aos 100 anos de atividades, a renomada casa recebeu US$ 75 milhões para restauração. Não só o magnífico Edwardian foi reformado, como também salas de espera, um saguão de dois andares e bares com vista para a Trafalgar Square. O teatro, com 2.358 lugares, tem o maior palco da Inglaterra. A English National Opera apresenta uma diversidade de trabalhos, de clássicos como Gilbert e Sullivan, a novos trabalhos experimentais. Todas as apresentações são em inglês. Possui um repertório de 18 a 20 produções, cinco ou seis noites por semana em dez meses do ano (o teatro é fechado de meados de julho a meados de setembro). Mesmo que os lugares do balcão sejam mais baratos, muitos visitantes preferem o balcão superior ou o mezanino. A bilheteria funciona de segunda a sábado das 10h às 18h. London Coliseum, St. Martin's Lane, WC2. ✆ **0870/145-2000**. www.eno.org. Entrada de £10 (US$20) para o balcão, £26 a £81 (US$52 a US$162) para o balcão superior e mezanino ou cabine. Ingressos com descontos são vendidos no dia da apresentação às 10h. Metrô: Charing Cross ou Leicester Sq.

Royal Albert Hall Aberto em 1871 e dedicado à memória do marido da rainha Victoria, o príncipe Albert, o prédio circular abriga um dos mais famosos auditórios do mundo. Com capacidade para 5.200 espectadores, é um dos lugares mais populares para ouvir música de artistas famosos. Alguns eventos esportivos ocasionais (em especial o boxe) também acontecem aqui.

Desde 1941, a sala abriga a BBC Henry Wood Promenade Concerts, conhecida como "The Proms", uma série que dura oito semanas, que vai de meados de julho a meados de setembro. Incorporando uma mistura de sensações, particularmente das orquestras do Reino Unido, tem se tornado uma tradição britânica desde 1895. Mesmo que a maior parte dos visitantes ocupe lugares reservados, muitos aficionados optam por ficar de pé na arena, a uma pequena distância dos músicos. A noite de encerramento é a mais tradicional. Os polêmicos "Jerusalem" ou "Land of Hope and Glory" ecoam pela sala. Após oito anos de reformas, o Albert Hall passou a oferecer passeios a cada 30 minutos, começando às 10h30 de sexta a quinta e terminando às 14h30, pelo preço de £7,50 (US$15). Com no máximo 15 pessoas, há passeios, por exemplo, ao Queen's Box e ao Royal Retiring Room, utilizado pela realeza para descanso, e ao órgão do Royal Albert Hall, com 9.999 tubos. As bilheterias funcionam diariamente das 9h às 21h. Kensington Gore, SW7 2AP. ✆ **020/7589-8212**. www.royalalberthall.com. Entrada de £5 a £150 (US$10 a US$300), dependendo do evento. Metrô: South Kensington.

Royal Festival Hall Abrigando três dos teatros com a acústica mais perfeita do mundo, foi construído entre 1951 e 1964. Aqui se localizam o Royal Festival Hall, o Queen Elizabeth Hall e o Purcell Room, que recebem mais de 1.200 apresentações anuais, incluindo música clássica, balé, jazz, música folclórica e dança contemporânea. A internacionalmente famosa Haward Galley também se encontra aqui.

O Royal Festival Hall, que costuma abrir diariamente às 10h, oferece um extenso roteiro de coisas para ver e fazer, incluindo entrada gratuita para as salas de espera e para ocasionais concertos na hora do almoço, às 12h30. Às sextas, a entrada ao Communer Jazz, apresentado das 17h15 às 18h45, é gratuita. A Poet Library funciona de terça a domingo das 11h às 20h, e as lojas dispõem de uma boa seleção de livros, discos e artesanato. Comida e bebida são vendidas em vários locais. A bilheteria abre diariamente das 9h às 20h. South Bank, SE1. Bilheteria ✆ **08703/800400**. www.rfh.org.uk. Entrada de £8 a £60 (US$16 a US$120). Metrô: Waterloo ou Embankment.

The Royal Opera House (abriga o Royal Ballet e a Royal Opera)
O Royal Ballet e a Royal Opera se apresentam novamente neste magnífico teatro restaurado. Aficionados por ópera e balé dificilmente percebem que o lugar foi reformado, ganhando um espetacular espaço público, incluindo o Floral Hall (uma sala de música), um restaurante no terraço, bares e lojas. Toda a esquina ao norte de uma das mais famosas praças públicas de Londres foi transformada, seguindo o projeto original de uma colunata, de Inigo Jones.

As apresentações no Royal Opera são geralmente encenadas na língua original, mas com legendas. O Royal Ballet se equipara a companhias como o Kirov e o Paris Opera Ballet, interpreta um repertório de inclinação clássica, incluindo os primeiros trabalhos dos coreógrafos e diretores Sir Frederick Ashton e Sir Kenneth MacMillan. A bilheteria abre de segunda a sábado das 10h às 20h. Bow St., Convent Garden, WC1. ✆ **0871/663-2587**. www.royalopera.org. Entrada de £6 a £185 (US$12 a US$370). Metrô: Covent Garden.

Sadler's Wells Theatre É o mais importante salão de dança e ópera. Ocupa o espaço de vários teatros, o primeiro construído em 1683. No início de 1990, o museu da virada do século 20 foi praticamente demolido e restaurado segundo um inovador projeto no fim de 1998. A fachada foi conservada, mas o interior foi completamente reformado em estilo vanguardista. O novo teatro oferece balé clássico, dança moderna "avant-gardeness", e produções infantis, incluindo o balé Christmas. As apresentações são geralmente às 19h30. A bilheteria abre de segunda a sábado das 9h às 20h30. Rosebery Ave., EC1. ✆ **020/7863-8096**. www.sadlers-well.com. Entrada de £10 a £50 (US$20 a US$100). Metrô: Northern Line até Angel.

FORA DO CENTRO DE LONDRES

Kenwood Lakeside Concerts Os concertos de banda e orquestra ao norte de Hampstead Heath tornaram-se uma tradição britânica de mais de meio século. Atualmente, shows à laser e fogos de artifício foram incluídos no repertório, que tem desde estimulantes versões da *1812 Overture* até jazz e óperas como *Carmen*. O concerto de encerramento da temporada sempre apresenta marchas de "pompa e circunstância", de Edward Elgar. A música soa do outro lado do rio como uma serenata, animando festas de vinho e queijo no gramado. Os concertos acontecem em julho e agosto aos sábados, às 19h30. A bilheteria abre de segunda a sábado das 9h30 às 18h30. Kenwood, Hampstead Lane, Hampstead Heath, London NW3 7JR. ✆ **0870/890-0146**. www.picnicconcerts.com. Entrada de £23 (US$46) para cadeiras no gramado e £30 (US$60) para o terraço. Desconto de 12,5% para estudantes e pessoas acima de 61 anos. Metrô: Northern Line até Golders Green ou Archway, e ônibus no. 210, de 30 a 45 minutos. Passeio ao norte de Londres.

3. Clubes e Música

MÚSICA AO VIVO

Sound No coração de Londres, a sala de 700 lugares apresenta grandes nomes, desde Sinéad O'Connor até as Spice Girls. A casa funciona como restaurante e bar à noite, com pouca música ao vivo e um DJ até às 23h. Depois o ambiente muda e o menu é simplificado para incluir aperitivos, música ao vivo e pista de dança. A programação sempre muda. Ligue antes para conferir a programação musical e reservar lugar. A lotação e a idade permitida variam de acordo com a apresentação. É recomendável fazer reserva para o jantar, mas não para depois das 23h. A bilheteria abre de segunda a sábado das 10h às 18h. 1 Leicester Sq., W1. ✆ **020/7287-1010**. www.soundlondon.com. Entrada gratuita até às

21h; £8 (US$16) das 21h às 22h, £10 a £12 (US$20 a US$24) das 22h às 23h e £15 (US$30) a partir das 23h. Metrô: Leicester Sq.

TRADICIONAL MÚSICA INGLESA

Cecil Sharpe House Point principal do renascimento da música folclórica dos anos 1960, continua oferecendo e incentivando a música e a dança. Você encontrará grande variedade de música tradicional e dança, com diferentes programações noturnas destinadas a, por exemplo, danças típicas irlandesas, música de baile inglesa (parecida com a quadrilha americana), danças cajun da Louisiana e até reprodução das quadrilhas do século 18. Apesar de muitos clientes assíduos já dominarem esses estilos de música, eles geralmente são generosos ao aceitar novos membros que aprendam rápido os movimentos e sejam ágeis. A bilheteria é aberta de segunda a sexta das 9h30 às 17h30. 2 Regent's Park Rd., NW1. ✆ **020/7485-2206**. Entrada de £5 a £15 (US$10 a US$30). Metrô: Northern Line até Camden Town.

JAZZ & BLUES

Ain't Nothin' But Blues Bar O clube, considerado o verdadeiro ponto de encontro do blues na cidade, exibe apresentações de locais e de ocasionais bandas americanas. No fim de semana, prepare-se para ficar na fila. Aberto de segunda a quarta das 18h à 1h, quinta das 18 às 2h, sexta das 18 às 3h, sábado das 14h às 3h e domingo das 15h às 24h. 20 Kingly St., W1. ✆ **020/7287-0514**. www.aintnothingbut.com.uk. Couvert de £5 (US$10). Entrada gratuita de segunda a sexta, quinta antes das 21h30 e sexta e sábado antes das 20h30. Metrô: Oxford Circus ou Piccadilly Circus. Da estação de metrô Oxford Circus, caminhe no sentido sul na Regent St., vire à esquerda na Great Marlborough St. e à direita na Kingly St.

Bull's Head A casa apresenta jazz moderno ao vivo todas as noites há mais de 40 anos. Uma das mais antigas casas de jazz, era o ponto de parada em que, no século 19, viajantes a caminho do Hampton Court podiam descansar enquanto suas carruagens eram trocadas. Atualmente, a casa apresenta jazzistas do mundo inteiro.

Por estar fora da rota turística, atrai principalmente moradores locais de todas as idades que apreciam música de qualidade. Apresenta shows de jazz ao vivo domingo das 13h às 15h e das 20h30 às 22h30 e segunda a sábado das 20h30 às 23h. Você também pode almoçar no pub ou jantar no Nuay's Thai Bistro. Aberto de segunda a sábado das 12h à meia-noite e domingo das 12h às 22h30. 373 Longsdale Rd., Barnes, SW13. ✆ **020/8876-5241**. www.thebullshead.com. Couvert de £6 a £15 (US$12 a US$30). Metrô: Hammersmith, pegue o ônibus no. 209 no Barnes Bridge, depois refaça os últimos 91 metros do caminho do ônibus a pé, ou pegue o trem Weybridge da Waterloo Station, desembarque na Barnes Bridge Station e caminhe cinco minutos até o clube.

100 Club Apesar de ser menos luxuoso e caro que outros clubes de jazz, está na linha de frente da música, com disputadas apresentações. Seu repertório de bandas inclui os melhores músicos do jazz britânico e alguns americanos. Rock, R&B e blues também fazem parte do repertório. Apreciadores de jazz de 20 a 45 anos frequentam a casa. Aberta de segunda a quinta e domingo das 19h30 às 23h30, sexta das 12h às 15h e das 20h30 às 2h, sábado das 19h30 à 1h. **Aviso**: O horário pode mudar. 100 Oxford St., W1. ✆ **020/7636-0933**. www.the100club.uk. Couvert de £7 a £13 (US$14 a US$26). Sócios têm desconto de £1 (US$2) sábado à noite. Metrô: Tottenham Court Rd. ou Oxford Circus.

Pizza Express Não deixe o nome enganá-lo: este bar-restaurante apresenta o melhor jazz de Londres de artistas importantes, ao sabor de pizza italiana de borda fina. Você encontrará bandas locais ou grupos visitantes, geralmente dos Estados Unidos. Na plateia, há uma equilibrada mistura de londrinos e visitantes de 20 a 40 anos. Mesmo que o lugar tenha sido ampliado, é importante fazer reserva com antecedência. O restaurante abre diariamente das 11h30 às 12h. Shows de jazz das 19h30 às 23h. 10 Dean St., W1. ✆ **020/7734-3220**. www.pizzaexpresslive.com. Couvert de £15 a £22 (US$30 a US$44). Metrô: Tottenham Court Rd.

Ronnie Scott's Jazz Club Quando se fala de jazz em Londres, as pessoas imediatamente lembram do Ronnie Scott's, a vanguardista casa europeia de jazz moderno. Apenas os melhores grupos de jazz da Inglaterra e da América, liderados por vocalistas de primeira classe, se apresentam aqui. No coração do Soho, o Ronnie Scott's está dez minutos a pé do Piccadilly Circus pela Shaftesbury Avenue. No Main Room, você pode assistir ao show do bar ou de uma mesa, onde é possível jantar. O Downstairs Bar é mais familiar. Próximo a você podem estar alguns dos mais talentosos músicos do mundo. Abre de segunda a sábado das 18h às 3h e domingo das 18 às 24h. É recomendável fazer reservas. 47 Frith St., W1. ✆**020/7439-0747**. www.ronniescotts.co.uk. Couvert de £26 (US$52), com 10% de desconto para sócios. Metrô: Leicester Sq. ou Piccadilly Circus.

606 Club Localizada em um discreto porão em Chelsea, na afastada região de Fulham, a casa de jazz e ceia apresenta música ao vivo todas as noites. É principalmente point do jazz moderno, mas o estilo varia do tradicional ao contemporâneo. Músicos locais e alguns dos grandes nomes do jazz se apresentam aqui, em shows definidos ou em sessões informais depois de shows em outros pontos da cidade. Por causa da licença de funcionamento, os clientes só podem pedir bebida junto com a comida. Os londrinos comparecem com grupos badalados de bairros mais elegantes. Abre de segunda a quarta das 19h30 à 1h, quinta a sábado das 20h à 1h30, determinados domingos das 12h às 16h e das 20h às 24h. 90 Lots Rd., SW10. ✆ **020/7352-5953**. www.606club.co.uk. Couvert de segunda a quinta de £8 (US$16), sexta a sábado de £12 (US$24), domingo na hora do almoço de £8 (US$16), domingo à noite de £10 (US$20). Ônibus: 11, 19, 22, 31, 39, C1 ou C3. Metrô: Earl's Court.

4. Dance, Disco & Eclectic

Cargo Este pub do badaladíssimo Hoxton atrai um público de classe alta dos luxuosos flats de West End. Os habitués asseguram que é o lugar para "horas doidas" e apreciar grandes bandas. Caso não haja banda em determinada noite, os DJs dominam o lugar. Música e dança começam às 18h e se estendem até as 21h30 todas as noites. É divertido e agitado, com duas salas de estrutura curvada, acústica fantástica e exibição de vídeos. Sobre os clientes, o barman definiu corretamente: "Nós atendemos o público estranho e o normal". As bebidas alcoólicas são caras, assim como a comida típica de rua. Aberto de segunda a quinta das 12h à 1h, sexta das 12h às 3h, sábado das 18h às 3h e domingo das 13h ao meio-dia. Kingsland Viaduct, 83 Revington St., Shoreditch, EC2. ✆ **020/7739-3440**. www.cargo-london.com. Couvert de £8 a £13 (US$16 a US$26) depois das 22h. Metrô: Liverpool St.

The Cross Localizada na periferia de King's Cross, a casa é um ponto de agitação desde 1993. Os hipsters vêm para festas particulares dadas pela Rough Trade Records ou pela Red Or Dead, ou então para dançar neste espaço de aparência industrial de tijolo aparente. O repertório musical vai desde rock ácido até fusion do Caribe e da África e a soca jamaicana. O lugar é sombrio, quente, úmido e grosseiro, às vezes baixo e sujo. Ligue para conferir a programação. Abre sexta e sábado das 22h às 6h. The Arches, King's Cross Goods Yard, York Way, N1. ✆ **0845/371-4489**. www.thecross.co.uk. Couvert de £10 a £20 (US$20 a US$40). Metrô: King's Cross.

Egg ★ Aqui acontecem raves para visitantes que gostam de lugares com jeito surrado do outro lado do King's Cross. Em três andares, parece um depósito, com música que vai da eletrônica a house music (especialidade da casa). É o principal ponto *underground* em Londres, com um grande jardim e um terraço. Clientes descolados – tanto gays como heterossexuais --, aparecem para eventos como "Playtime" nas sextas à noite. Abre sexta das 22h às 6h e sábado das 22h às 24h do domingo. 200 York Way, N7. ✆ **020/7609-8364**. www.egglondon.net. Metrô: King's Cross.

Fabric Enquanto algumas casas entram e saem de moda, a Fabric continua atraindo público. Seu principal atrativo é a licença de 24 horas, o que permite música e dança ininterruptas de quinta a domingo à noite. É um dos mais famosos clubes da badalada área do East London. Dizem que quando os donos ligam as caixas de som mais potentes, as luzes diminuem no East End. Em noites muito agitadas, pelo menos 2.500 jovens londrinos, além de muitos turistas, lotam esse imenso lugar. Possui três pistas de dança, bares onde quer que se olhe, banheiros unissex, camas para descansar e até um terraço. As apresentações ao vivo acontecem toda as sextas, com DJs reinando no fim de semana. Você escutará *house*, *garage*, reggae e qualquer outro estilo musical que esteja na vanguarda da música *underground* em Londres. Aberto de quinta a sexta das 21h30 às 5h e sábado das 22h às 7h. 77ª Chaterhouse St., EC1. ✆ **020/7336-8898**. www.fabriclondon.com. Couvert de £12 a £16 (US$24 a US$32). Metrô: Farringdon.

Ministry of Sound Transferido do centro da cidade, o clube continua badalado. Com amplo bar e grande sistema de som, mescla *garage* e *house music* para o frenético público que lota os dois andares. Se você cansar da música de outras salas, pode relaxar no lounge. **Aviso**: O couvert é elevado e os seguranças decidem quem é legal o suficiente para entrar, então capriche no estilo da produção. Abre sexta das 22h às 5h e sábado das 22h às 7h. A noite dos estudantes acontece quinta das 22h às 4h. 103 Gaunt St., SE1. ✆ **440/870-060-0010**. www.ministryofsound.com.br. Couvert de £12 a £20 (US$24 a US$50). Metrô: Northern Line até Elephante & Castle.

Nothing Hill Arts Club É um dos lugares mais hipppies de Londres, com agitação sem restrições no subsolo do badalado Nothing Hill Gate. Um frequentador assíduo classificou o lugar como "a casa noturna mais bacana da Terra". Para justificar seu nome, apresenta ocasionalmente exibições de arte. Quase toda a clientela tem menos de 35 anos e preferência musical bem eclética -- de Madonna a Ziggy Marley. O som abrange ritmos como jazz, salsa, hip-hop e música independente, entre outros. Abre de domingo a sexta das 18h às 2h, sábado das 16h às 2h e domingo das 16h à 1h. As bandas se apresentam todos os dias, exceto às sextas. 21 Nothing Hill Gate, W11. ✆ **020/7460-4459**. www.nothinghillartsclub.com. Couvert de £5 a £11 (US$10 a US$22). Metrô: Nothing Hill Gate.

151 Gente bonita de ambos os sexos frequenta esta casa noturna no subsolo, situada em Chelsea e com uma temática diferente a cada noite. O agitado bar e a pista de dança ficam diante da cabine do DJ. O salão é cercado de quartos onde você pode descansar...ou fazer o que quiser. Se o príncipe Harry convidasse Paris Hilton para um encontro, ele provavelmente a traria aqui, mas não sabemos se Paris iria gostarde dançar ao som da música pop brega do lugar. Ela certamente preferiria beber muita champanhe. 151 King's Rd., SW3. ✆ **0871/332-3202**. Couvert de £10 (US$20). Segunda a sábado das 22h às 15h30. Metrô: Kensington.

CENA GAY & LÉSBICA

A *Time Out* também traz a programação de clubes homossexuais. Outro lugar para descobrir o que há de moderno e badalado é a **Prowder Soho**, 3-7 Brewer St., Soho, W1. (✆ **020/7734-4031**. Metrô: Piccadilly Circus), a maior loja destinada ao público gay em Londres. Abre até às 22h de segunda a sábado e domingo das 12h às 20h. Na internet, o www.ginger.beer.co.uk é o melhor site destinado ao público homossexual com informações do que acontece em Londres. A revista que toda boa lésbica lê é a *G3* (www.g3magazine.co.uk).

Admiral Duncan Gays e simpatizantes frequentam a casa para beber, se divertir e fazer discursos políticos. Os tabloides britânicos abalaram o mundo quando, em 1999, informaram que o pub foi alvo de um ataque que resultou em três mortes. Seis meses depois, reabriu as portas. Estamos felizes em informar que o pub está melhor do que nunca, atraindo também heterossexuais. 54 Old Compton St., W1. ✆ **020/7437-5300**. Metrô: Piccadilly Circus ou Leicester Sq.

The Box Localizado em um dos cruzamentos mais conhecidos da Covent Garden, é um bar sofisticado de estilo mediterrâneo que atrai o público masculino. À tarde, é essencialmente um restaurante, servindo saladas, sanduíches e sopas. O serviço do restaurante termina às 17h, quando o lugar revela sua finalidade principal: um divertido ponto de encontro para gays e para adeptos da contracultura. O The Box se autodefine como "um bar de verão", investindo em espaços abertos com janelas e mesas externas para aproveitar o sol. Aberto de segunda a sábado das 11h às 23h30 e domingo das 11h às 23h. 32-34 Monmouth St. (no Seven Dials), WC2. ✆ **020/7240-5828**. www.boxbar.com. Metrô: Leicester Sq.

Candy Bar É o mais popular bar para lésbicas em Londres. Atrai uma clientela diferenciada, da mais masculinizada à mais feminina, de todas as idades. Há um bar e um clube no subsolo. O ambiente é simples e de cores claras com espelhos no andar superior e mais escuro e charmoso no subsolo. Homens são bem-vindos se acompanhados de mulheres. Aberto de segunda a quinta das 5h às 23h30, sexta e sábado das 17h às 2h e domingo das 17h às 23h. 4 Carlisle St., W1. ✆ **020/7494-4041**. Couvert de £5 (US$10) sexta e £6 (US$12) sábado. Metrô: Court Rd.

The Edge Poucos bares londrinos oferecem a tolerância, o humor e a sofisticação encontrados aqui. Os dois primeiros pisos são decorados, assim como os jardins ingleses, de acordo com a estação do ano. Pode-se dançar no lotado e efervescente subsolo. Três menus são oferecidos: um menu divertido para o dia, um para o café e outro para a noite. A clientela começa a chegar por volta das 19h30, e é composta de gays e heterossexuais. O lado negativo: um cliente afirma que os *barmen* adicionam água às bebidas. Aberto de segunda a sábado do 12h à 1h e domingo das 14h às 23h30. 11 Soho Sq., W1. ✆ **0044/207-439-1313**. www.edgesoho.co.uk. Metrô: Tottenham Court Rd.

Heaven O clube, localizado no subsolo da Charing Cross Railway Station, é um ponto de referência em Londres. É um dos maiores e mais consagrados espaços do Reino Unido. Pintado de preto, era um abrigo antibombas, e está dividido em pelo menos quatro áreas ligadas por um labirinto de passagens e salas. Cada sala oferece um estilo musical, de hip-hop a rock. Também há apresentações temáticas para gays, lésbicas e, principalmente, o público heterossexual. As quintas são abertas para o público em geral, mas os sábados somente para os gays. Confirme a censura. Aberto segunda das 22h às 6h30, quarta das 22h30 às 3h, sexta das 22 às 6h e sábado das 22h30 às 5h. The Arches, Villiers e Craven sts., WC2. ✆ **020/7930-2020**. www.heaven-london.com. Couvert de £12 a £15 (US$24 a US$30). Metrô: Charing Cross ou Embankment.

5. Bares e Lounges

Annex 3 Localizado no Soho, é um dos bares mais agitados de Londres, apesar da decoração kitsch, comparável a um show psicodélico de Natal, mas os coquetéis estão entre os mais finos da cidade. Muitas das receitas são baseadas nas preparadas nas Antilhas no século 19. Felizmente, o "Millionaire Cocktail", uma das especialidades da casa, não exige que você seja um milionário. 6 Little Portland St., Fitzrovia, W1. ✆ **020/7631-0700**. Metrô: Oxford Circus.

Cantaloupe Este bar-restaurante agitado é considerado um dos precursores das noites modernas do Shoreditch. Empresários saem do trabalho na City e se juntam aos moderninhos do West End no fim da tarde, no que ficou conhecido como "gastro pub/preclub bar". Mesas de madeira e bancos são dispostos em frente ao bar, mas o Red Lounge é mais confortável. A música é cortesia dos DJs da casa. O restaurante e o cardápio de tapas são de primeira classe. 35 Charlotte Rd., Shoreditch, EC2. ✆ **020/7729-5566**. Metrô: Old St.

Club Aquarium Traga sua roupa de banho e aproveite a piscina e a jacuzzi que o clube oferece. Frequentadores assíduos se aglomeram neste espaço despojado. É possível ir de um bar a outro – são quatro ao total – ou relaxar nas duas salas repletas de sofás. A nossa favorita é a área funk dos anos 1970, a "Carwash", um lugar deslumbrante, mas você pode preferir o Crème de la Kremlin, com música pop russa e *funky house*. Aberto diariamente das 22h às 3h30. 256 Old St., EC1. ✆ **020/7253-3558**. www.clubaquarium.co.uk. Couvert de £10 a £15 (US$20 a US$30). Metrô: Old St.

Lab ★ Provavelmente a melhor casa de coquetéis de Londres, localizada no coração da cidade no estilo dos anos 70, onde os *barmen* servem o melhor Feijon Flip ou Red Hot Chili Pepper da cidade. Venha a este bar supremo, relaxando no interior de couro e fórmica de dois andares. Um completo guia de coquetéis pode ser encontrado em cada mesa. Se você ficar em Londres por um bom tempo, aproveite para experimentar desde as bebidas clássicas até as especialidades da casa. Aberto de segunda a sábado das 16h às 24h e domingo das 16h às 22h30. 12 Old Campton, St., W1. ✆ **020/7437-7820**. www.lab-townhouse.com. Metrô: Leicester Square.

The Met Bar Um dos bares mais agitados de Londres, é um lugar para ser visto. Combina o melhor da moda, da televisão e da world music. Muitas celebridades americanas, de Demi Moore a Courtney Cox, são vistas bebendo martinis. Apesar do nível da clientela, o bar possui uma atmosfera relaxante e despretensiosa. No Metropolitan Hotel, 19 Old Park Lane, W1. ✆ **020/7447-1000**. Sócios e hóspedes do hotel somente depois das 18h. Metrô: Hyde Park Corner.

6. O Melhor dos Pubs de Londres: Os Melhores Pubs do Mundo

A melhor forma de incorporar uma personagem dos diferentes vilarejos que formaram Londres é visitar um pub local para provar uma cerveja inglesa ou amarga. Você terá a chance de conferir sotaques regionais, gírias e constatar quão distantes estão os ricos de Kensington dos colarinhos azuis de Wapping. Ligue-se nas fofocas ou nas conversas esportivas – e, claro, aproveite as melhores cervejas (inglesa e preta), cidras e uísques do mundo.

BELGRAVIA

Grenadier Localizado em um antigo estábulo, o Grenadier é um dos pubs assombrados de Londres. O fantasma aqui é um soldado britânico do século 18. Apesar da fama, o pub abriga o bar original e o boliche são frequentados pelos oficiais do duque de Wellington. A frente de cor vermelha é decorada por uma guarita escarlate e cercada por uma videira. O bar está quase sempre lotado. O almoço e jantar são servidos diariamente, inclusive aos domingos, quando é costume beber bloody mary (preparado segundo uma receita secreta). No estábulo, você pode saborear um cardápio composto de ingredientes sazonais. Pratos cuidadosamente preparados incluem o porco do Grenadier, o bife da Wellington e o *rolinho de frango e queijo Stilton*. Aperitivos como peixe com batata frita são encontrados no bar. 18 Wilton Row, SW1. ✆ **020/7235-3074**. Metrô: Hyde Park Corner.

BLOOMSBURY

Museum Tavern Do outro lado do British Museum, este pub (1703) conservou boa parte da construção antiga: veludo, revestimento das paredes com painéis de carvalho e vidro lapidado. Localizado no centro da University of London, é popular entre escritores, editores e pesquisadores do museu. É servido comida tradicional inglesa: *shepherd's pie* (torta assada de carne), salsicha cozida com cidra inglesa, torta de peru e presunto, *ploughman's lunch* (pão acompanhado de queijo e salada) e saladas. Diferentes tipos de cerveja, cidra, Guinness, vinho e bebidas destiladas estão disponíveis. As refeições e o café são servidos o dia todo. O pub lota na hora do almoço. 49 Great Russell St., WC1. ✆ **020/7242-8987**. Metrô: Holborn ou Tottenham Court Rd.

THE CITY

Bow Wine Vaults Funciona muito antes da criação do bar nos anos 1970. Um dos mais famosos em Londres, atrai pessoas que valorizam a comida e a bebida tradicionais, desde o Camembert frito, o ravióli de lagosta e grelhados acompanhados de peixe. O coquetel do bar é popular entre os funcionários da City após o expediente (de segunda a sexta das 11h30 às 22h). As refeições mais elegantes, servidas na sala de jantar no térreo, incluem mexilhões tailandeses ao molho curry, escalope de vitela Milanês acompanhado de massas e peixe eglefim Monte Carlo. Também estão disponíveis vinhos do mundo todo. Na última vez que visitamos o lugar, o vinho do dia era o chardonnay chileno. 10 Bow Churchyard, EC4. ✆ **020/7248-1121**. www.bowwinesvaults.com. Metrô: Mansion House, Bank ou St. Paul's.

Jamaica Wine House É uma das primeiras cafeterias da Inglaterra conhecidas no Ocidente. Por anos, comerciantes e comandantes de navios frequentavam o café para fechar negócios e beber rum e café. Atualmente, a casa de dois andares serve café, cerveja e vinho, de variados tipos. O bar com balcão de carvalho está no andar principal e atrai banqueiros. Você pode pedir pratos comuns como o *ploughman's lunch* (pão acompanhado de queijo e salada) e sanduíches. 12 St. Michael's Alley, Off Cornhill, EC3. ✆ **020/7929-6972**. Metrô: Bank.

Ye Old Watling Foi reconstruído depois do grande incêndio de 1666. O primeiro andar abriga um agradável pub. No andar superior há um restaurante familiar, com mesas de carvalho, onde você pode almoçar pratos típicos ingleses. O menu varia diariamente, com opções como peixe com batata frita, lasanha, bolo de peixe e pratos vegetarianos. Todos os pratos vêm acompanhados de dois vegetais ou salada, mais arroz ou batata. 29 Watling St., EC4. ✆ 020/7653-9971. Metrô: Mansion House.

COVENT GARDEN

Lamb & Flag Dickens já frequentou este pub, que não mudou muito desde os dias em que ele flanava pelo bairro. O pub tem uma incrível história de escândalos. O poeta e escritor Dryden foi quase morto por marginais em frente ao pub, em dezembro de 1679. O pub passou a ser conhecido como "Bucket of Blood" (balde de sangue) durante o período regencial (1811-20), por causa das lutas que ocorriam aqui. Entre as cervejas, pode-se provar Courage Best, Directors, Old Speckled Hen, John Smiths ou Wadworths 6X. 33 Rose St., saindo de Garrick. WC2. ✆ **020/7497-9504**. Metrô: Leicester Sq.

Nags Hea É um dos mais famosos pubs eduardianos. No passado, os clientes tinham de passar por um mercado de frutas e flores para beber aqui. Hoje, o pub é popular entre os mais jovens. O chopp Guinness é muito bom. O almoço, das 12h às 16h, serve a típica comida de pub: sanduíches, saladas, porco cozido em cidra e camarão gratinado. Aperitivos são servidos à tarde. 10 James's St., WC2. ✆ **020/7836-4678**. Metrô: Covent Garden.

Os Melhores Pubs do mundo

EAST END (WAPPING)

Prospect of Whitby Um dos mais históricos pubs londrinos, foi aberto na época dos Tudor, com o nome de um barco a carvão que fazia viagens entre Yorkshire e Londres. Visite o lugar para tomar uma pequena dose de bebida alcoólica que você preferir e mergulhe nessa atmosfera. O pub possui uma rica história. Dickens e o diarista Samuel Pepys costumavam frequentar o local e o pintor Turner vinha várias vezes por semana apreciar a vista do rio Tâmisa. No século 17, o famoso juiz Jeffreys costumava beber aqui enquanto observava os enforcamentos. As mesas no jardim dão para o rio. Você pode pedir um Morlands Old Speckled Hen ou um uísque. 57 Wapping Wall, E1. ✆ **020/7481-1095**. Metrô: Wapping.

KNIGHTSBRIDGE

Nag's Head A casa (não confunda com outra mais conhecida na 10 James's St.; veja acima) localiza-se numa rua afastada a dez minutos a pé do Berkeley Hotel. Inicialmente uma prisão em 1780, era conhecida como o menor pub de Londres. Em 1921, foi vendida por £12 (US$ 24) e 6p (12¢). Peça uma bebida na parte da frente ou no pequeno bar dos fundos. Para comer, você pode provar "salsicha de cerveja", *shepherd's pie* ou o quiche do dia, todos servidos por funcionários atenciosos. A clientela cosmopolita – jornalistas, músicos e turistas - adotou este confortável e aconchegante pub. O pub se autodenomina "independente" e diz servir cerveja de fabricação própria. 53 Kinnerton St., SW1. ✆ **020/7235-1135**. Metrô: Hyde Park.

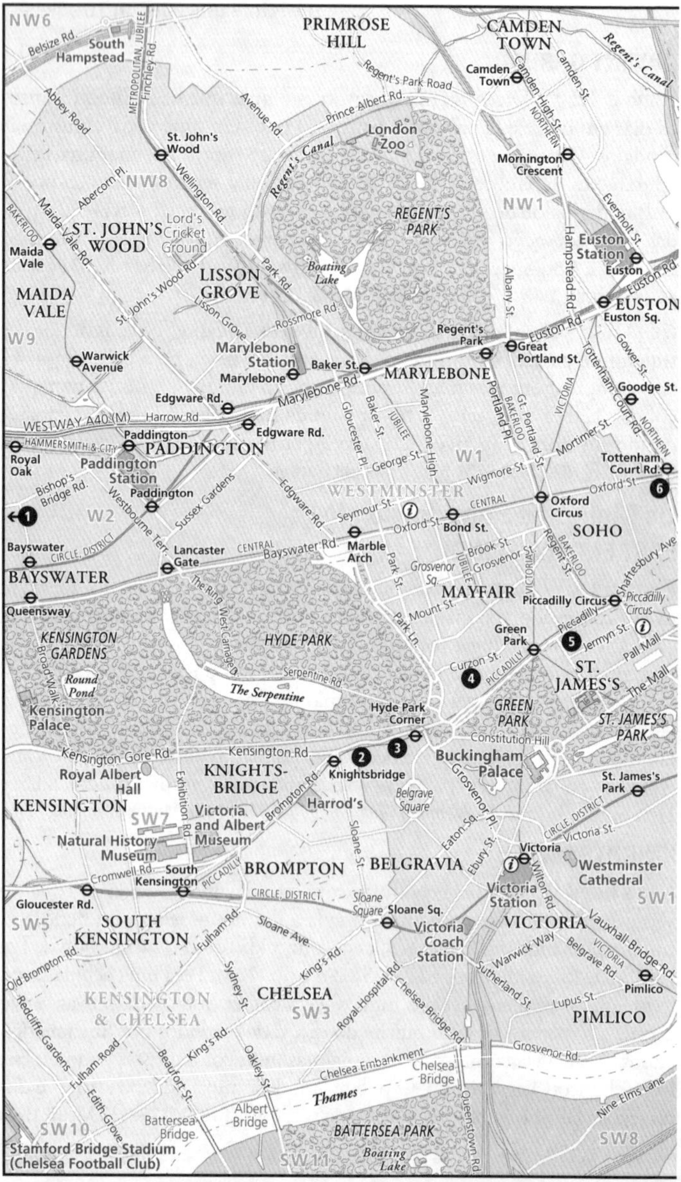
NW6
PRIMROSE HILL
CAMDEN TOWN
Regent's Canal
Belsize Rd.
South Hampstead
METROPOLITAN, JUBILEE
Finchley Rd.
Regent's Park Road
Camden Town
Camden High St.
Camden St.
NORTHERN
Prince Albert Rd.
Avenue Rd.
Abbey Road
St. John's Wood
London Zoo
Regent's Canal
Mornington Crescent
Abercorn Pl.
NW8
Wellington Rd.
REGENT'S PARK
NW1
Eversholt St.
BAKERLOO
Maida Vale Rd.
ST. JOHN'S WOOD
Lord's Cricket Ground
Maida Vale
Boating Lake
Euston Station
Euston
Euston Rd.
Hampstead Rd.
LISSON GROVE
Park Rd.
Albany St.
MAIDA VALE
St. John's Wood Rd.
Lisson Grove
Rossmore Rd.
EUSTON
Euston Sq.
W9
Regent's Park
Great Portland St.
Gower St.
Marylebone Station
Warwick Avenue
Baker St.
Tottenham Court Rd.
Marylebone
MARYLEBONE
Goodge St.
Marylebone Rd.
Edgware Rd.
Gloucester Pl.
Baker St.
JUBILEE
Marylebone High St.
Portland Pl.
Gt. Portland St.
BAKERLOO
VICTORIA
WESTWAY A40(M)
Harrow Rd.
Edgware Rd.
Mortimer St.
NORTHERN
Paddington
HAMMERSMITH & CITY
PADDINGTON
George St.
W1
Tottenham Court Rd.
Royal Oak
Paddington Station
Wigmore St.
Oxford St.
Bishop's Bridge Rd.
Westbourne Terr.
Sussex Gardens
Edgware Rd.
WESTMINSTER
Paddington
CENTRAL
Oxford Circus
Seymour St.
1
W2
Oxford St.
Bond St.
SOHO
6
Bayswater
CIRCLE, DISTRICT
Lancaster Gate
CENTRAL
Bayswater Rd.
Marble Arch
Brook St.
Regent St.
BAKERLOO
BAYSWATER
The Ring
Park St.
Grosvenor Sq.
Grosvenor St.
JUBILEE
Shaftesbury Ave.
Queensway
West Carriage Dr.
MAYFAIR
Piccadilly Circus
Mount St.
Park Ln.
Green Park
Piccadilly
Jermyn St.
5
KENSINGTON GARDENS
HYDE PARK
Curzon St.
PICCADILLY
Pall Mall
Broad Walk
Round Pond
Serpentine Rd.
4
ST. JAMES'S
The Mall
The Serpentine
GREEN PARK
Kensington Palace
Hyde Park Corner
ST. JAMES'S PARK
Constitution Hill
3
Kensington Gore Rd.
Kensington Rd.
2
Buckingham Palace
Royal Albert Hall
KNIGHTS-BRIDGE
Knightsbridge
Grosvenor Pl.
St. James's Park
KENSINGTON
Exhibition Rd.
Brompton Rd.
Harrod's
Belgrave Square
SW7
Victoria and Albert Museum
Sloane St.
Eaton Sq.
CIRCLE, DISTRICT
Victoria St.
Natural History Museum
Ebury St.
Victoria
Westminster Cathedral
Cromwell Rd.
South Kensington
PICCADILLY
BROMPTON
BELGRAVIA
Wilton Rd.
Victoria Station
CIRCLE, DISTRICT
Sloane Square
Sloane Sq.
Gloucester Rd.
SW1
SW5
SOUTH KENSINGTON
Fulham Rd.
Sloane Ave.
Victoria Coach Station
VICTORIA
Vauxhall Bridge Rd.
Old Brompton Rd.
King's Rd.
Warwick Way
Belgrave Rd.
VICTORIA
Sydney St.
Royal Hospital Rd.
Chelsea Bridge Rd.
Sutherland St.
Pimlico
KENSINGTON & CHELSEA
CHELSEA
SW3
Lupus St.
PIMLICO
Redcliffe Gardens
King's Rd.
Grosvenor Rd.
Fulham Road
Beaufort St.
Oakley St.
Chelsea Embankment
Chelsea Bridge
Edith Grove
Thames
Queenstown Rd.
Nine Elms Lane
Albert Bridge
Battersea Bridge
SW10
BATTERSEA PARK
SW8
Stamford Bridge Stadium (Chelsea Football Club)
SW11
Boating Lake

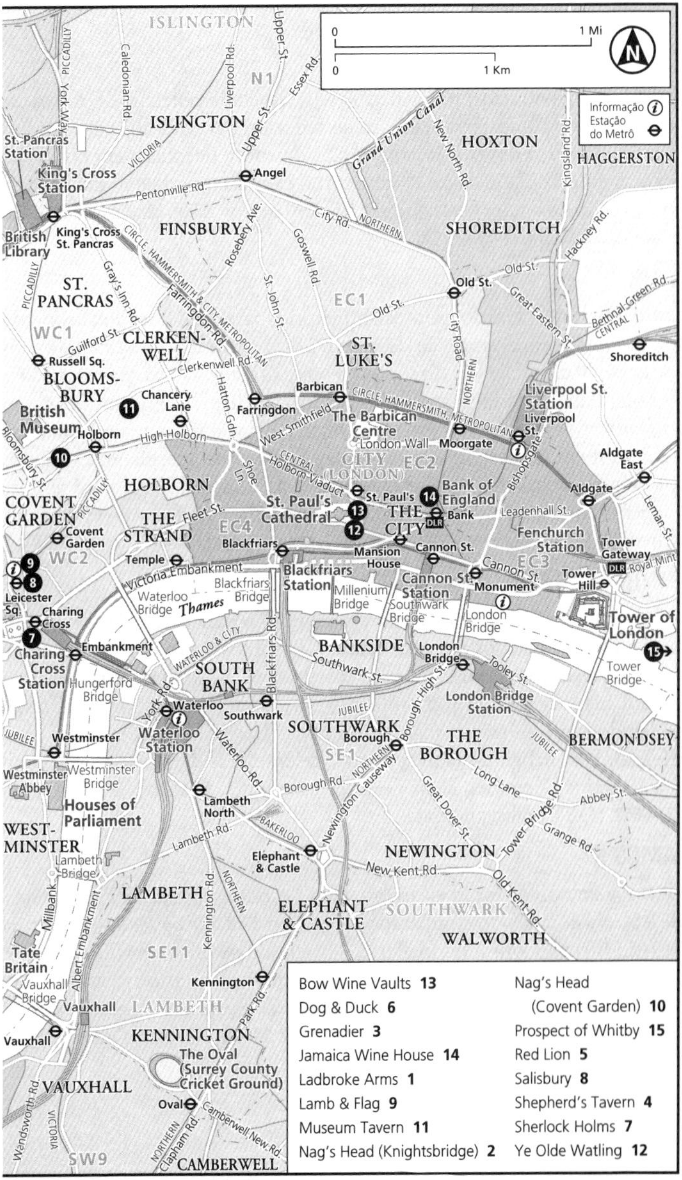

Bow Wine Vaults **13**
Dog & Duck **6**
Grenadier **3**
Jamaica Wine House **14**
Ladbroke Arms **1**
Lamb & Flag **9**
Museum Tavern **11**
Nag's Head (Knightsbridge) **2**
Nag's Head (Covent Garden) **10**
Prospect of Whitby **15**
Red Lion **5**
Salisbury **8**
Shepherd's Tavern **4**
Sherlock Holms **7**
Ye Olde Watling **12**

LEICESTER SQUARE

Salisbury Originalmente um palácio, seus espelhos refletem os rostos de artistas de teatro da Inglaterra sentados ao redor do bar. Um lugar menos nobre para jantar é o velho balcão com mesas de cobre decorado em estilo Art Nouveau. A especialidade da casa são as tortas caseiras servidas em um bufê de saladas e peixe com batata frita, que são bons e baratos. 90 St. Martin's Lane. WC2. ✆ **020/7836-5863**. Metrô: Leicester Sq.

MAYFAIR

Shepherd's Tavern Um dos pontos obrigatórios para os clientes do Shepherd's Market, este pub ocupa uma casa do século 18 ao redor das ruas estreitas atrás do Park Lane. Muitos clientes dizem que a popularidade da taverna surgiu com os pilotos da Batalha da Inglaterra. Os aperitivos incluem pratos simples como *shepherd's pie* e peixe com batata frita. É oferecido almoço mais formal no andar superior em um restaurante confortável e de estilo georgiano. O clássico cardápio inglês provavelmente é o mesmo desde os anos 1950 e você sempre pode experimentar o presunto assado com mel ou o rosbife com o pudim de Yorkshire. 50 Hertford St., W1. ✆ **020/7499-3017**. Metrô: Green Park.

NOTHING HILL GATE

Ladbroke Arms Já premiado como "o melhor pub para jantar do ano", é um dos raros pubs conhecidos por sua comida. Um menu variável inclui filé de bacalhau com lentilhas e salsa verde, e costela com mostarda, pimenta, ervas e alho com manteiga. Com jazz ambiente e uma variedade de arte impressa, é considerado um pub tradicional. Vale a pena fazer uma visita e provar uma boa refeição. Para beber, destaque para o excelente Eldridge Pope Royal, John Smith e Courage Directors, além de diversos uísques. 54 Ladbroke Rd., W11. ✆ **020/7727-6648**. Metrô: Nothing Hill Gate.

ST. JAMES'S

Red Lion Este pub de estilo vitoriano, com decoração dos anos 1900 e espelhos de 150 anos, tem sido comparado ao quadro *Um bar no Folies-Bergère*, de Monet (exposto na Courtauld Gallery). Você pode pedir sanduíches prontos; aos sábados, é servido peixe com batata frita. Experimente as cervejas finas Ind Coope ou a cerveja da casa, a Burton, da cidade de Burton-on-Trend. 2 Duke of York St. (saindo da Jermyn St.), SW1. ✆ **020/7321-0782**. Metrô: Piccadilly Circus.

SOHO

Dog & Duck Este confortável ponto de referência no Soho, é um dos pubs mais familiares de Londres. Um cliente assíduo era o escritor George Orwell, que veio aqui celebrar a vendagem de *A revolução dos bichos* nos Estados Unidos. Atrai gente de todas as idades e convicções, geralmente num ambiente amigável. Há um bom estoque de diversas cervejas inglesas, incluindo Tetleys, Fuller London e Timothy Landlord. No outono, os clientes pedem a cidra Addlestone. Muitos frequentadores vão depois para o Ronnie Scott's Jazz Club, bem próximo. O confortável bar no andar de cima se mantém aberto. 18 Bateman St. (esquina da Frith St.), W1. ✆ **020/7494-0697**. Metrô: Tottenham Court Rd. ou Leicester Sq.

TRAFALGAR SQUARE

Sherlock Holmes O pub era o local de reunião dos Baker Street Irregulars, um grupo de amantes de romances policiais que se encontrava para homenagear o personagem famoso do gênio Sir Arthur Conan Doyle. No andar superior, há uma remontagem do quarto no 221B da Baker St. e peças como a serpente de *The Speckled Band* e a cabeça do animal de *O Cão dos Baskerville*. No salão de jantar no andar superior, você pode pedir uma refeição completa com vinho. Experimente o "Copper Beeches" (peito de frango grelhado com limão e ervas) e as sobremesas. O primeiro andar é quase só para beber, mas há um bar com aperitivos, como frios, saladas, queijos e vinhos e cervejas escuras vendidos por copo. 10 Northumberland St. WC1. ✆ **020/7930-2644**. www.sherlockholmespub.com. Metrô: Charing Cross ou Embankment.

Apêndice: Dados Rápidos

1. Dados Rápidos: Londres

American Express Há lojas no aeroporto de Heathrow, inclusive no Terminal 4 (✆ **020/8897-0134**) e no Terminal T3 (✆ **020/8759-6845**). Há também um American Express Travel Service em 78 Brompton Rd., Knightsbridge, SW 3 (✆ **020/761-7905**).

Códigos de Área O código de país para a Inglaterra é **44.** O código de área para Londres é **020.**

Caixas Automáticos Consulte "Dinheiro & Custos", na página 8.

Horário Comercial Com muitas, muitas exceções, o horário comercial é de segunda a sexta, das 9h às 17h. Em geral, as lojas abrem de segunda a sábado, das 9h às 17h30. Em cidades do interior, geralmente há um dia em que fecham mais cedo (geralmente quarta ou quinta), quando as lojas encerram o expediente às 13h.

Leis sobre Consumo de Álcool A idade mínima para consumo de álcool é 18 anos. Crianças de 15 anos ou menos não podem entrar nos pubs, exceto em certas salas, e somente quando acompanhadas dos pais ou de um tutor. Não beba e dirija. As punições são severas.

Quebrando décadas de tradição, a Inglaterra abandonou, em 2005, suas leis rígidas, às vezes draconianas, sobre bebidas alcoólicas, permitindo que fossem vendidas por 24 horas ao dia. Muitos pubs não fecham mais às 23h, o que costumava ser a "última chamada". Claro, são os taberneiros que decidem, mas muitos, se pudessem, ficariam abertos dia e noite.

Drogarias No Reino Unido, são chamadas de "chemists". Peça ao seu hotel o endereço mais próximo. Para uma drogaria de emergência, disque "0" (zero) e pergunte ao telefonista o número da delegacia local, que lhe dará o nome da drogaria mais próxima de você.

Eletricidade A voltagem é de 240 volts AC (50 ciclos), quase o dobro da voltagem na América do Norte, que é de 115-120 volts AC (60 ciclos). Os plugs norte-americanos não servem nas tomadas britânicas. Sempre leve transformadores adequados, e/ou adaptadores – se você ligar um eletrodoméstico norte-americano em uma tomada elétrica na Europa, sem um transformador, você destruirá seu aparelho e, possivelmente, começará um incêndio. Os equipamentos eletrônicos com motores que devem girar a um número específico de rotações por minuto provavelmente não funcionarão direito, mesmo com transformadores.

Embaixadas e Consulados

Se você perder seu passaporte, ficar seriamente doente, tiver problemas legais ou algum outro problema sério, a embaixada brasileira ou o consulado poderão ajudar. Em Londres, a **Embaixada do Brasil** fica na 32 Green Street London – WIK 7AT – Londres ✆ (**020/7399-9000;** www.brazil.org.uk; Metrô: Marble Arch). O horário de funcionamento é de segunda a sexta, das 10h às 18h. Já o **Consulado Brasileiro** fica na 3 Vere Street – W1G 0DG – ✆ (**020/7659-1550;** www.consbraslondres.com. Metrô: Bond Street). O horário de funcionamento é de segunda a sexta, das 9:30h às 16h30.

A **Embaixada dos EUA** fica em 24 Grosvenor Sq., W1 (**020/7499-9000;** www.usembassy.org.uk; Metrô: Bond St.). O horário de funcionamento é de segunda a sexta, das 8h às 17h30, aos sábados das 10h às 16h. Porém, para informações sobre passaportes e vistos, vá para o **U.S. Passport and Citizenship Unit,** 55-56 Upper Grosvenor St., London, W1 (✆ **020/7894-0563;** Metrô: Marble Arch ou Bond St.). Os horários de funcionamento são de segunda a sexta, das 8h30 às 12h30.

A **Canadian High Comission,** MacDonald House, 38 Grosvenor St., W1 (✆ **020/7258-6600;** www.defait-maeci.gc.ca/london; Metrô: Bond St.), lida com vistos para o Canadá. Funciona de segunda a sexta, das 8h às 11h, para serviços de imigração.

A **Australian High Comission** fica na Australia House, the Strand, WC2 (✆ **020/7379-4334;** www.australia.org.uk; Metrô: Charing Cross ou Aldwych). Funciona de segunda a sexta, das 9h às 17h, das 9h às 11h para serviços de imigração, e para passaportes, das 9h30 às 15h30.

Emergências Disque **999** para chamar a polícia, bombeiros ou ambulâncias. Dê seu nome, endereço e número de telefone, e descreva o tipo de emergência.

Feriados São feriados no Reino Unido o dia de Ano Novo, a sexta-feira santa, a Segunda-feira de Páscoa, May Day (a primeira segunda-feira de maio), feriados bancários de primavera e verão (a última segunda-feira de maio e agosto, respectivamente), o Natal e o Boxing Day (26 de dezembro).

Telefones úteis Se sofrer algum tipo de abuso de substâncias ou emergências legais, ligue para **Release (✆ 020/7729-9904)**, aberto de segunda a sexta, das 11h às 13h. A **Rape and Sexual Abuse Hotline (✆ 0845/122-1331)** fica aberta diariamente de segunda a sexta, do meio dia às 14h30 e das 19h às 21h30, e nos finais de semana e feriados bancários, das 14h30 às 17h. **Alcoholics Anonymous (020/7833-0022)** atende ligações diariamente, das 10h às 22h. Para questões relacionadas com saúde sexual e doenças sexualmente transmissíveis, ligue para **Sexual Health Information Line**, no ✆ **0800/567-123.**

Seguros **Seguro Médico** **Brasileiros** devem consultar seu agente de viagens ou procurar no próprio aeroporto um stand de atendimento para obter maiores informações sobre o seguro de saúde.

Para viagens ao exterior, a maioria dos planos de saúde dos EUA (incluindo Medicare e Medicaid) não fornecem cobertura, e aqueles que fornecem exigem que você pague imediatamente pelos serviços, e lhe reembolsarão apenas quando você voltar para casa.

Se precisar de seguro médico adicional, experimente **MEDEX Assistance** (✆ **410/453-6300;** www.medexassist.com) ou **Travel Assistance International** (✆ **800/821-2828;** www.travelassistance.com; para informações gerais sobre serviços, ligue para **Worldwide Assistance Services, Inc.**, da própria companhia, no ✆ **800/777-8710).**

Os **Canadenses** devem verificar com os escritórios de seus planos de saúde provinciais ou ligar para **Health Canada** (✆ **866/225-0709;** www.hc-sc.gc.ca) para saber até onde vai a cobertura e que documentação e receitas devem levar para casa, caso sejam tratados no exterior.

Seguro Viagem O custo do seguro viagem varia muito, dependendo do destino, do custo e da duração de sua viagem, de sua idade e de sua saúde, e do tipo de viagem que está fazendo, mas espere pagar dentre 5% e 8% do preço total das férias. Você pode obter orçamentos de várias seguradoras por meio de **InsureMyTrip.com** (✆ **800/487-4722).** Digite o custo de sua viagem e as datas, sua idade, e outras informações, para obter valores de mais de várias empresas. Verifique as apólices dos seguros que você já tem antes de comprar um seguro de viagem para ver se cobrem cancelamento de viagens, perda de bagagens, despesas médicas ou seguros de veículos alugados. É provável que você já tenha cobertura total ou parcial. Mas se você precisar de algum, peça um pacote completo ao seu agente de viagens. Seguros para viagens de aventura ou que incluam esportes radicais custarão mais que uma cobertura para um passeio pela Europa. Algumas seguradoras oferecem pacotes para férias diferenciadas, tais como para esquiar ou para mochileiros. Atividades mais perigosas podem estar excluídas das apólices de seguro básicas. Para maiores informações consulte seu agente de viagem ou procure no próprio aeroporto um stand de atendimento.

Seguro contra Cancelamento de Viagem O seguro contra cancelamento de viagem ajudará a recuperar seu dinheiro se tiver de desistir de uma viagem ou voltar mais cedo, ou se a sua agência de viagens falir. O cancelamento de viagem geralmente cobre eventos como doenças, desastres naturais e conselhos do Departamento de Estado. A novidade nos seguros de cancelamento de viagem é a disponibilidade de **cobertura expandida a furacões** e a cobertura de cancelamento por "**qualquer motivo**" – que custa mais, porém cobre cancelamentos por qualquer motivo. Você não recuperará 100% do que pagou antecipadamente pela viagem, mas terá uma porção substancial. A **TravelSafe** (✆ **888/885-7233;** www.travelsafe.com) oferece os dois tipos de cobertura. A Expedia também oferece cobertura de cancelamento por qualquer motivo para seus pacotes aéreo-hotel. Para mais informações, entre em contato com uma das seguradoras abaixo recomendadas: **Access America** (✆ **866/807-3982;** www.accessamerica.com); **Travel Guard International** (✆ **800/826-4919;** www.travelguard.com); **Travel Insured International** ✆ **800/243-3174;** www.travelinsured.com) ; e **Travelex Insurance Services (888/457-4602;** www.travelex-insurance.com).

Acesso à Internet É difícil, nos dias de hoje, encontrar uma cidade que *não* tenha alguns cybercafés. Embora não haja uma lista definitiva para os cybercafés – são empresas independentes, no final das contas – dois lugares para começar a procurar são **www.cybercaptive.com** e **www.cybercafe.com.**

Londres tem, em geral, ótimo acesso à Internet. Se você está com seu laptop, a procura será mais fácil, já que muitos hotéis têm acesso Wi-Fi; as tarifas vão de £10 a £20 (US$ 20 – US$ 40) por dia, embora £12 (US$ 24) seja provavelmente a média. Incontáveis cafés e quiosques operados com moedas dão acesso à Internet, e podem ser encontrados em toda a cidade. As bibliotecas são reservadas para os moradores, portanto, não conte com elas. A rede de cybercafés mais comum é a **easyInternetcafe** (www.easyinternetcafe.com). Quinze endereços estão espalhados pela cidade, com lojas em West End, no porão do Burguer's King em Piccadilly Circus (46 Regent St., W1, Metrô: Piccadilly Circus; 358 Oxford St., W1, Metrô: Bond Street; 9-16 Tottenham Court Rd., W1, Metrô: Tottenham Court Road; e a oeste de Trafalgar Square, 456-459 Strand, WC2, Metrô: Charing Cross).

Assistência Legal A seção ***Serviços Consulares*** disponível no site do Consulado Brasileiro em Londres (www.consbraslondres.com) lhe auxiliará caso você tenha problemas na cidade. O endereço do Consulado do Brasil em Londres é: ***3 Vere Street – W1G 0DG – (✆ 20/7659-1550).*** Buscando um seguro de viagem específico, este poderá lhe aconselhar sobre seus direitos e lhe fornecer uma lista de advogados. Mas eles não podem interferir a seu favor nos processos legais da Grã Bretanha. Se precisar ligar para o Brasil com auxílio de um operador, disque ✆ **0800 890 055** informando ao operador o nome ou o código DDD da cidade brasileira que deseja falar e o número do telefone. Você será atendido em Português.

Achados & Perdidos Assegure-se de comunicar a todas as companhias de cartão de crédito no minuto em que descobrir que perdeu ou roubaram sua carteira e faça um boletim na delegacia policial mais próxima. Sua companhia de cartão de crédito, ou seguradora, deve solicitar um número de boletim policial ou o registro das perdas. A maioria das companhias de cartão de crédito tem um número grátis para emergências se seu cartão foi perdido ou roubado; eles podem lhe enviar um empréstimo imediatamente ou entregar um cartão de crédito emergencial em alguns dias. Os norte-americanos portadores de cartões de crédito podem ligar para os seguintes números gratuitos, em caso de emergência: **Visa** no ✆ **0800/891-725, American Express** no ✆ **0800/587-6023**, e **MasterCard** no ✆ **020/7557-5000** (este número não é gratuito).

Se precisar de dinheiro emergencial em um fim de semana, quando todos os bancos e escritórios da American Express estão fechados, você pode receber recursos via **Western Union** (✆ **800/325-6000;** www.westernunion.com).

Correios Uma carta enviada por avião à América do Norte custa 56p (US$ 1,10), por 10 gramas; cartões postais também requerem um selo de 56p. As cartas geralmente levam de 7 a 10 dias para chegar aos Estados Unidos. O sistema postal britânico está entre os mais confiáveis do mundo, portanto não é necessário depender da Federal Express ou de outra empresa, a menos que você tenha muita urgência.

Mapas Veja a página 22 do capítulo 1, "Planejando sua Viagem a Londres".

Medidas Veja a tabela na capa interna deste livro para mais informações sobre como converter as medidas do sistema métrico para outros sistemas.

Jornais & Revistas Em Londres, *The Times, Daily Telegraph, Daily Mail* e o *The Guardian* são periódicos que trazem as últimas notícias. O *International Herald Tribune*, publicado em Paris, e uma edição internacional do *USA Today*, via satélite, estão disponíveis diariamente. Os Exemplares da *Time* e da *Newsweek* são vendidos na maioria das bancas. Revistas como *Time Out* e *Where* contêm informações úteis sobre os últimos acontecimentos em Londres.

Passaportes **Cidadãos Brasileiros** Para obter informacões sobre como tirar o passaporte Brasileiro, acesse o site da Polícia Federal, **www.dpf.gov.br** 'ou ligue 0800-9782336 (Brasileiros não precisam de visto para entrar na Inglaterra).

Para Cidadãos dos Estados Unidos Esteja você fazendo sua solicitação pessoalmente ou pelo correio, é possível baixar solicitações de passaporte do site do Departamento de Estado dos EUA, em http://travel.state.gov. Para encontrar seu escritório de emissão de passaporte regional, acesse o site do Departamento de Estado ou ligue para o número gratuito do **National Passport Information Center (✆877/487-2778)**, para informações gravadas.

Para os residentes no Canadá Formulários de solicitação de passaporte estão disponíveis por todo o Canadá ou no **Passport Office** central, Department of Foreign Affairs and International Trade, Ottawa, ON K1A 0G3 (**✆ 800/567-6868;** www.ppt.gc.ca). ***Aviso:*** crianças canadenses em viagem devem ter seus próprios passaportes. Porém, se você tiver um passaporte canadense válido emitido antes de 11 de dezembro de 2001 que traga o nome de seu filho, o passaporte permanece válido para você e seu filho até que o documento expire.

Polícia Disque **999** se o problema for sério. Perdas, roubos e outros assuntos criminais devem ser comunicados à polícia imediatamente.

Fumo A partir de 1 de julho de 2007, um veto ao fumo entrou em vigor na Inglaterra. É proibido fumar em todos os lugares públicos fechados, como pubs, restaurantes e clubes.

Impostos Para incentivar a economia de energia, o governo britânico impôs uma taxa de 25% sobre a gasolina. Há também um imposto sobre o valor agregado de 19,5%, que é adicionado a todas as contas de hotel e de restaurante, e está incluído em muitos produtos que você comprará. Esse valor pode ser restituído se você comprar em lojas que participam do Retail Export Scheme (os avisos são colocados nas vitrines).

Telefones Consulte "Fique Conectado", no capítulo 1.

Horário O Reino Unido segue o Greenwich Mean Time (5 horas à frente do Eastern Standard Time), com o horário de verão britânico indo (em média) do final de março até o fim de outubro. Por causa das diferentes práticas de mudança de horário para economizar energia entre as duas nações, há um breve período (uma semana) no outono, em que a Grã Bretanha está a apenas 4 horas a frente de Nova York e outro breve período, na primavera, quando o país fica a 6 horas a mais que de Nova York.

Gorjetas Para motoristas de táxi, dê entre 10% e 15% do valor da corrida. Porém, se o motorista carregar ou descarregar sua bagagem, dê um pouco a mais.

Em hotéis, os porteiros recebem 75p (US$ 1,50) por mala, mesmo se você tiver apenas uma pequena mala de mão. Os porteiros do térreo recebem gorjetas apenas por serviços especiais. As empregadas de limpeza recebem £1 (US$ 2) por dia. Em hotéis de primeira linha, o *concierge* geralmente enviará uma conta separada, cobrando por jornais e outros produtos; se o funcionário tiver sido particularmente útil, dê uma gorjeta extra.

Os hotéis geralmente acrescentam uma cobrança de serviço de 10% a 15% à maioria das contas. Em bed-and-breaksfast menores, a gorjeta provavelmente não será incluída. Portanto, dê gorjetas aos funcionários por serviços especiais, tais como para o garçom que lhe serve o desjejum. Se muitos funcionários lhe serviram em um bed-and-breakfast, você pode pedir que algo entre 10% e 15% seja incluído na conta para ser dividido entre eles.

Tanto em restaurantes quanto em danceterias, uma cobrança de serviço de 15% será acrescentada à conta, que será distribuído entre todos os que ajudaram. Para isso, acrescente mais 3% a 5%, dependendo do atendimento. Garçons em restaurantes e danceterias de luxo estão acostumados a uma gorjeta extra de 5%. *Sommerliers* (especialistas em vinhos) recebem cerca de £1 (US$ 2) por garrafa de vinho servida. Dar gorjetas em pubs não é comum, mas em bares de vinho, o garçom geralmente recebe cerca de 75p (US$ 1,50) por rodada de bebidas.

Os barbeiros e cabeleireiros esperam receber entre 10% a 15%. Os guias de turismo esperam receber £2 (US$ 4), embora não seja obrigatório. Os frentistas raramente recebem gorjetas, e os funcionários de teatros não esperam por gorjetas.

Banheiros São indicados com sinais de PUBLIC TOILETS em ruas, parques e estações de metrô; muitos são esterilizados automaticamente depois de cada uso. Os ingleses geralmente chamam os banheiros de "loos". Você também encontrará lavatórios bem mantidos em todos os edifícios públicos maiores, tais como museus e galerias de arte, grandes lojas de departamentos e estações ferroviárias. Não é, de modo algum, aceitável usar banheiros em hotéis, restaurantes e pubs se você não for cliente, mas não podemos garantir que essa regra será sempre cumprida. Os lavatórios públicos são geralmente gratuitos, mas você pode precisar de uma pequena moeda para entrar ou usar um lavatório apropriado.

Índice Remissivo

Veja também os índices para Acomodações e Restaurantes, abaixo.

ÍNIDICE GERAL

Acomodações

Restaurantes